宋朝往事系列

耿元骊 主编

靖康大变局

汴梁悲歌

张吉寅 著

辽宁人民出版社

© 张吉寅 2025

图书在版编目（CIP）数据

汴梁悲歌：靖康大变局 / 张吉寅著 . — 沈阳：辽宁人民出版社，2025.1
（宋朝往事系列 / 耿元骊主编）
ISBN 978-7-205-11139-7

Ⅰ . ①汴… Ⅱ . ①张… Ⅲ . ①靖康之变—通俗读物 Ⅳ . ① K244.05

中国国家版本馆 CIP 数据核字（2024）第 092661 号

出版发行：辽宁人民出版社
地址：沈阳市和平区十一纬路 25 号　邮编：110003
电话：024-23284191（发行部）　024-23284304（办公室）
http：//www.lnpph.com.cn

印　　　刷：天津光之彩印刷有限公司
幅面尺寸：145mm×210mm
印　　张：10.25
字　　数：183 千字
出版时间：2025 年 1 月第 1 版
印刷时间：2025 年 1 月第 1 次印刷
责任编辑：赵维宁　段　琼
封面设计：乐　翁
版式设计：一诺设计
责任校对：吴艳杰
书　　号：ISBN 978-7-205-11139-7
定　　价：78.00 元

总　序

宋朝往事，如在眼前

后周显德七年，岁在庚申，公元纪年则曰960年。这一年的春节，就在公历1月31日。经过了数十年各方势力混战，天下仍大乱，百姓仍生活在苦难之中（当然，传统王朝盛世，百姓也在苦难之中，乱世倍增而已）。不过，古今一例，大过年的，百姓们假装也要假装一下，麻醉也要麻醉一下，大户小家都欢天喜地，撤旧符，换新桃，祭祖悬影，张灯结彩，宴饮欢唱。无论内忧外患如何，生活总要继续下去。可是，就在中原大地一片祥和的气氛之中，突然——可以说非常非常突然，大年初一，北境传报紧急军情！北汉勾结辽军攻打过来！开封城内，惊慌失措的百姓，惊慌失措的大臣，还有惊慌失措的小皇帝，焦急地一叠声：怎么办？怎么办？

大周，说起来总是中原正朔，且正处蓬勃之际，岂能坐以待毙！必须抵抗，必须派最富军事指挥才能的大将率军抵抗！不过，谁是具有这样能力的大将呢？当然，朝廷知道，百姓知道，只有赵匡胤一人而已。赵匡胤成竹在胸,也不推辞,安排妥当,于大年初三带兵北征。走了一天,来到陈桥驿,夜色降临,驻扎下来。接下来的故事,三尺孩童以上,便无人不知无人不晓了,"黄袍加身"的"陈桥兵变"成为古今耳熟能详的"往事"。显德七年飞速变成了建隆元年,开启了一个全新朝代:宋朝。由此,也就进入了我们想重新回忆的"宋朝往事"。

在中国历史上,"宋"之魅力,独树一帜,让人不停地想起它。提起宋朝往事,很多人都感觉历历在目。那么,以后见者之明,再观察宋代,到底该如何认识宋呢?陈寅恪先生讲"华夏民族之文化,历数千载之演进,造极于赵宋之世",就已经为它定性定向,成为我们认知宋朝的一个基底性叙述了。不过晚清民国以来,学者与世人在外敌入侵的背景下,看待宋朝总是觉得它"积贫积弱",几乎只有陈先生独具慧眼,但是随着世界变化,研究逐步深入,观念多轮更新,世人越发理解了陈先生先见之明,发现宋朝既不贫也不弱,乃至更多强调宋朝有趣又有生机的那一面了。在当代中国人看来,这是一个有意思、有故事的风雅时代。

宋朝文化,偏于"雅致"气象,已经有无数学者指出过了。虽然"西园雅集"其事本身未必完全符合史实,但是"雅集"精神却是宋代真实的"文化心理"。他们吟诗词而唱和,他们抚琴听音,他们绘山水而问禅风,"宋型"文人风貌就显现其中。从对"西园雅集"千年反复阐释与模仿当中,足见其影响之深远。而"雅集"所体现出来的"极简"美学,是宋代高雅文化全部核心所在。扬之水先生说:"抚琴、调香、赏花、观画、弈棋、烹茶、听风、饮酒、观瀑、采菊、绘画和诗歌,携手传播着宋人躬身实践和付诸想象的种种生活情趣。"当然,这种风雅文化,也深深影响到市井文化,推动了市井文化与风雅文化同步大放异彩。甚至或者可以说,在宋人那里,市井文化就是风雅文化的变身。

宋朝经济,以工商流转增值为主要经济运行模式,初步迈向了现代经济门槛。又因为总掌控区域大幅度缩小,外部军事压力过大,财政供给压力倍增,不得不开拓在传统农业经济之外的财政来源,竟有意外收获,也就是发现了一条新经济之路:由工商业繁荣,进而推动生产力提高。手工业和商业贸易,对比前朝,都有了大幅度进步。作为衡量经济发展的一个重要指标,宋常年铜钱铸造数量,比唐代鼎盛高峰期还多出数倍,更不用提出现"交子"这样具有现代化性质的纯信用货币了。当然,受限于诸多因素,并未能或者说完全没可能实现从传统经济向现代经济的惊险一跃。

宋朝政治,在传统时代政治大势中堪称特例。皇帝与士大夫共治天下,不因政治斗争因素随意诛杀大臣,都是宋朝独有特殊之处,因而建立了一种相对开明的政治局面。虽然我们完全了解,宋代政治也有诸多问题,党同伐异,文字狱,争执与整肃似乎也都没少过，但是在整体上观察帝制时代政治进程，完全可以确认，宋朝相对偏于宽松。从整个王朝政治史上观察，两宋还都可以说是独特的存在。而科举取士，更是奠定了读书人在政治上的进取之心，社会流动开了一个虽不宽松但也绵绵不绝的上下交通渠道。有志者，可以通过考试进入统治阶层，自认对天下有责任，亦有担当，"先天下之忧而忧，后天下之乐而乐"。

无论从哪个角度看，宋朝都是奠定中华文化最终形成的重要一环，无宋则不足以言中华文化。不过，普通读者对宋朝的印象，在经历了长期看低之后，则有近180度大转弯。最近数年，欣赏宋朝、研读宋朝、描绘宋朝生活成为影视、阅读、游戏等各类市场的新宠。各类时新或传统媒体，时不时地就弄出个宋代专题，制作了各种各样的音频课、视频课，坊间也在学术著作大批出版的同时，出现了无数种关于宋朝的通俗著述。在关于宋朝叙述大繁荣之时，在这无数种关于宋代的讲述中，为什么我们还要再增加新一种呢？这大概就是因为，宋之魅力势不可当。虽然名家大作珠玉在前，但我们还是想试图提供更多维度给读者进行参考和对比。

如何提供更多维度？孟浩然诗句"人事有代谢，往来成古今"最能代表我们的心情和缘起之思。就是想通过人和事两方面，与读者诸君讨论宋朝独特之处。宋之风雅、政事、富庶，都体现在人和事之中了。没有那些特立独行之人，风雅不可见；没有那些风雅之士行动，政事不可知；没有那些百姓努力创造，富庶无可求。想要全方位观察宋、了解宋，欣赏大宋之美，就请和我们一起来回首"宋朝往事"。

面对浩瀚宇宙，面对苍茫大地，面对漫漫人生，我们内心常常涌起一种深远庄严之感，不由得想去探究和思考。这就是人之所以为人的根本，只有人类才渴盼了解自身，试图了解自己的过往。而有着世界上最长久、最多历史记载的中华民族，算得上是最愿意了解自身历史的族群之一。与历史人物、事件建立起属于我们自身的沟通管路，唯一渠道和办法，就是读史。读其书，想其人，念古人或雄壮或卑微的一生，感慨万千，油然而生一种复杂情绪弥漫胸间。这大概也是想了解历史、阅读历史的普通读者之常有心境。不过世易时移，学有专攻，不可能让有阅读愿望的各行各业读者，都能重新从工具书层面开始入手研读，所以回首"宋朝往事"，十人十事，纵横交织，就是我们所提供的优质的精神快餐。

宋代人物纷繁，我们选择了赵匡胤、赵普、寇准、范仲淹、包拯、狄青、沈括、岳飞、陆游、文天祥十位代表性人物。相信以读者诸君的敏锐度，已经明了我们的选择用意。赵匡胤，开国之君，没有他的布局和冒险一搏，不会有大宋的建立；没有他所奠定的基础，宋朝也许就是那个"第六代"了。赵普是宋朝开国元勋，也是宋初文臣之中较为有名的那一个。他一生三次入朝为相，影响很大。世人知道他，多以那句"半部《论语》治天下"的典故。他长于吏道，善于出谋划策，"智深如谷"，开国大政，多依赖于赵普策划。寇准，评书演义中的最佳人物，一句"寇老西儿"牵动了多少我辈凡夫俗子之心！可以说，他就是那个有棱角有缺点的最佳演员。范仲淹，相信没有人不知道其千古名句"先天下之忧而忧，后天下之乐而乐"。几乎每个当代中国人都会反复学习那千古名篇，没有他，宋朝就缺失了一点什么。包拯，明清以后，已经成为中国古代清官杰出代表，是为政清廉、公正执法、断案如神的象征，民间呼为"包青天"。以他为主角衍生出的历史演义、戏剧、小说、影视剧为数众多而历代相传。戏说虽然于史无征，却激起我们窥探历史上包拯究竟是何种模样的极大兴趣。狄青，从一名基层农家子弟应征入伍，出身低微，一无权二无势，通过自己精湛的武功、高妙的指挥能力和优良的人品，以及在国家危难之际奋不顾身的突出表现，成长为接近权力巅峰的枢密使，是底层小人物逆袭的典型，后代小说家甚至以他为主角写成了诸多小说演义作品。传说狄青是武曲星下凡，与文曲星下凡的"包青天"一起享誉天下。沈括，我们了解大书《梦溪笔谈》，更了解他记述下来的活字印刷术。他是那个时代文人的典范，虽然后人未必赞同他为官为人之道，但是都欣赏他作为文人士大夫而能关注普通人技术进步的开放心态。岳飞，更是无数传奇小说中的最优榜样。千百年来，不知道影响了多少英雄豪杰！陆游是伟大的诗人和伟大的爱国者，大多中国学生都学习和背诵过他那首千古名诗《示儿》。一辈子渴望北伐中原，收复失地，但是时代没有给他机会。从宋金和战历史大背景观察，我们才能发现一个真实的陆游。文天祥，更是我们常常耳闻的伟大人物，为了匡扶南宋这座将倾大厦，妻离子散，家破人亡，但依然志向不改、视死如归。伟大的人格力量，在中华历史上铸就了一块无与伦比的正气丰碑，内化为中华优秀传统文化不可分割的一部分。纵观文天祥一生，无负于"人生自古谁无死，留取丹心照汗青"的铮铮誓言。

因人而成事，宋代历史上，几乎每天都有大事发生。这些大事如何走向，以后见之明来看，在历史上就更有关键节点作用了。我们同样选择了十件大事作为代表，算是尝一脔而知一鼎之味。东封西祀、女主临朝、宋夏之战、熙丰新政、更化与绍述、靖康之难、三朝内禅、开禧北伐、襄阳保卫战、崖山暮光是我们选定的若干"大事"。读者诸君当然更明了这十件事在宋代历史上的关键性作用。宋真宗不甘平淡，又缺雄才大略，导演了一场天书降临的闹剧，东封西祀，营造太平盛世，将宋朝引到了一条歧路上，带坏了政治风气，无谓消耗财富积累，导致社会出现重大方向调整。宋真宗的章献明肃刘皇后，最著名的传说就是"狸猫换太子"，而这只是个谎言。事实上，刘皇后作为宋代第一位垂帘听政的太后，她身上的故事远比"狸猫换太子"更加精彩。自宋建国起,宋朝与党项李氏一直保持着友好关系,西部边界也一直处于相对稳定的局面,直到李继迁公开与宋朝决裂。党项李氏逐渐壮大,并建立西夏,发展到足以抗衡辽、宋,三足鼎立,宋朝西部边患不断,几无宁日,漫长曲折的战争故事也陆续上演。宋神宗继位之后,梦想成为一个大有为的君主,强烈想要改变现状。与王安石一遇即合,君臣相得,开启了一条"改革之路"。不过这改革既艰难又复杂,在宋人眼里更如乱来。千载之下,评说仍未有完结之期。宋哲宗继位之后,新法逐渐由改善民生、行政、财政、兵政等大目标,转而成为清除异己与聚敛钱财的工具,丧失了正当性,而这一切还在继承神宗之志旗帜下进行。借着更化到绍述之名,大宋这一艘漏水的航船驶入了更加风雨飘摇的末路。靖康之难,更是一段伤心之史。在繁华富足当中突然崩溃,亦是千年少见之事。再建南宋,久居钱江之畔,临安临安,已再无临意。不过相对长期稳定的政治局面之下,皇位继承这个中国传统政治大难题,在南宋前半期又成为难上加难的超级难题。南宋前四帝,总共见过了四次内禅(高宗为皇子时,见徽钦之禅)。王朝体系下,就没有真正的家事与国事的分别,这一家事国事大难题,搅得政局翻覆,影响极大。再到开禧北伐,只好说它是虚假反攻。韩侂胄大冒险,最终把屠刀留给了自己。而由此导致的政局动荡,让后人感觉平添了几分萧瑟。更不幸的是,蒙古崛起,应对失当,为最终的没落埋下了种子。宋元之间，襄樊大战则是南宋灭亡的关键。让我们一同进入宋末历史世界，看看舞台上主角人物如何抉择，观其言，察其行。在13世纪末欧亚大舞台上，从全球视角看看襄樊之战前因、后果、始末、影响与结局。襄樊大战失败之后，元军继续南下，宋人多路义军闻风而动，试图收复故土，好不热闹。但元军一路直下，鏖战50年，四川最终陷落。宋廷退守崖山，张世杰摆一字长蛇阵，决战一日，十万军民漂尸海上，南宋彻底灭亡。大宋忠臣遗民，以生命为国尽忠，为国招魂。只留待我们后人唏嘘南宋往事，或叹或悲或感慨。以此十事，可见宋朝历史脉络的大关节之处。

以上十人十事，共同构成了"宋朝往事"。知人论世，读人读事，把"人"和"事"立体组合起来，这是我们设想的一种新尝试。希望读者诸君与我们携手，一起走进宋朝，欣赏大宋往事，感慨世事变迁，回到大宋场景中，感受历史长河的孤独前行，回味大宋的波澜壮阔。

本人供职于坐落千年古都的河南大学，日常所居之处，每日教学相长之所，就在开封东北角，宋代遗存的"铁塔"之下。这个位置，大概也是王诜"西园"附近。无论"雅集"是不是真的存在，作为宋文化的象征，早已经名垂千古。在西园与宝绘堂旁，走在千年铁塔之下，不由得会生发出思宋之情，悬想宋人生活之景之情，与二三同志研读宋史，更体悟得"雅集"之趣。也是在这个宋文明萌生的一处所在，在辽宁人民出版社蔡伟先生的盛情邀请下，本人虽不敏，但勇于任事，担下了组织撰写"宋朝往事"工作，幸不辱使命，丛书出版后得到了广大读者好评，故有精装版重印之举。希望我们12人通力合作，能以"轻学术"方式，既保有学术上的严谨厚重，又去掉严格脚注带来的束缚与阅读限制，带给大家一点不一样的阅读体会。感谢陈俊达（吉林大学）、黄敏捷（广州南方学院）、蒋金玲（吉林大学）、刘广丰（湖北大学）、刘云军（河北大学）、刘芝庆（湖北经济学院）、仝相卿（浙江大学城市学院）、王淳航（凤凰出版社）、王浩禹（云南师范大学）、张吉寅（山西大学）、赵龙（上海师范大学）等一众优秀青年学者（以上按姓名拼音排序）接受我的邀请并鼎力支持，一起完成了这项大工程。

我们也知道，坊间已经有很多种宋史普及读物，我们新增这一丛小草，希望它也有长久的生命力。我们贡献全力，虽然通俗，但不媚俗，文字尽量有趣，但是绝不流于戏说，希望能为您的读书生活增添一点真正的趣味。当然，高人雅士，亦望教导指出书中不当之处。您开卷展读之时，希望我们12人没有辜负您，也没有浪费您宝贵的时间，更愿读者诸君与我们一起走进宋朝，知宋，谈宋，理解宋。

耿元骊

2024年3月25日于开封开宝寺塔旁博雅楼

目　录

总　序　宋朝往事，如在眼前　　　　　　　　001

引　子　　　　　　　　　　　　　　　　　　001

第一章　盛世华章　　　　　　　　　　　　　006
　一、端王即位：学会做官家　　　　　　　　006
　二、臣子可依：垂拱驭天下　　　　　　　　012
　三、国家富裕：经济与社会　　　　　　　　018
　四、胜利光辉：收复与拓边　　　　　　　　024
　五、帝王艺术：盛世大联欢　　　　　　　　029

第二章　海上之盟　　　　　　　　037

一、梦里燕云：燕云情结几时休　　037

二、卑微接触：几番跨海几番羞　　042

三、宏伟蓝图：圆梦好似咫尺间　　048

四、不舍燕山：燕都惊厥急防秋　　061

第三章　汴京突围　　　　　　　　073

一、仓皇交接：宋钦宗即位　　　　073

二、倔强李纲：开封守卫战　　　　078

三、城下权宜：女真人北撤　　　　084

四、那君那臣：道君和"六贼"　　099

第四章　开封陷落　　　　　　　　110

一、惨烈太原：防守与救援　　　　110

二、两路南下：直捣开封府　　　　121

三、攻防之间：守卫开封城　　　　134

四、开封陷落：悲壮与荒诞　　　　149

目 录

第五章　改天换日 … 161

一、何时回归：钦宗青城行 … 161

二、犒赏大金：狮子大开口 … 168

三、再赴青城：钦宗陷囹圄 … 174

四、取之殆尽：开封底朝天 … 181

五、青城父子：不听老父言 … 187

六、消灭赵氏：选择接班人 … 197

七、战栗大楚：倒霉张邦昌 … 206

八、生死疲劳：东京众生相 … 212

第六章　建炎南渡 … 221

一、漏网之鱼：赵构续香火 … 221

二、恐失其鹿：康王小烦恼 … 236

三、赵宋中兴：高宗续国祚 … 240

第七章　魂归北国　　　　　　　　　　250

　　一、背井离乡：向燕京进发　　　　251

　　二、漫长北路：残喘到上京　　　　267

　　三、只言片语：韩州的点滴　　　　274

　　四、穷途末路：五国城岁月　　　　275

　　五、身死他乡：徽宗身后事　　　　286

结束语　　　　　　　　　　　　　　301

后　记　　　　　　　　　　　　　　310

引　子

　　浩瀚国史中，有人喜谈历史人物的高光时刻，有人纠结王朝更替的悲欢离合，有人访查多元文明的碰撞交融，更有人沉迷于巍巍宫墙里的爱恨情仇。历史是过往，读史者常以结果推知过程，满足于"事后诸葛亮"的高明。比如人们常说，昏聩的君主导致国家灭亡。那个君主经常被书写得一无是处，甚至生下来后每一步都在走向毁灭。近年来，越来越多的声音否定这类简单化的线性叙述，当然也试图突破以果论因的读史心境。如果能暂时忘记结果，甚至忘记下一阶段，走进时代情境，想象多种可能的历史走向，应该更为精彩，也更为揪心。如果历史是一部影视作品，只强调历史发展的必然性，人物脸谱化，既不符合实情，也十分无趣。历史有诸多可能，充满了偶然，可以说是若干偶然的集合。偶然性的明天，一切都是未知的，历史走向扑朔迷离，也就有了刺激感。对偶然性的强调，并不妨碍对历史发展规律的求索。对后人而言，前事不忘，后事之师，说起来容易，做起来难。

对宋朝以及"宋迷"来说，本书讲述的是一段沉痛的历史。众所周知，北宋的灭亡过程，并非短短一年多的靖康之变。这一历史进程，长达十数年，其中有诸多的不确定性。

宋徽宗时代，国势鼎盛，经济发达，社会安定，文艺勃兴，疆域最广。然而，宋徽宗尚不满足，他深情地凝视北方。以幽州、云州为中心的十六州地区，在五代时被契丹占领。后周世宗夺回三州，壮志未酬，英年早逝。徽宗的祖宗们虽奋力拼搏，却接连败北。收复幽云地区，成为宋朝的一个不敢多想的梦。

女真族在东北兴起，天祚帝治下的契丹帝国，国土渐失，命不久矣。徽宗君臣眼泛绿光，洞察到了绝佳的历史机遇。宋人跨海求盟，金人半推半就，海上之盟就此达成。盛世之下，必有隐忧。东南方腊乱起，宋朝北军南向。凯旋之师转而北伐，残辽之军奋勇拼杀。宋军本来轻敌，幻想箪食壶浆、汉民迎降，哪承想一溃再溃，不知北在何方。燕京本唾手可得，用尽攻略，却不能下。女真兵出居庸，燕京不战而降。军事无能，金钱弥补，屈辱化为荣誉。燕京归来，君臣共贺，热闹非凡。燕京改称燕山府，西京改称云中府。

数万燕人北迁，财富荡然无存，燕京几为空城。旧辽西京及其属州尚未归宋，多次交涉未果。辽朝旧臣张觉占据平、滦、营三州，叛金归宋。西京路朔、应、蔚三州来降，宋朝笑纳。小算盘打错，落人口实。金人致书问罪，宋人如惊弓之鸟，捕杀张觉，函首送金。朔、应、蔚三州，旋即被金军攻取。金人索钱要粮，宋人悉数奉上。宋朝恭顺如羊，肉质肥美，金朝怎不垂涎？

金军战略部署是：粘罕兵出云中，经太原，南下洛阳，封堵宋军西逃陕西、四川之路，东进开封；斡离不从平州出发，占领燕山，直驱开封；两路大军再会师开封城下，企图灭亡宋朝。

降将郭药师率领的常胜军，徽宗倚为长城，守卫燕山府。东路军统帅斡离不率军从东来攻，常胜军出城接战，先败再降。燕山距开封近一千四百里，中有真定、中山、河间、庆源等军事重镇。然而，华北平原一马平川，为达战略目的，斡离不不多纠缠，绕过军镇直抵黄河，兵临开封。西路军粘罕从云中南下，兵不血刃，雁门关洞开，却被太原挡住数月之久。西路行军黄土高原，山谷、盆地相间，须一一攻克，故而两军未能合围。

在李纲的领导下，第一次开封保卫战取得胜利。然议和之声甚嚣尘上，金军兵力不足，双方握手言和。犒赏金军金银，割让太原、中山、河间三镇，斡离不率军北返。太原之战，宋朝三次救援，损兵折将，功亏一篑。金银数不足，三镇不可割，两路金军再起，突至开封城下。金军攻城，绞尽脑汁；宋军守卫，竭尽全力。相持之时，郭京六甲神兵出阵，金军厮杀破门，大雪纷飞，火光亘天，开封陷落。

城池已下，人为鱼肉，我为刀俎，肆意即可，无须费力。先要金银绢帛，引钦宗出城；再索宝物、人口，迫徽宗出宫。金人不费吹灰之力，仰赖宋人俯首听命，偌大开封城为之一空。倒霉张邦昌，被逼上梁山，做傀儡皇帝，国号大楚。宋室北迁，徽宗父子从开封到燕京，经历中京、上京、韩州，命丧混同江畔五国城。曾经的锦衣贵人，在苟活与死亡的挣扎中，一路向北再向北，刹那间从天堂跌入人间。人间已苦，何须地狱？塞翁失马，焉知非福，康王赵构和哲宗孟后，重燃炎宋国祚。北国黑水苦寒，梦乡五国是东京；南国西湖醉暖，今世临安作汴京。

决策者当然要为国难负责，但读史者似乎不可仅停留于对昏君、奸臣的谩骂。纵是昏君、奸臣，也不想看到国家衰亡、权位丧失。相反，对于徽宗君臣来说，部分原因是好高骛远、志大才疏。北宋的灭亡，是多重政治、军事抉择的结果，比如引狼入室、用人失当、心存幻想、指挥无方，等等。但其中的战略战术并非都是痴人说梦，有时形势比人强，无力回天。本书从亡国之

引　子

君（亡国，指的是北宋灭亡，而非赵宋亡祚）宋徽宗的盛世风光讲起，勾勒徽宗父子如何一步步跌入深渊，终至万劫不复。在写作上，本书以存世宋代文献为依据，吸取学术界现有成果，以通俗书写的形式，展示这一段纷杂多面的历史。

第一章
盛世华章

一、端王即位：学会做官家

宋徽宗，大名鼎鼎的亡国之君，姓赵名佶，徽宗是他的庙号。赵佶是宋神宗赵顼的第十一个儿子，宋哲宗赵煦的弟弟。赵佶的出生年月，有两种说法。官方说他生于元丰五年（1082）农历十月初十（本书日期，均为农历），登极后定为天宁节。自唐玄宗起，将帝王诞辰定为节日庆贺，宋承其俗。另一种记载说他生于五月初五，端午节生日不祥，后改为十月初十的吉日。赵佶的母亲陈氏，本一宫女，母以子贵，被封为美人，后被追封为皇后。不到三岁

第一章　盛世华章

时,父亲宋神宗驾崩,很快母亲也去世,赵佶成了"孤儿"。

生在皇家,虽然没了双亲,孤儿也没有那么不幸。衣食住行自不待言,诗书礼乐更是日常所习。绍圣三年(1096),14岁的赵佶成了端王。两年后,住进端王府,有了自己的小天地。一天,端王在府里玩蹴鞠,有一人在旁跃跃欲试。端王问那人:"你也会玩?"来者说:"会。"于是来者加入球队。只见他蹴艺卓群,端王甚是欢喜,对侍从说:"去告诉都尉,这人我留下了。"来者正是《水浒传》中的大反派高俅高太尉。端王口中的"都尉",则是驸马都尉王诜,也是端王的姑父。高俅本是苏轼的小跟班,苏轼与王诜交好,遂荐高俅于后者。此时高俅又随了端王,从此插上了翅膀,一飞冲天。且说端王这个姑父可不得了,结交了不少诸如苏轼这样的文化名流,又善于书画,是北宋著名的书法家和画家。据说端王喜欢书画,与这个书画家姑父关系密切。十六七岁的少年端王,书画水平已然高超,文章也写得好,还善于骑射,誉满京师。与别的皇子相比,同样都是玩,端王就高雅了许多,玩出了境界。

如果是皇储,将来要做皇帝,需重点培养,不只是诗书理论,还有政事实践,尽管这些培养不见得有效。虽然同为皇子,若将来没有做皇帝的希望,则重在诗书技艺,必须远离政事,否则将被视为阴险的野心家,引火烧身。因此,作为普通皇子,将来做不上皇帝，也不能像普通士人那样科举入仕，只得身陷荣华不自拔，心溺诸艺不进取。人总得有个兴趣爱好。少年端王，相比于儒家诗书，更醉心于书画诸般政外艺术。更何况，哥是皇帝，弟即位的可能性更小了。当然，皇兄一直无子，要说端王没有做过皇帝大梦，也不尽然。

元符三年（1100）正月十二日，虚岁二十五的宋哲宗驾崩。哲宗无子嗣，又没有确定接班人。宋神宗皇后向氏时为皇太后，与宰相章惇等大臣商量继位人选。章惇说："简王赵似与去世的皇帝是一母所生，应当继位。"从血缘角度讲，简王最具资格，但他母亲朱德妃尚在，对向太后无疑是威胁。向太后没有儿子，颇为"公允"地说："从神宗几个儿子里面选吧，没必要区分亲疏。最年长的是申王，但他有眼病。其次是端王，先帝曾说端王有福寿面相。"意思是当立端王。其他大臣如曾布，随声附和，大计遂定。端王的命运，赵宋的国运，都在悄然间发生转变。

在徽宗继位过程中，有一种传说流传甚广，即章惇曾反对说："端王轻佻，不可以君天下。"意思是端王举止轻浮，没有皇帝样，做不了皇帝。此说不见于宋朝记载，是元朝人在《宋史·徽宗本纪》的结尾所发议论，但此后便一发不可收。章惇有没有这样说，难以确言。人们之所以常谈，宁信其有，是因为不务正业的艺术家、亡国之君，符合人们对徽宗人设的定位。

第一章　盛世华章

徽宗正月十二日即位，依旧延续的是哲宗的元符年号。按照惯例，新皇即位，延续旧年号，次年改元。徽宗即位时尚不满十八周岁，一副少年天子的模样，又事出仓促，根基未稳，于是请向太后垂帘听政。不像其他皇帝经历皇储的学习阶段，徽宗是当了皇帝之后才开始学做皇帝。不过可以知道的是，徽宗是聪慧之人，学做皇帝并不是难事。

徽宗即位之初面临的棘手问题，是自宋神宗熙丰新政以来的路线纷争，以及宋哲宗即位以来的新旧党争。宋神宗去世后，年幼的哲宗继位，改元元祐。太皇太后高氏垂帘听政，召回司马光等反对新法的大臣，废止新法，史称"元祐更化"，后世或称"元祐之政"。高太后去世后，哲宗亲政，改年号为绍圣，就是绍述（继续）他父亲新政的意思，又贬黜元祐党人，任用新党。因此，徽宗即位之初的情形是：新党得势，实行新法。宰相章惇为新党领袖，独相已七年，其他执政大臣如曾布、蔡卞也是新法的倡导者。相反，元祐旧党被压制，等待机会反扑。双方剑拔弩张，势同水火。是延续其兄旧政，还是改弦更张，着实令人头疼。不过一朝天子一朝臣是历史定律，总要有所变化。

很快，徽宗任命了一批旧党人士。比较令人瞩目的是，韩忠彦被任命为宰相，暂居章惇之下，为次相。韩忠彦是名相韩琦之子，父子皆反对新法。章惇一开始并没有支持徽宗继位，此时恐怕已然传到新皇帝耳边，罢黜是迟早的事。一年之内，蔡卞、章惇等新党大臣相继被贬。因得徽宗信任，曾布得以升为次相。韩忠彦性情柔弱，大事多由曾布决策。召回旧党，贬黜新党，并不意味着废止新法，恢复元祐之政。这是徽宗实行的调停策略，平衡双方政治势力。他定第一个年号为"建中靖国"，就是希望消弭党争，共同向前。

表面上看，是曾布主张召回元祐旧党，并说服徽宗调停政治，其实这也是徽宗个人的美好意愿。然而，美好愿景很快就落空。台谏多为旧党把持，他们自比君子，斥新党为小人，大肆攻击新法。其实，当时的朝堂，不是旧党主张元祐之政，就是新党意欲推行新法，经常是为反对而反对，理想中的公正平和之人少之又少。曾布受到双方攻击，又建议恢复新政，贬斥元祐旧党，召回新党。随之改年号为崇宁，就是"崇尚熙宁"的意思。徽宗也明言要仿效父兄之政。"熙宁"是宋神宗的第一个年号，在此期间，他重用王安石，实行变法。

曾布是宋徽宗信任的第一位宰相。传统史学家认为曾布既主张召回旧党，又改弦更张，实行新政，是见风使舵，乃小人之举。元朝修《宋史》时，将他归入《奸臣传》。很难说曾布的建议单纯是小人之举，他应该是有走出新旧党争这一政治死循环（旧党上台，迫害新党；新党上台，报复旧党）的善意初心的。

虽受重用，但位居次相，因此他促使韩忠彦罢相，取而代之。在倒韩过程中，曾布又帮助蔡京回京，担任次相。虽然成功使韩忠彦罢相，很快他自己也被弹劾罢黜，蔡京独相。

神宗朝的变法机构称制置三司条例司，徽宗仿照设立讲议司，以蔡京为负责人，继续新法。与此同时，罢免元祐党人，将司马光等一百二十多人斥为奸党，由徽宗亲笔，刻石成碑，史称"元祐党籍碑"。碑上之人，尚存人世的要被贬谪流放，不在人世者的子孙不得重用。除此之外，被列入元祐党籍人的著作印版（雕版印刷所据底版）也要被销毁，司马光、苏轼、苏辙等人都在其列。史学名著《资治通鉴》如果不是宋神宗作序，也差点难逃厄运。这又是党争的继续，不过更为恶劣。

中间有段小插曲。崇宁五年（1106）正月，有彗星出现在天空的西方，彗尾特别长，且长时间不消失。这在古代星占学上被视为大灾异，预示国家或皇帝本人将有大灾祸。年轻的徽宗慌了神，急忙下罪己诏，废止新法，砸烂元祐党籍碑，召回元祐党人，甚至罢免了蔡京。等彗星消失以后，徽宗觉得自己所作所为过于夸张，深自懊悔，又逐渐恢复了之前的决策，并召回蔡京。经历这一事件，徽宗就成熟多了，不再惧怕人言，应对天变也自有心得。

一般认为，由于徽宗开始宠信"奸臣"蔡京，崇宁被视为北宋走下坡路的开始。其实不尽然，政治斗争固然残酷，就社会经济和国家实力而言，宋王朝仍在向前发展。但对于徽宗来说，从崇宁开始，他做皇帝更加娴熟了，习得帝王心术，不会轻易被人带节奏，城府日深。此后虽长时间重用蔡京，后者也远没有达到权相的程度。蔡京的进退，不过是徽宗一句话的事，就看他愿意不愿意了。问题在于，徽宗独断之后，不能说为所欲为，但确实任性了许多，官员也多以奉承献媚为能事。纵然如此，并不能说明北宋一定会走向灭亡。

二、臣子可依：垂拱驭天下

大宦官童贯和大能臣蔡京，一将一相，前者能开边，后者善理财，深得徽宗器重。宠信之余，徽宗大权并没有旁落，而是深谙帝王术。臣子如鹰犬，皇帝是猎人。

说起中国古代的宦官，多是负面之词，这很大程度上是文人士大夫书写的结果。士大夫以圣人门徒自居，能修身治国，也能平天下，他人是无此技艺的。从生理上讲，宦官已是异类，又非圣人门徒，但伴随君主左右，巧言令色，凌驾于士大夫之上。所以常遭忌恨，诉诸笔端，恶名难逃。虽非绝对，但大致如此。

很多人指出宋朝没有宦官专权，但不代表宦官没有大权势。从宋朝建立伊始，宦官就不只在禁苑围墙里溜达，他们经常带兵打仗，或者以监军身份督战。一部二十四史，入《宋史·宦官传》

的有 53 人，胜于以宦官专权闻名的东汉、唐和明朝。其中 27 名宦官有军功，更不乏作战勇猛、身先士卒者。简而言之，宦官从军，是有不成文的制度惯例和祖宗之法的。之所以没有引发汉唐那样的干戈，是因为皇帝和士大夫随时予以遏制，不予宰辅（正副宰相、正副枢密使）之职。但是，徽宗和童贯把之前的努力都给颠覆了。作为一个被钉在耻辱柱上的历史人物，童贯留下的绝大部分是"黑材料"，这不足为奇。与大臣相比，很多时候皇帝更亲近宦官，童贯其实比蔡京更受徽宗倚重，说明他有特殊的本领，可不只溜须拍马那么简单。

童贯，字道夫，开封人，生于皇祐六年（1054）三月。父亲童湜喜好书画收藏，自小耳濡目染，童贯也应该懂得一些门道。要紧的是，这与他主子徽宗的喜好相投。蔡京四子蔡絛（绦）应该见过童贯，在所撰《铁围山丛谈》中记载，童贯块头很大，黑胖，嘴角有点胡须，两眼炯炯有神。这哪里是一个宦官，分明一彪形大汉，好似一员武将。有部分研究表明，宦官的身躯要比一般男性更为高大。虽然不一定靠谱，巧的是，唐朝著名宦官高力士也有高大威猛的身躯。童贯少时在李宪手下当差，展露出不少才能。李宪是宋神宗朝的大宦官，曾是与西夏作战的前敌总指挥，或许是青年童贯的偶像。

徽宗即位以后，在杭州设立明金局，入内供奉官童贯为主管，主要是替皇帝搜罗一些书画和其他珍玩。这一职位很重要：一是他搜刮的东西深合徽宗之心，为以后之宠奠定了基础；二是结交了蔡京，并助其回京，为以后二人勾连之起点。

如前所言，北宋的大宦官，总要和军事沾上关系，靠军功扶摇直上的不在少数。崇宁二年（1103）年初，徽宗、蔡京任命大将王厚开疆拓土，内客省使童贯一同前往，任熙河兰会路勾当公事，实为监军。随着战事的节节胜利，童贯在仕途上也平步青云。崇宁四年（1105）年初，在宰相蔡京的举荐下，童贯被任命为熙河兰湟、秦凤路经略安抚制置使，成为前方主帅。虽为内侍宦官，但手握军政大权，可见徽宗对他的信任。至少在徽宗看来，童贯领导的西北军，确实开辟了疆土，战功赫赫，为盛世添了浓墨重彩。此后，徽宗更加重用童贯，助他实现更恢宏的梦想。

再说蔡京。蔡京，字元长，福建兴化军仙游（今福建省莆田市仙游县）人。熙宁三年（1070），与弟弟蔡卞同中进士（一说蔡卞所中为童子科）。蔡京时年24岁，而蔡卞只有13岁，可谓神童。蔡卞深得王安石赏识，成了宰相家的东床快婿。蔡京的第一份差事是钱塘县尉，6年后到中央任职，主要从事学制、官制的修订工作。宋神宗去世时，蔡京已是开封知府。

元祐更化时，司马光要求在短期内废止免役法，恢复差役法。其他官员表示难以完成，只有知开封府的蔡京按期完成。其意明了，欲攀附当权者司马光，保住权位。党争终究激烈，在旧党攻击之下，蔡京还是被外放。待宋哲宗亲政，恢复新法，蔡京回到中央，任户部尚书。当时，新党纠结于要不要恢复免役法。他又站出来，坚持恢复免役法，废除差役法。由此，传统史家认为，蔡京是个政治投机分子。

绍圣（1094—1098）年间，蔡京先后担任户部尚书、翰林学士、翰林学士承旨，为天子近臣，并与外戚、宦官勾结。蔡卞官比他大，担任过尚书左丞（副宰相），并升为同知枢密院事（最高军事机构副长官），即为执政大臣。兄弟俩一同拉拢台谏，构建政治圈子，在朝堂上颇有势力。徽宗即位之初，蔡氏兄弟被排挤出京城，蔡京到了杭州，任提举洞霄宫的闲职。重要的是，好钻营的他，在杭州结识童贯，杭州算是没白来。朝中形势发生变化，仅半年光景，蔡京就从一个政治边缘人升为尚书左丞。两个月后，又破格跃升为尚书右仆射兼中书侍郎，俗称右相。从此，徽宗和蔡相便准备干一番大事业了。前文已提及，徽宗要恢复新法，设立讲议司，蔡京为负责人。恢复新法的同时，也在竭力打击政敌，不只死去的司马光和在世的反变法派被打压，昔日政敌、变法派章惇与曾布也名列元祐党籍。

皇帝要干大事业，少不了理财能手。宋真宗时有丁谓，宋神宗时有王安石，蔡京之于宋徽宗，远超前人。王安石认为，"不患无财，患不能理财"。意思是，只要善于理财，就能增加财政收入，而不增加人民负担。不同的是，王安石意在富国强兵，蔡京也有此意，但也是在迎合徽宗。

蔡京前后4次担任宰相，共14年5个月，其中独相13年11个月，深受宠信。五子蔡鞗还娶了茂德帝姬，风光无限。蔡京少不了是个腐败分子，贪腐无度，生活腐化。有记载说他喜欢吃鹑，一杯鹑羹，只取精华，要耗费几百只。又爱吃蟹黄馒头，"一味为钱一千三百缗"。蔡府豪华无比，略比皇宫逊色，但别具一格，常让徽宗流连。又嗜权如命。蔡京与蔡卞同朝为官，兄弟二人既同仇敌忾、打压政敌，又彼此竞争、针锋相对。蔡卞以王安石继承人自居，在变法、边事、宦官等问题上尚有原则，不似兄长为了揽权，无所不用其极。北宋末年，蔡京年届八旬，长子蔡攸已是徽宗身边的红人，父子各据阵营，争风吃醋。蔡攸知道其父行将就木，耳聋眼花，不能亲理政务，全靠弟弟蔡翛（蔡京三子）处理。对此，蔡攸恨得牙痒，向徽宗告发，甚至建议杀了亲弟弟。真是"长江后浪推前浪"，后浪要将前浪拍到沙滩上。

品性不佳、善于钻营，不代表没有能力，事实上经常相反。同时，在看待历史人物时，如果纠结于对个人私德的批判，肯定是一叶障目、不见泰山。毋庸置疑，蔡京能力出众，因此才深受徽宗依赖。只靠媚上的庸才，难以持久。况且，徽宗、蔡京都是书画大家，你作画来我题诗，私下也惬意无比。徽宗朝财政收入处于北宋顶峰，而且开疆拓土，蔡京功不可没。

最后简要说一说宋徽宗的权力。高明的统治者追求"垂拱而治"，无须亲力亲为，其实也不难做到。问题在于，昏聩的君主多乐于当个甩手掌柜，诸事一概不问。高明与昏聩，又好似一线之差。区别在于，前者大事不糊涂，小事不细究。从这一点上讲，徽宗应当是一个高明的统治者。

一方面，徽宗随性而为，将皇权发挥到极致，超过前代祖宗。徽宗的父亲宋神宗，曾对宰相章惇抱怨道："快意事便做不得一件！"章惇反唇相讥，不客气地说道："如此快意事，不做也罢！"这两句话道出了徽宗以前的皇权边界与君臣关系。皇帝很难为所欲为，大臣处处掣肘。徽宗朝则完全不同，从制度上突破了皇权边界，从君臣关系上树立了听话臣子的典范。纵使有批评，不是装聋作哑，就是予以惩戒。

宋人说徽宗"变祖宗成宪"，是很有道理的。宰相权力增大，可举荐台谏官，方便控制舆论，听于一人。宦官权力逾越政治底线，不只领兵，还可以做宰执，甚至封王，如童贯、梁师成、谭稹等诸阉。外戚做宰相，如韩忠彦、郑居中、蔡京都属外戚。兄弟同做宰执，如蔡京和蔡卞兄弟。父子同做宰执，如蔡京、蔡攸父子。政令经常不走拟定、审议、执行的正常程序，而是付之御笔、手诏（以皇帝亲笔的名义），径直施行。

另一方面，玩弄大臣、宦官于股掌之间，驱之如鹰犬，以满足自己的奇思怪欲。相权扩张，宦官权力增大，只是皇权的延伸。大权不仅没有旁落，反而极大拓展，因所用之人，多以迎合为能，忠心无二。权力突破应有的边际，什么大兴土木、声色犬马、好大喜功、骄奢淫逸，终将接踵而至。同时，徽宗也奉行祖宗异论相搅、权力制衡的伎俩。虽然宠信蔡京，如若发现蔡京羽翼丰满，则随时剪除，或者罢免。又特别在意宦官与宰相串联，蔡京和童贯终于交恶，王黼和梁师成勾结被发现后不得不退休。更何况这些忠诚的臣子，为了博君专宠，互相撕咬。君主乐见其争，哪有什么专宠可言？实则臣子可依，令从中出。

三、国家富裕：经济与社会

不论是徽宗朝士人自夸，还是南宋人的历史记忆，北宋灭亡之前，所呈现的都是太平盛世的景象。蔡京鼓吹丰亨豫大，伟大盛世，自不待言。时人有诗云："四海熙熙万物和，太平廊庙只赓歌。"好一个四海熙和，好一番歌舞升平。在《东京梦华录》作者孟元老的记忆中，当时的国家和首都是这样一幅景象："辇毂之下，太平日久，人物繁阜。"南宋名儒真德秀也称北宋末年为"太平极盛之日"。

从历史发展的角度看，北宋末年确实繁荣。对于宋徽宗时代的社会经济发展情况，需要列举一些数字加以说明。从现代统计学角度讲，中国古代的数字很难做到客观准确，但数字相对意义的价值及其趋势不容否定。徽宗时，全国户数超过2000万，按每户5口人估算，全国总人口超过1亿，是宋初户口的6.76倍，是盛唐6000万人口的1.67倍，为中国人口史上一大巅峰。人口大幅度增长是古代治世、盛世的一个主要标志。人口的持续增长，说明国家大局稳定，社会经济持续发展，粮食基本满足人口的需求。人口背后是耕地数量的增长，据估计，徽宗朝垦田数约为7亿亩，也是史上最高峰。

财政收入也远超以前，史载"承平既久，帑庾盈溢"。财政收入居于北宋顶点，说明两点：一方面是社会经济蓬勃发展，社会生产力有较高的发展水平，社会供给能力逐渐增强；另一方面是国家财政效率提高，通过尽可能多的手段增加财政收入、扩充财源。社会经济的继续发展，说明社会较为稳定，人民较为乐业，因此可以创造更多财富。国家不断扩大财政收入，说明财政支出在相应递增，耗费财赋之处日渐增多。

徽宗继承父兄未竟的事业，蔡京则好比王安石，君臣协力改革。他们不只是打着改革的幌子，而是走得更远，涉及的范围更广。不可否认的是，改革的重心是增加财政收入，用宋人的话来说，就是敛财。与宋神宗熙宁变法时遭遇的强烈反对不同，政治打压之后，士风已下，没有强力的反对派。蔡京主导的国家专卖制度改革，以茶、盐和酒为主，是财政收入的重要来源。

茶叶在唐朝广泛流行，从民间茶叶贸易发展为官府专营，称为"榷茶"。宋初也实行榷茶制度，在茶叶主产区设立榷货务。茶农称园户，产茶之后交给官府，然后再卖给茶商。茶叶收购价肯定要低于卖出价，价差还不小，政府从中获取巨额收益。园户不得直接与茶商交易，否则定为私茶，买卖方会受到严惩。此后，茶法多有变更。有贴射法，或称通商法，即是允许商人直接向园户买茶，由政府估价，实际卖价与估价之差归政府所有。又有交引法，或称"三说法"，即商人将粮草送到边境，部分应付款额由茶引替代，商人据此贩卖茶叶。茶引上有可贩卖的数额，可以买卖。专营、贴射、交引三种茶法，或只存一种，或几种并存，或在此基础上有所更革。王安石主持变法期间，不太赞成国家专营的征榷制度，只在四川实行榷茶法，大部分地区行通商法。王安石被罢相之后，榷茶法在福建、广西等地实行起来。

蔡京的茶法改革主要有三次。崇宁元年（1102），罢通商法，实行榷茶法。此举将原先归于茶商的利润收归政府。崇宁四年（1105），废止榷茶法，改良交引法。政和二年（1112），针对园户和茶商制定各种细则，提高茶叶产量，加快茶叶流通，茶引、征榷并行，加强国家对茶法的管理。十年茶法三更，意在射利，为北宋朝廷创造了不菲的岁入。崇宁行茶法后，每年获利200万缗（通常1000文铜钱绑为一串，称1缗），是宋仁宗嘉祐（1056—1063）年间的5倍。政和之后，岁入400万缗，则又是10年前的2倍。

盐作为必需品，征榷制度起源更早。在北宋政府财政收入中，两税（农业税）最多，其次就是盐利。与茶法相似，宋朝实行钞盐法，或称"盐引法"，商人先买盐钞，然后拿盐去特定地区（时称"地分"）贩卖。在解盐产区，实行钞盐与政府专营的办法。在东南的海盐产区，则由政府统购统销。解盐产于解池，位于今山西省运城市盐湖区，销售范围主要是北宋的北方地区，如今陕西、山西、河南、河北、山东等省份的全部或部分地区。东南海盐则产于东南沿海。蔡京的盐法改革主要针对这两大产盐区。解池在元符三年（1098）被水冲毁，直到崇宁四年（1105）才修复。解盐区位于北宋政治核心区，以及宋夏战争的前沿。产盐量骤降，意味着盐利剧减，财政压力陡增。蔡京让东北盐，即今河北、山东的海盐进入解盐区销售，以获得盐业收入。等解池修复，东北盐依然如故，持有解盐钞者，被限制在今解盐产地周边及以西地区销售，因而贬值。其次，在东南海盐区，推行钞盐法，吸引商人购买盐钞，然后到指定地区贩卖。同时，下令禁止商人携带私盐，禁止盐官刁难商人，盐价太低时可适当增加，主要在于提高东南海盐的流通效率。

酒也是消费大宗，故早有征榷制度。宋朝榷酒形式主要有两种，占统治地位的是官酿官营（官监酒务），其次是民酿民营（买扑坊场，买扑为宋、元时期一种包税制度），还有少量特许经营。官营收入自然归政府，买扑坊场则需要向政府交坊场钱，统称为"酒课"。酒课原先绝大部分归地方政府，熙宁新法时中央有所吸纳，但所占比重较小。蔡京的酒法改革，一是增加酒课收入，二是将大部分酒课收入归于中央。

从国家的角度来看，蔡京的改革有很多创新之处，取得了良好效果。如重视商人在商品流通中的核心作用，作为管理者的政府要发挥促进作用。蔡京的茶、盐和酒的专卖制度改革，并非政府大包大揽，这需要付出巨大成本，因而要尽量降低政府的投入。政府只是作为一个管理者，依靠严密的征榷管理制度，略施小惠，以便可持续进行，然后最大限度地压榨生产者和商人。其结果是，政府付出最少，获利最巨，可以说是理财有术、敛财有方。从商人和生产者的角度看，政府极力追求利益，却时常透支国家信用，导致茶引、盐钞贬值严重。更有甚者，旧钞（引）未废，新钞（引）即行，持旧钞（引）者须加钱才能继续。而新钞

第一章 盛世华章

也会变旧钞,商人时时被动,任政府宰割。恶法之下,破产者不少,自杀者也众。改革的弊端显而易见,但现存记载有无夸大的可能呢?如果确为敲骨吸髓式的管理办法,怎么能够延续20年?况且有些措施,如政和茶法,后世借鉴、延续之处甚多。还有一点,蔡京改革的目的是增加财政收入,没有问题,但从技术管理层面审视改革的积极意义尚待突破。

经济改革之外,还有教育改革,分为"崇宁兴学"和科举改革。学校改革的宗旨是设立学校,为国养士。之前,有些小的州县没有州学、县学。"崇宁兴学"就是政府出资,设立从县学、州学到太学的公办学校体系。地方政府要引导青少年入学,有些给予食宿补助。如此一来,大量学生入学,数量为北宋之最。

科举改革,就是废除科举,实行三舍法。后者由王安石发明,在太学分为外舍、内舍和上舍三等,经考试升级,上舍生考试合格可授予进士头衔。蔡京废除科举,县学考试合格后进入州学,州学也设三舍。州学上舍生每三年考试一次,合格者进入辟雍。外舍生从太学分出,到城外学校学习,称为辟雍。辟雍考试合格后,方可进入太学学习。就这样,蔡京建立了一套从县学到太学的官学体系,为国家选拔人才。此外,中央政府还开办了算学、书学、画学、医学、武学等专门学校,培养各类人才。

另有社会保障改革，主要是社会福利体系的完善。宋徽宗朝以前，居无定所的老人、孤儿，无力治病、死无葬身之所的穷人，政府有一套救助体系，设立了若干救助机构，但多集中于首都，且规模极小。蔡京执政后，大力发展社会福利事业。第一，在首都和地方设立居养院，收养鳏寡孤独无法自食其力的人，寒冬时节也允许乞丐居住。第二，没有能力治病的贫民，则设安济房予以救治。第三，对于荒野曝尸、没有葬地之人以及寄存寺观的无主之尸，政府设立漏泽园，予以安葬。其经费来自三个方面：一是绝户资产，二是常平息钱（政府在各地设常平仓，用以救灾，可以借贷收息），三是个人捐款。在中国古代，蔡京构建的社会福利体系，当是前无古人、后无来者。而且，这一社会福利体系确实有所实施，至于程度如何，应是各地不同。盛世大潮之下，当权者搜刮民脂民膏，小民也总算有了一定程度的获得感，但很难说皇恩均沾。

四、胜利光辉：收复与拓边

蔡京穷尽脑汁收敛来的财赋，可不都是被徽宗君臣挥霍了，而是大部分投入了军费。北宋实行先军财政体制，宋人自己说"六分之财，兵占其五"，又说"供军之资，十居七八"。这并不是说明宋军战斗力强，只是领饷的兵非常多，更何况不少还是吃的空饷。而且，军费支出巨大，兵员规模无比浩大，加上克扣，可以想见，真正落到每个士兵身上的能有几何？生计都难保，还谈什么战斗力？既然战力不佳，为何还要养如此规模的军队？苏轼说得好，边境上安排数量庞大的军队，是为了在气势上威吓敌人，使其不敢轻易进犯。若真短兵相接，怕是难以招架。

北宋的边疆并不平静。强辽虎视于北方，签订澶渊之盟后，没有再兴战火。然而，党项人所建立的夏（西夏），才是宋朝的心腹之患。从宋太宗到宋仁宗时期，宋夏之间的战争时断时续，耗费了北宋主要的国防力量，胜利成果却不够理想。

"大有为"的宋神宗即位后，欲雪前耻，对西夏展开积极攻势。其战略是：先夺河湟（湟水入黄河区域，指今天青海省东部和甘肃省南部一带），断之右臂，再取西夏；长期目标则是收复被辽占据的幽云地区，恢复汉唐旧疆。这一战略规划由来已久，仁宗朝范仲淹《阅古堂诗》有两句"河湟议始行，汉唐功必寻"，说的就是这个意思。

占领河湟地区的是吐蕃青唐部的唃厮啰政权，号称"青唐"，以青唐城（今青海省西宁市）为中心。宋朝先是招纳，后命王韶为帅、宦官李宪为监军出兵。此次战役，历经54天，占领熙（今甘肃省临洮县）、河（今甘肃省临夏回族自治州）、洮（今甘肃省临潭县）、岷（今甘肃省岷县）、叠（今甘肃省迭部县）、宕（今甘肃省宕昌县）等6州，幅员2000里，招抚吐蕃部落30多万帐。宋朝在此设立熙河路，治所在熙州。元丰四年（1081）以后，宋朝派李宪为帅，两次大力征讨，代价惨重，如灵州（今宁夏回族自治区吴忠市）、永乐城（今陕西省米脂县西北）大败，战果是增设兰州以及5所堡寨。宋神宗拓边西北，虽有惨败，不过总算是扬眉吐气，宋夏攻守之势逆转。

自熙宁以来，在对待边疆问题上，旧党主张和守，新党则较为强硬，积极拓边，靠武力打击西夏。宋神宗去世后，宋朝战略收缩，弃地和戎的论调袭来。经过激烈争论，最后以元丰时占领的4所堡寨，换取永乐城100多名宋朝俘虏。宋哲宗亲政后，继续对西夏用兵，几次进入腹地，边界继续向西夏推进，新建堡寨50多座。不过，由于吐蕃部落的反抗，宋朝力不能支，弃鄯州（青唐城，在今西宁市区）、湟州（邈川城，今青海省海东市乐都区）等地区，退守兰州、熙州一带。

宋徽宗即位后，内政方面继续新法，对外继续征讨西夏。崇宁二年（1103）正月，宋徽宗任命原湟州知州王厚为权管勾熙河兰会路经略司职事，即前方主帅，全权负责收复事宜。蔡京举荐童贯为监军，出兵收复青唐。王厚为王韶之子，童贯曾为李宪手下。传说行军途中，童贯接到徽宗亲笔信札，说皇宫发生火灾，怕是寓意不祥，令大军停止前进。童贯看完，连忙塞入靴中。王厚问信上内容，童贯说："皇上期盼我们旗开得胜。"童贯"将在外，君命有所不受"，颇有将帅风度。宋军开拔 10 天后，随即攻入湟州城。首战告捷，收复湟州周围 1500 余里，户口 10 多万。徽宗非常高兴，也没有追问禁令之事，而是给前方王厚、童贯等将领升官加赏。

崇宁三年（1104）四月，王厚、童贯军又收复鄯州、廓州（今青海化隆北）等地区，幅员 3000 余里，宋徽宗派亲王、大臣祭告太庙和皇陵，向祖宗报喜。不久之后，童贯为熙河兰湟、秦凤路经略安抚制置使。此时已带节度使头衔，这是宋朝宦官前所未有的荣誉。大观二年（1108）四月，童贯率军收复洮州（今甘肃省临潭县）、积石军（今青海省贵德县西），徽宗赏检校司空、开府仪同三司等宰执勋贵才有的荣誉头衔。此时的童贯，以功臣自居，跋扈自傲。西北官员任命，直接与徽宗商量，视蔡京如无物，二人逐渐貌合神离。童贯治军颇为严格，帐下有种师道、姚古、姚平仲等武将，只得屈居宦官之下。童贯经常虚报自己战功，压制将领功劳，谁若不服，轻者扣留赏赐，重者论罪处罚。

与宋神宗朝相似，青唐收复以后，下一步剑指西夏。政和五年（1115）正月，童贯再征西夏。一年之内，宋军步步前进，深入西夏腹地，很多西夏人逃入荒漠。重和元年（1118）二月，宋军占领割牛城（今甘肃省永登县西），改名统安城。童贯认为可以直捣西夏首都兴庆府（今宁夏回族自治区银川市）了，就胁迫大将刘法前去。刘法只得率兵两万出征，不料在路上被西夏军夹击，宋军败退，刘法坠崖被杀。刘法善战，被西夏察哥王子誉为"天生神将"，常避其锋，却如此惨死。西夏军乘胜追击，又相继攻破统安城、震武城（今青海省海东市乐都区北），童贯隐匿败绩，奏报大捷。大将刘法，即南宋初年"苗刘之变"主要人物刘正彦的父亲。刘正彦后来痛恨宦官，不知是否与童贯有关。

　　为了复仇，童贯又命宋军攻占永和寨（今宁夏回族自治区同心县）、割沓城（今同心县北）以及鸣沙（今宁夏回族自治区中宁县东），距西夏首都只剩下一百多公里了。童贯麾下诸将认为不能再深入，因而还师，已是宣和元年（1119）的四月了。在宋朝的挤压之下，西夏日子非常艰难，不得不向宋朝臣服谢罪。宋徽宗见好就收，同意和平。对于收复青唐、征讨西夏的胜利，宋徽宗刻碑纪念，亲自命名《定功继伐碑》。碑文由王安中撰写，列举了自崇宁开边以来的伟大战果。

　　善理财，能拓边，在宋朝很多士大夫看来，并不都是好事情，而是得小利失大义之举。收复青唐，宋徽宗自以为盛世武功，不料却有士大夫鄙夷之。有个叫冯澥的中级官员上疏奏说道："青唐远在天边，多是不毛之地。皇上却倾全国之力，不顾百姓士兵死活，必要获取。可悲的是，自从收复以来，这些地方不曾有一毫一厘的金帛进入国库，没有一兵一马可用，却花费了亿万金钱。真是不值呀！"宋徽宗批示说："这原是神宗奋斗来的，哲宗继续开拓，只是没能完成。我继承先辈遗志，获此大功。"并将冯澥贬官处置。

宋徽宗开疆拓土，蔡京也赞成，不过功劳与荣耀皆归童贯。此时童贯是枢密院最高长官，还兼任北方诸路宣抚使，手握宋朝军政大权。虽然宋徽宗开疆拓土取得了不小战果，但是如冯澥所言，宋朝付出了人力、物力上的巨大代价。然而，宋徽宗不这么看，他被胜利冲昏了头脑，认为良将童贯可以继续助他圆幽云之梦，建不世之功。

五、帝王艺术：盛世大联欢

艺术家宋徽宗真是个能折腾出花样的统治者。他追求的文治武功，既有传统的开疆拓土，也有盛世的多样文饰。韩琦曾说宋神宗、王安石变法的目的："先有富强之术，聚财积谷，寓兵于民，则可以鞭笞四夷，尽复唐之故疆，然后制作礼乐，以文太平。"宋神宗盛年去世，哲宗青年早亡，徽宗要帮父兄一一实现心愿。以下主要讲述制礼作乐、艮岳和书画三个方面，它们展现了宋徽宗的盛世风采。

历史上的制礼作乐，以周公最为著名，主要内容是建立可以长久的制度，后世称为"周礼"。制礼作乐的内容非常宽泛，有官制、乐制、礼制等。制度不可能一成不变，需要相时改动，宋朝也是如此。不过有些制度的调整是必要的，有些则属于瞎折腾。宋神宗留给大众的印象应当是以经济改革为主的王安石变法，其实还有政治体制改革，即元丰改制。其主要目标是改变唐以来官制名不副实的问题。比如：废除三司、财权归户部；宰相不再称同中书门下平章事，而是冠以三省官名，如尚书左仆射、门下侍郎即是首相，尚书右仆射、中书侍郎为次相，门下侍郎、中书侍郎、尚书左丞、尚书右丞均为副相。

宋徽宗又改变了一遭。宋神宗官制改革以《唐六典》为蓝本，名义上恢复到唐前期的三省六部制度。宋徽宗则追溯得更远，其制定的宰相制度以《周礼》为本，如改宰相名称为太宰、少宰，又以原本是名誉头衔的"三公"摄理政事，号称"公相"。

政和三年（1113），徽宗下诏修改公主制度。周制天子之女称王姬，如今是皇帝制度，须改公主为帝姬。与皇帝同辈的大长公主，改称大长帝姬。帝姬的封号，用美名二字替换之前的国号。如原来可能封为赵国公主，如今改为顺德帝姬。郡主改为宗姬，县主改为族姬。

改名号，看似没什么实际价值，实质上却是在追寻三代（夏商周）之治，这是儒家的最高政治理想。也就是说，这是盛世应当有的制度面貌。回向三代的复古风，是宋徽宗制礼作乐的总体思路。

制礼作乐，不是改名那么简单，还有一批大制作。比如象征天降祥瑞的九鼎，寓示天子多重身份的九宝。简单地说，如果皇帝有德行，天下太平，则会有稀见之（神）物出现，这就是祥瑞。在先秦时期，有楚王问鼎的典故。鼎是最高权力的象征，楚庄王问鼎的轻重，被史家看作有不臣之心。汉武帝得鼎于汾阴（今山西省万荣县），视为大祥瑞，建年号元鼎。自制九鼎，代表天下九州，徽宗以神圣天子自居。九宝，是体现皇帝和宋朝天命色彩的多方印玺。"作乐"的代表，则是宫廷雅乐大晟乐的创作。徽宗设大晟府，主管大晟乐的研究和演奏。大晟府有很多词人，通晓音律，词作追求工巧，为宋词一绝，也是徽宗朝的文化景观。

盛世哪有不大兴土木的呢？艮岳是宋徽宗的代表作，好比是古巴比伦的空中花园，胜景不再，昙花一现，只留悲尘。为什么修艮岳？为什么又要在艮位（东北）修筑呢？有一种说法流传甚广，说宋徽宗即位之初，子嗣不盛，道士刘混康根据开封城风水，说宫城东北地势比较低，需要增高地势，就可以调和阴阳，多子多福。徽宗听信了他的话，开始在东北垒土，地势增高。此后果然多子，于是下令修筑假山园林，形成艮岳风景。

前述实为无稽之谈。元符三年（1100）四月，徽宗即位三个月时，还不到18周岁，长子即出生。到政和七年（1117）艮岳正式动工时，徽宗已经有了25个儿子、17个女儿。这数量已令人叹为观止，还嫌少吗？北宋有几位皇帝确实是皇嗣问题造成不小的政治困扰。一开始宋徽宗可能会怕重蹈覆辙，怕儿子少，或养不活，才听信道士的话，垒个土堆。但艮岳如此大规模工程的修建，肯定已经不是这个问题了。最大的可能是政和七年（1117）时，宋朝在西北节节胜利，兜里还有些余粮，徽宗意气风发，为营造盛世风景所建。其实，艮岳建成后，徽宗亲自撰写《艮岳记》，讲述了修建的缘由。他说，与周、汉、唐国都有天险固守不同，宋都开封，无险可恃，只有倚德。话锋一转，又说自古帝王所居，神仙所处，须有形胜。因此可以说，在徽宗看来，艮岳作为人造形胜，是为了大宋基业所建，形式上有了依靠。艮岳的景致设计和园内动植物都有相关理论依据，有些与徽宗崇道相关，尚须省墨，不多细究了。

不管艮岳是为了渲染盛世风光，还是为了宋朝基业，都太冠冕堂皇了。其实艮岳主要是为了满足徽宗的私欲。在做端王时，他好猎奇，比如爱好奇石、驯养珍禽异兽等。需要警惕的是，本书所述徽宗端王时期的兴趣，源于宋人记载，不少成文于北宋灭亡之后。什么意思呢？就是说，现存文献中对端王兴趣绘声绘色的描述，很多是根据徽宗行为的倒叙。端王到底是什么样，确切记载较少。不过有一点是肯定的，虽然成文记载偏后，但徽宗肯定是有这般兴致的，否则他不会如此大张旗鼓。等做了皇帝，有了天下，公权可以私用，私心也可以装作公务。登极伊始，只是玩味，小打小闹，无伤大雅。

皇帝有此雅好，不愁无人满足。苏州朱冲、朱勔父子，善于经营苗圃，易获奇石大木。蔡京在杭州时，见识了朱氏父子的本事。为迎合徽宗之好，蔡京回开封后，将朱勔推荐给徽宗。接着，蔡京又怂恿朱勔进献各种奇木，徽宗见到后，既奇又喜。随之一发不可收，各种奇花异草、珍石怪木接踵而至，又以江南山石、太湖石为最。石量需求大，不少石头既重又大，需要专船运送，再加上花木，号称"花石纲"，由朱勔负责。

朱氏进献的树木中有两棵桧树，徽宗甚是喜爱，有《题双桧》诗可证："拔翠琪树林，双桧植灵囿。上稍蟠木枝，下拂龙髯茂。撑拿天半分，连卷虹南负。为栋复为梁，夹辅我皇构。"最后一句是诗眼，寓意直白得彻底。"夹辅我皇构"，后来被视作康王赵构登极的谶语。

太学生邓肃年轻气盛，作《花石诗》十一首献于徽宗，抨击花石纲。其一云："蔽江载石巧玲珑，雨过嶙峋万玉峰。舻尾相衔贡天子，坐移蓬岛到深宫。"其二云："守令讲求争效忠，誓将花石扫地空。那知臣子力可尽，报上之德要难穷。"后果不言而喻，邓肃被从太学开除，遣回原籍。这一大不韪的举动，也让他声名鹊起，令人刮目相看。

艮岳的假山、花木之类，都来自花石纲。其他皇家园林、权贵的私家园林，大大小小有一百多处，其用也有不少源自花石纲。政和七年（1117）艮岳正式动工，宣和四年（1122）竣工。初名万岁山，后改名艮岳、寿岳。因此，艮岳之"艮"，恐怕不是一开始就设计好的，更多的是后来附会。据徽宗《艮岳记》，艮岳简直就是个宋朝江山的缩微版，集萃了各地湖光山色。这种靠权力堆砌的杂烩景致，真是俗不可耐。

这所园林不仅是植物园、假山冈，还是动物园。园子里圈养了各种珍禽异兽，仅各种鸟就有数万只，不少是仙鹤，鹿也有数千头。仙鹤、仙鹿，顾名思义，都和神仙有关。在中国古代政治文化中，珍禽异兽不只是珍稀动物那么简单，寓意上天降临的祥瑞，是盛世才有的气象。白鹤最具仙瑞之气，自古即有饲养。宋徽宗朝有几次瑞鹤降临，比如前文所说九鼎制成之时，徽宗传世之作《瑞鹤图》，描绘的就是一幅瑞鹤降临的盛世景象。徽宗有多首诗词表达对白鹤的喜爱，如有《白鹤词》："胎化灵禽唳九天，雪毛丹顶两相鲜。世人莫认归华表，来瑞升平亿万年。"再如《步虚词》有两句："瑞鹤仪空际，祥风拂署烦。穹窿兹响应，宝祚亿斯年。"徽宗咏鹤,一则显示盛世风采,二则盼望宋朝延续亿万年。

这些鹤演员,不是天上飞来,其实出自鹤坊和皇家动物园。艮岳如仙境般,徽宗自己评价道:"真天造地设,神谋化力,非人所能为者。"喜爱之情,溢于言表。众所周知,没过几年,历史这只手恶狠狠地向徽宗脸颊抽去。艮岳为徽宗和宋朝带来的不是期许的荣耀,更不是赵家的依靠,终究灰飞烟灭。

说到宋徽宗,人们耳熟能详的就是他高超的书画造诣,如今已然寸纸抵万金。帝王有此爱好,周围自然会聚集一群艺术家。宋徽宗自创楷书瘦金体,纤细峻拔,风骨洒脱。现存的《楷书千字文》《草书千字文》等书法作品,上面还有徽宗亲笔题跋。徽宗的画,多意境高远,又善工笔,功力深厚。他下令招募画家入值翰林图画院,并亲自培养天赋异禀的学徒。张择端的《清明上河图》,满足了后世人们对繁华东京的一切想象。王希孟的《千里江山图》,翠山绿水,千里江山尽收眼底。米芾书法"超妙入神",被徽宗授予书、画双学士。宰相蔡京的行书,"意气赫奕,光彩射人"。徽宗还下令编写《宣和画谱》《宣和书谱》和《宣和博古图》,整理古代、当代书画名家及作品,造福艺术。皇家供养的这些书画家,并不都是职业鼓吹盛世的,或者说他们的作品都在阿谀盛世,毕竟有着很高的文艺修养,没必要俗得那样直白。艺术家群星璀璨、技艺精湛,本身就是盛世文化的最佳展现。

作为皇帝，艺术上尽情撒欢无关紧要，政治上恣意任情可真要命。在宋徽宗朝，皇权极度强化，帝王心术炉火纯青，士大夫言论受到钳制，阿谀奉承之辈大行其道。选人首看其忠，再观其能，只重执行上峰命令，得道行君的骨气消磨殆尽。统治者好大喜功，近臣贪腐盛行，内忧不致亡国，却给了外族可乘之机。仿佛从进入宣和开始，一切美不胜收，旋即开始毁灭。这是上帝的视角，不知当时人有无这般体验。从后面的历史看，幻想一直伴随着他们，直到见到棺材那一刻，都不曾彻底绝望。

第二章
海上之盟

一、梦里燕云：燕云情结几时休

要说海上之盟，还得从那陈年的燕云旧事讲起。燕云，又称"幽云"，是以幽州和云州为核心的长城沿线地区，主要有十六个州，故称"幽云十六州"。十六州分别是幽州（今北京市）、涿州（今河北省涿州市）、蓟州（今天津市蓟州区）、檀州（今北京市密云区）、顺州（今北京市顺义区）、瀛州（今河北省河间市）、莫州（今河北省任丘市北）、蔚州（今河北省蔚县）、朔州（今山西省朔州市）、云州（今山西省大同市）、应州（今山西省应县）、新州（今河北省涿鹿县）、妫州（今河北省怀来县）、儒州（今北京市延庆区）、武州（今河北省张家口市宣化区）、寰州（今山西省朔州市东北）。

唐朝灭亡后，天下大乱，朱温占据以开封为中心的黄淮地区，建立梁，史称"后梁"。沙陀人李克用占据以太原为中心的河东地区，延续唐哀宗天祐年号，称晋王。其子李存勖建立唐，随之消灭后梁，史称"后唐"。梁亡唐兴，幽州及榆关（即山海关）周边的平州（今河北省卢龙县）、营州（今河北省昌黎县）随之归入后唐版图。中原大乱，契丹勃兴，虎视眈眈，伺机而动。后唐以重兵驻守幽州，营、平二州却被契丹吞并。此后辽置平州路，下辖营、平、滦（今河北省滦县）三州。唐朝没有滦州，是辽朝新置。榆关战略地位尽失，幽州以东无险可守，燕云丢失之前，东部门户已开。

五代皇位继承总有纷争，北方将帅常常勾结契丹，或图自保，更多是图谋不轨。后唐长兴四年（辽天显八年，933），明宗李嗣源去世，第五子李从厚即位，仅数月后被明宗养子李从珂推翻。当时的河东节度使石敬瑭是明宗的女婿，原本地位与李从珂相当，故受到猜忌。李从珂知道石敬瑭必反，而且肯定会勾结契丹，决定先下手为强，下令将石敬瑭从太原调往郓州（今山东省东平县西北）。石敬瑭不愿坐以待毙，宣布起兵。他做出的关键决定，是

第二章 海上之盟

请契丹出兵，代价是向契丹称臣，并割让卢龙及雁门关以北的地区给契丹。李从珂派兵围困太原，契丹耶律德光率兵救援，后唐军队败退。石敬瑭率军南下，攻占洛阳，后唐灭亡，后晋建立。

石敬瑭做皇帝后，履行前约，将燕云十六州拱手相让。这一举动，成为中原王朝的一大耻辱，收复燕云成为中原王朝的梦想。然而，历史经验表明，北伐比南征要困难得多。此后，长城天险失去大半，华北门户洞开，中原王朝的防御纵深大为缩短。契丹骑兵可以从幽州和云州两路南下，西路尚有雁门关可守，东路一马平川，可以快速穿越华北平原，直达黄河。盛唐时期，安禄山、史思明就是从幽州一路南下，几乎要亡了李唐。辽升幽州为南京析津府，又称燕京。辽设南京道，原幽、顺、檀、涿、蓟五州属之，位于太行山北线的东南，称"山南地"或"山前地"。云州，辽称西京大同府，设西京道，原云、新、武、妫、儒、蔚、应、寰、朔九州属之，位于太行山的西北，称"山北地"或"山后地"。

自己种的苦果自己吃，报应很快即来。石敬瑭死后，其子石重贵即位，不愿向契丹称臣，而是称孙。耶律德光有一统中原之志，趁机南下，灭了后晋。不巧的是，德光只是做了不到半年的中原皇帝，就死在了回家的路上。

五代之中，有三代源出太原。就在契丹占领开封之时，占据河东的沙陀人刘知远又宣布自己是皇帝了，史称"后汉"。可惜天不假年，做皇帝不到一年，刘知远就去世了。其子刘承祐即位，大将郭威以辽朝南侵为借口，率兵出京，在澶州（今河南省濮阳市）黄袍加身，建立了后周。

刘知远的弟弟刘崇此时镇守河东，在太原称帝，史称"北汉"。这个盘踞在今山西中部小小的北汉，让雄主周世宗、宋太祖死不瞑目，一个重要原因就是辽朝可以从燕京、西京两路救援这个藩属政权。需要知晓的是，燕云十六州并不都在辽朝，周世宗时占领莫州、瀛洲、易州，宋初契丹则又夺回易州部分土地。这些被周世宗收复的州县，在瓦桥关（今河北省雄县）以南，称"关南地"。

宋太祖实行"先南后北"战略，即先讨平南方，后取北汉，再收复燕云故土。只是北汉未下，出师未捷身先死。据说宋太祖为收复燕云，特地设立封桩库，由他亲自掌控，试图用来赎买，或充作武力之资。宋太宗即位后，终于征服北汉，欲乘胜收复幽州地区，意气风发却铩羽而归。之后，宋太宗又三路北伐，剑指燕云，再遭败北，壮志难酬。

宋朝为了圆梦，两次大规模北伐，辽朝烦不胜烦，五次南征，终于订立"澶渊之盟"。辽朝南征浇灭了北宋的燕云大梦，"澶渊之盟"确立了宋辽的百年和平。其实，宋太宗北伐接连失败，燕云的梦就碎了一地。北伐教训惨痛，王朝走向内敛，不是不想北伐，一是实在没有能力，二是没了那股子劲头。而辽朝占据地利，也没能一统天下。

订立"澶渊之盟"后，宋真宗先荣后耻，东封泰山，西祀汾阴，天书再降，自娱自乐。"澶渊之盟"后，宋辽之间没有再发生战争，但河北、河东一线的防务却丝毫不敢懈怠。今天的晋北、陕北，与辽、西夏接壤，牵涉宋夏和战的战略布局，宋不仅要与西夏和战，还要防止辽趁火打劫。

宋仁宗庆历（1041—1048）初年，辽向宋索取关南地，又有调停宋夏之名，意在讹诈，宋朝增加岁币，再修前好。北宋小小身板，本就武力不振，还要与辽夏周旋，着实可怜，燕云故地丧失即是重要原因。

梦想暂时破灭，燕云情结尚存。有人还幻想有朝一日，中原王朝可以收复燕云，有了这十六州，汉唐大一统的政治核心区就完整了，也就是宋人说的恢复汉唐旧疆。凡事不止一面，燕云情结的另一面，是宋太宗以来对辽的畏惧之心。宋神宗自己说，六七十年来每年都给辽金帛数千万，实际上是畏惧辽六七十年。

神、哲、徽宗三父子，虽然好变祖宗之法，但祖宗的梦想却从来不曾忘却，可谓孝子贤孙。内藏库是北宋皇帝亲自掌控的财政机构，有专门的征收渠道，主要是以备救荒和兵革的不时之需。宋神宗为雪前耻，极力扩充内藏库，作为消灭西夏、收复燕云的军费。他亲自撰写四言诗一首，其云："五季失图，猃狁孔炽。艺祖造邦,思有惩艾。爰设内府,基以募士。曾孙保之,敢忘厥志。"每字设一库,储积皆满后,又新建仓库。他再赋诗二十字,表明心志:"每虔夕惕心,妄意遵遗业。顾予不舞姿,何日成戎捷。"

到了宋徽宗朝,天赐良机,梦好像就要实现了。

二、卑微接触:几番跨海几番羞

天祚帝耶律延禧统治下的辽朝,依旧疆域广袤,却已是日薄西山。白山黑水间,古老的女真族异军突起,在金太祖完颜阿骨打的带领下,攻城略地,势如破竹。辽朝步步退缩,眼睁睁地看着土地被吞并。今天的历史常识,当时的宋朝并不知晓。让我们的视线回到宋朝的盛世风光,西北捷报频传,徽宗纸醉金迷,童贯不可一世。被胜利冲昏头脑的徽宗君臣,将眼光投射到北方,那个寄托着祖宗梦想的地方,是时候大展宏图了。

童贯收复青唐后,声名远扬,天祚帝想一睹风采。政和元年(1111)九月,徽宗派童贯出使辽朝,一方面宣扬国威,另一方面可刺探情报。不料,友邦不仅没有景仰,反而说什么南朝(宋辽互称北南朝)无人,竟然重用一个宦官,还派来出使?受此大辱,童贯怀恨于心,时时关注北方局势,盼望雪恨。有一种说法是,徽宗让童贯使辽,是为以后收复燕云做准备。

第二章　海上之盟

政和五年（1115），燕人马植从辽辗转投靠宋朝，提出联金灭辽之策。他透露，天祚帝荒淫无道，女真攻势猛烈，辽国危在旦夕。如果与女真人结盟，可以收复燕云，否则只能眼看女真强盛，尽收辽土。徽宗非常赏识他，先赐姓李，后赐赵，并授予官职。这个赵良嗣，是此后宋金交聘的关键人物，也被视为北宋灭亡的一大元凶，名列《宋史·奸臣传》。这一时期，太原、雄州（今河北省雄县）、河间（今河北省河间市）、中山（今河北省定州市）等宋辽边境的军事主官也是蠢蠢欲动，劝说徽宗起兵伐辽。

政和七年（1117）七月，登州（今山东省蓬莱市）知州王师中上报，高药师等两百多汉人从辽坐船而来。几年前，王师中举家从辽南迁，徽宗任命他为登州知州，当是为联金做准备。高药师等人原本是为避辽金战祸，准备去往高丽，结果被海风吹到宋境。他们提供了一个重要信息，女真人打到了辽河以西，登州对岸的辽国领土已经失陷。接到奏报，徽宗和蔡京、童贯商议，决定以买马的名义，先派人过海探究虚实。这样，宋朝派了七名低级军校和高药师一起渡海，前往对岸的苏州（今辽宁省大连市）。八月底出发，次年正月返回，一无所获。因为还没上岸，就发现有不少巡逻的女真士兵，心中惧怕，慌忙掉头。徽宗大怒，处罚了那些军校，并令童贯全权负责。

政和八年（1118）八月初，宋朝选了一名低级官员马政，还有一名懂外语的士兵呼延庆，连同高药师，一同前往。他们的任务是，先恢复马市，再慢慢试探女真有没有夹攻辽的想法，如果有可派使来谈。马政一行刚上岸，就被女真兵逮捕，随身之物被抢，还差点杀了他们，费尽口舌，才保住性命。那些士兵将马政等捆绑着，走了三千多里，才到达金军大营。女真大将粘罕（完颜宗翰）等人接见了他们，经过几番对谈，金人同意联盟。他们扣押六名宋方军校作为人质，以渤海人李善庆，女真人小散多、勃达为使，同马政一道来宋。

宣和元年（1119）正月，宋徽宗接见了金使，并给予赏赐和官职。双方谈了什么，不见记载，金方应当是在试探。金使要走，就需要派使节再往。此时，宋朝在对待金方的礼仪上犯了难，宋徽宗去的书函到底是要以什么名目呢？宋辽皇帝之间来往称"国书"，以示身份对等。经过一番争论，宋徽宗君臣觉得自己高金一等，定以诏书的名义去函。金使竟也没抗议，怕是不懂个中味道。此次宋朝使者级别有所提升，派出了朝议大夫、直秘阁赵有开和忠翊郎王环。临行之际，赵有开病亡。就在此时，有边报说金已与辽和好。宋徽宗决定不再派遣使者，而是派呼延庆携带登州牒前往。牒，一般是两国地方官来往的文书。以登州知州的名义，有些侮辱人了。六月初，呼延庆抵达。金方一顿责骂之后，扣留了呼延庆。此后，呼延庆多次解释，到了十二月底，

第二章 海上之盟

才将他放归。金太祖让呼延庆带话，大意为：金方并没有与辽和好，而且金方完全有能力占领辽国；如果宋方还希望继续合作，就派使带国书前来，不要用诏、牒亵渎金方。

呼延庆等人如同逃离魔窟，生怕再被抓回，日夜兼程，于宣和二年（1120）二月底，携带金太祖书信回到开封。信中说金人准备攻打辽上京（临潢府，今内蒙古巴林左旗）。三月，宋徽宗派赵良嗣、王环出使，主要谈判夹攻契丹、收复契丹汉地、岁币等事。宋使登岸后，金人正在进攻上京，即邀使者观战。作为外交使节，需将见闻记录在案，以便复命。此后，宋方主要由赵良嗣主持与金的谈判，现存《燕云奉使录》就是他的记录。

据赵良嗣说，金太祖很爽快地答应领土要求，同意灭辽后将燕云给宋朝，很快即可出兵前往。依宋辽旧例，每年需50万岁币。赵良嗣又提出平、营二州属于燕京地区，希望一并交割，金人予以拒绝。前面说到，此二州在榆关附近，战略地位极其重要。宋朝约定将来收取汉地，至于具体范围或州县，并未明说，只是笼统说"燕京一带旧汉地汉州"。宋人没有注意到辽南京道、西京道与平州路是不同政区，以为西京、平州地区都属于"燕京一带"，因此要与西京一并交割。金人以为宋人所言"燕京一带"只是南京道，不包括西京和平州。双方所言歧异很大，只是宋人未有察觉。宋方的这一失误，为以后再索要西京和平州地区埋下祸根。

可笑的是，金人一再强调燕京、西京、平州不是一路，赵良嗣不晓其意，一再强调营、平本属燕京道，要求一并割让。最后约定，来年再约日期，双方出兵，合攻燕京，如不出兵则前约无效。

七月，金使斯剌习鲁等三人持国书至宋。国书中说，宋方支付银绢岁币后，金将燕京地区和人民给宋，但不包括逃亡者。很显然，这与赵良嗣的报告有所差别，出乎宋人意料。很可能金太祖并没有允诺交割云州，赵良嗣有可能是夸大其词，也可能是想当然地认为"燕京一带"就包括了云州地区。

九月，宋派马政为使，携国书随金使渡海，其子马扩随行。后来，马扩同赵良嗣一道，成为宋金外交的主要人物。国书由王黼、童贯等商议，约定夹攻日期、西京地区（包括属州）交割和岁币之事，其中指明包括平、营在内的燕云地区16个州（辽占14州），本属汉地，应当给宋。宋人此时终于明白问题所在，但还有一个细节需要注意，宋人尚不知晓的是，其所言营、平二州其实是辽的平州路，还有一滦州。赵良嗣使金时，他说营、平二州，金人说营、平、滦三州，之后的谈判宋方才加上滦州。

十一月底，宋使抵金。金太祖否认曾许诺西京，说如若想要，宋朝自己攻取便是。与此同时，再次拒绝平、营二州。不仅如此，对于燕京，很多金人将领也不情愿拱手相让，认为北宋兵备较弱，只想花钱买地。粘罕认为，宋朝还是很强大的，不可轻

第二章 海上之盟

视。也就是说,宋军到底有几斤几两,金人还不确定。双方底牌相差较大,没法再谈,姑且留马政随军打猎。到次年(宣和三年,1121)二月底,金使曷鲁等随马政来宋。和往常一样,先到登州,等朝廷命令再前往开封。

外交上处于劣势的宋朝,屋漏偏逢连夜雨,江南爆发了方腊起义。哪里有压迫,哪里就有反抗,宋徽宗君臣对江南压榨过甚,所以激起民变。方腊叛乱已久,臣下不敢惊扰徽宗美梦,纸包不住火才去禀报。宋朝正往河北调兵遣将,准备与金夹攻燕京,谁知生了如此祸端。不得已,北兵南调,以童贯为帅,前去镇压。正月,也就是金使出发的时候,童贯率军东南,至四月生擒方腊,江南之乱基本平息。二月底,金使已在登州上岸。宋廷正忙于戡乱,不让金方知道,将使者滞留登州,不准去开封。曷鲁不明就里,但觉异常,几次嚷着徒步前往。等江南乱局好转,五月中旬,滞留登州七十多天的金使才抵达开封。金使在开封,宋廷依旧是好吃好喝好招待,如此又待了三个月。金方国书强调,只给燕京地区,并约宋朝出兵西京。宋朝坚持汉地应该尽数给宋,并询问夹攻西京日期。然而,宋朝并没有派使节前往,只是让金使带宋国书返回。

宋被方腊牵绊,金军则继续进军。是年正月,金攻陷辽中京(今内蒙古宁城西)。天祚帝先逃往西京,被金兵穷追不舍,又进入漠北的夹山（大青山）。夹山周边遍布沼泽，金军骑兵不能通过，只得攻掠西京附近州县，等待时机。

宣和四年（1122）三月，镇守燕京的耶律淳宣布即位，并照会宋朝。宋视之为篡位乱臣。此时宋已得知金兵动向，徽宗命童贯为陕西、河东、河北路宣抚使，即为前方总司令，前线指挥部则名曰宣抚司。蔡京之子蔡攸为副宣抚，实为监军。

对未来战局，徽宗做了三种层次的假设：第一，燕人（主要是汉人）迎降，兵不血刃，善莫大焉；第二，耶律淳投降称臣，倒也挺好；第三，燕人抗争，武力解决，全师而还。由此可见，宋徽宗认为大辽国已是强弩之末，不堪一击，异常乐观。

童贯毕竟久经沙场，待进入河北，当即奏报前方宋军情况。他说，河北长期太平，不曾作战，军队骄惰，百无一用。又说军粮无法食用，军备废弛，希望朝廷催促河北筹集军需。奏报后文如何，不见记载。河北兵不堪用，不大要紧，因为童贯所率主力是能征善战的西北军。

那么，宋军的表现到底如何？且看下节。

三、宏伟蓝图：圆梦好似咫尺间

大战在即，童贯的军事部署和各路将领须先做交代。宋军抵达河间后，计划兵分东、西两路，由刘延庆节制。东路帅是名将种师道，驻扎白沟。东路军又分五支，王禀领前军，杨惟忠领左军，种师道自领右军，王坪领后军，赵明、杨志负责选锋军。辛兴宗负责西路，驻扎范村。西路军也兵分五支，杨可世、王渊领前军，焦安节领左军，刘光国、冀景领右军，曲奇、王育领后军，吴子厚、刘光世负责选锋军。

抵达宋辽边境的雄州（今河北省雄县）后，童贯主持战前会议，众将讨论进军方略。种师道认为师出无名，明显不够积极。杨可世恐怕失败，认为需做充分准备。雄州知州和诜提倡收复燕云，斥责杨可世枉为将军，实则懦夫一个。他亢奋说道："等我方行军号一响，燕人就会争相箪食壶浆，喜迎王师，能有什么难事？你不要败兴！"和诜的想法并不少见，认为燕京一带以汉人为主，对宋有天然认同感，攻打燕京小菜一碟。不得已，童贯又调整部署，以种师道军为中军主力，和诜为副职，杨可世为前军统制。

既然有"不战而屈人之兵"的上策，定要先行。童贯令赵良嗣撰写了招降耶律淳的书信，由从辽降宋的官员张宪、赵忠谕前去。耶律淳一看招降书，就将二人斩首。童贯虽遭挫折，却不死心，再派马扩北行。马扩善外交，很有才能，眼光独到，视野长远。殷鉴不远，可能有去无回。临行前，他向童贯提了三点建议：一是严肃军纪，不贪求珍宝；二是不乱杀降人，以安燕人之心；三要审时度势，果断出击，不可顾忌他的性命。真是置生死于度外，值得一书。马扩自撰《茅斋自叙》，是关于宋辽、宋金之间的外交见闻，据此可知其中的不少细节。

马扩进入辽境，辽方派汉官负责接待，处于乱世，管控并不严格。在路上，一个叫刘宗吉的低级汉官对马扩说，可以为宋朝发放敕榜副本（招降传单），以后可开城门迎降，并约好夜晚在涿州驿馆再谈。夜深之后，刘宗吉来见，给马扩一封信。说燕京防卫空虚，只有四大王萧幹率领的八九百人，而且没有战斗力。如果宋军夜袭，辽军必定奔溃。马扩将童贯之前送他的新鞋一只作为凭证，送给刘宗吉，并将情况向童贯汇报。

抵达燕京，契丹官员看到招降书，纷纷指责宋朝狂妄至极，背信弃义。有官员告知马扩，刘宗吉已被处死，并将鞋子置于面前，威胁道："看你如何脱身？"马扩面不改色，劝说他们早日投降可少见杀戮。马扩身陷囹圄，却不卑不亢。辽枢密承旨萧夔大惑不解，疑问："南朝派你来不就是送死吗？怎么可以视士大夫之命贱如草芥？"耶律淳见马扩时，先让他朝拜辽朝收藏的宋真宗、仁宗画像，又宣读澶渊盟书和庆历国书（宋仁宗庆历年间续签的和议）。完毕后，耶律淳责问："南朝君臣就忍心违背约定？"马扩说："大王擅自即位，我朝念及兄弟之情，前来问罪。"真是论辩高手，怼得耶律淳等人无话可说。

针对燕京辽之势力，宋朝招降与进军并行。大军出发之日，童贯以圣旨的名义下令："王者之师，有征无战，吊民伐罪，出于不得已而为之。如敢杀一人一骑，并从军法。"这个命令还是攻心为上，借此赢得民心，燕京指日可下。问题是，既然要打仗，如何做到不杀人，真是怪哉。

马扩在燕京时，辽人曾告知宋军已有败绩。宣和四年（1122）五月底，杨可世被和诜洗了脑，以为燕人看见宋军就会欢迎。结果轻敌冒进，在兰沟甸被辽将耶律大石伏击，大败。紧接着，种师道军抵达白沟，与耶律大石相遇。宋军先是招降，换来"矢石如雨"。宋军刚安营扎寨，准备不足，只好应战。前军统制杨可世率兵与辽军隔桥对峙，命部将赵明攻击。看到辽军军旗挥舞，一支骑兵向西奔去，杨可世认为西边下游肯定有水浅可过之处，辽军这是要渡河来袭，紧急布防。种师道部将赵德来援，还没到河边去，辽军骑兵已渡河冲来。赵德又避辽军锋芒，杨可世火冒三丈，只好弃桥亲自迎敌。辽军两路包围，赵明先败。杨可世陷于阵中，身中铁蒺藜箭，血流满靴。他用嘴来控制坐骑缰绳，以致两牙掉落，胸部、腹部又中流矢，杀数十人后才得以突围。

宋军只好固守阵营，辽军撤回。第二天，驻扎范村的西路辛企宗部，与辽将萧幹开打，几乎要被辽军包抄消灭，拼死才保住阵地。和诜劝种师道斩杀杨可世，重新申明童贯不杀一人以期招降的命令，被种氏以杨乃童贯爱将为由拒绝。

原计划一举可夺燕京，没想到一触即败。前方大将种师道、辛企宗又都奏报辽军勇猛，宋廷大失所望。权衡之后，童贯下令撤退，这应该也是朝廷的意思。战后，种师道与部下商量对策。和诜以为宋辽本不需战，都是杨可世擅自行动，才促使双方对战，造成如今之窘境。但是，他不同意撤退，认为此举示弱，辽军会乘机追逐，后果不堪设想。回撤之前，杨可世也担心辽军会追袭。宋军有所防备，撤退的顺序是，傍晚先运走辎重，夜半军队开拔，以精兵殿后。

辽军得知宋军撤退，以轻骑兵尾随追击。辽军紧追不舍，宋军东路中军的五支部队乱作一团，种师道差点被俘。刚到雄州城下，辽军主力追来，宣抚司拒绝宋军进城。杨可世与辽军战于城下，童贯令辛企宗支援。战者少，逃者多，宋军一路向南溃逃，辽军一路穷追。就这样，战场从雄州以南到莫州以北，以至雄州以西保州（今河北省保定市）、真定（今河北省正定县）一带，宋军死者道路枕藉，难以胜计。一败涂地，丢人现眼，总得有人负责。童贯不愿背锅，将种师道、和诜弹劾，前者被勒令退休，后者被贬到今江西。得此败报，宋徽宗心凉了一截，下令班师回防。

梦想很丰满，现实很骨感。宋徽宗君臣受此重创，又以招降为上策。马扩在燕京一番慷慨陈词，加上被宋、金夹击，再有天祚声讨，耶律淳胆战心惊，有向宋称臣之心，派使者王介儒、王仲孙携书随马扩来到雄州。另一方面，耶律淳对燕京地区的控制力有限，大将耶律大石和萧幹都不同意臣属，继续与宋作战。马扩与辽使到雄州没几天，就发生上述宋军之溃退。宋军新败，童贯忙于应付，双方会谈并无实质内容，辽使即回。

接下来，童贯试图策反李处温，以为燕京内应。李处温是燕人，为辽宰相，有策立耶律淳之功。马扩从燕京归来，肯定要向童贯汇报。童贯问马扩："燕京谁在执政？"马扩说："李处温。"赵良嗣随后透露，他与李处温是莫逆之交，当初约定一同南奔，誓灭契丹。童贯觉得有希望，即令赵良嗣修书予李处温。信中说，李处温可募集义士，开燕京城门迎降。李处温回信，说他会伺机行动，期待为宋军内应。

就在这个当口，耶律淳去世，萧幹以其妃萧氏为皇太后，主持国政。李处温原本希望关闭城门，将辽军主力部队挡在门外，然后引入宋军。计划没有实施，勾结宋朝之事又被揭发，李处温被赐自尽。其实，李处温也和金人有联系，也答应做内应。脚踏两只船，只为自身算计，终究误了卿卿性命，可惜。童贯招降之策，再告破产。

童贯、蔡攸在回朝路上，收到朝廷再进军的号令。原来是中山知府詹度上报，耶律淳死后，辽朝无主，很多燕人越过边境来投奔，声称愿将燕京献给宋朝。接报，徽宗君臣有所犹豫，因为之前有太多燕人夹道欢迎的幻觉，教训惨痛。联金灭辽的国策，蔡京原来是参与决策的，不过他很快罢相，王黼取而代之。王黼想超越蔡京的政绩，力主再次进军，夺取燕京。宋徽宗当然也不甘落败，还须再战。他们决定，九月份集结二十万部队，童贯、蔡攸保留原职，以刘延庆为都统制（即前线指挥），部下有刘光世、何灌、张思政、杨可世等将。

耶律淳死，耶律大石和萧幹都在燕京，暂时无暇南顾。九月十五日，辽易州守将高凤约降。听闻易州已降，二十三日，辽常胜军涿州守将郭药师以精兵八千、骑兵五百来降。常胜军本名怨军，是辽朝组织的辽东人抗击金军的武装。怨军叛乱失败，改名常胜军，郭药师为首领。常胜军是辽的一支精锐部队，它的降宋，意义重大。受此影响，燕京萧后遣使称臣。开局形势大好，徽宗君臣已在庆贺。虽然燕京尚未真正进入宋朝版图，宋徽宗甚是乐观，诏改燕京为燕山府，西京为云中府，涿州等州也纷纷赐名。

然而，现实又打了徽宗君臣一记响亮的耳光。萧后派使称臣，却称臣不纳土。事实上，萧后也向金称臣自保，萧幹、耶律大石等辽将还在燕京附近驻守。十月十九日，宋军会于涿州，当天兵至卢沟河，与萧幹军隔河相望。

辽军不足两万，沿河分布，宋军不知底细。辽军袭扰不断，宋军缺乏破敌良计，不能前进。郭药师建议：辽军主力在此，燕京必定空虚，可选轻骑兵直捣燕京。汉民知道宋军前来，必为内应，则燕京可下。刘延庆于是命郭药师率常胜军千人为先锋，杨可世等将统兵六千人，一同前往。

二十四日晨，常胜军五十人混入进城人群中，攻占迎春门，大军继入。神不知鬼不觉，城内的辽人还没反应过来，宋军就已占领燕京。随后，每个城门派两百余人守之，共有七门。外城已占，内城尚在辽人控制下。萧后登宣和门，亲自射箭，辽军多拼死抵抗。入城之后，宋军全无纪律，抢夺财物，饮酒作乐。城外尘土飞扬，郭药师等宋将认为是刘延庆率主力来助。仔细一看，却是辽军军旗，原来是萧后秘密召回萧幹的。迟疑之际，辽军骑兵从各门突入，宋军决死力战，屡战屡败。辽军士气愈盛，宋军逐渐气馁，纷纷跳马登上城墙，乱逃一气。郭药师、杨可世逃出，其他将领多被杀死，幸存逃出的士兵只有数百。这些残兵败将并没有回到卢沟河，而是逃往涿州。

燕京惨败传来，加之辽军展示缴获的郭药师、杨可世坐骑与装备，卢沟河畔的宋军慌乱起来，恐有哗变。不得已，刘延庆派人到涿州拿到郭药师亲笔书信，以平复军心。到二十八日，刘延庆见胜利无望，向宣抚司申请撤退，童贯、蔡攸予以批准。后果可想而知，不仅重蹈白沟覆辙，损失更为惨重。

二十九日晚，卢沟河岸的辽军四处放火，刘延庆等疑是辽军主力要来攻击，仓皇烧营奔逃。十几万人没了指挥，脱离军事编制，丢盔弃甲，争相逃跑。踩死踩伤者，坠崖落水者，不计其数。等到天快亮时，辽军才发觉宋军逃跑了。此次卢沟河溃逃，宋军主力流散，国家军事储备也损失大半。宋军彻底龟缩不前，辽军不仅一路追袭，而且还攻下几座城池。

宋军北伐期间，与金的外交谈判也在进行。九月三日，金使乌歇等人到开封，继续商谈夹攻辽以及燕云土地的归属。当时的形势是，金人在西京附近专注于剿灭天祚残余势力，宋人期待自行收复燕京。

九月十八日，宋使赵良嗣、马政、马扩同金使出发，于十月二十六日抵达奉圣州（今河北省涿鹿县），见到金太祖。宋朝国书中说：如果宋军自行收复燕京，则无须金人夹攻；如果宋军不能，则宋自南北上，金军自北南下，共同夹击。占领燕京后，宋占汉地，其余归金。真是一番如意算盘，好像宋可以借刀杀人。马扩认为此说过于短视，如果宋军不能攻克燕京，可让金军独自进攻。若事情真到这个份儿上，宋朝应当退守河北，加紧修筑防御工事，以防金人南下。

马扩深知宋军实力，也眼见金军惊人的战斗力，见识不同凡响。当然，这是马扩《茅斋自叙》的记载，此书完成于北宋灭亡之后，恐有后见之明的上帝视角。奉圣州会谈约定：燕京及下辖六州二十四县的汉地归宋,山后以及平、滦(今河北省滦州市)等州不在其列,宋需支付原定岁币。在此过程中,金人拒绝萧后称臣,并说宋朝当自取燕京。

十一月初,金人扣留马扩,派李靖为使,与赵良嗣等到宋商谈。宰相王黼传达了宋徽宗要求营、平、滦三州的指示,被李靖拒绝,宋也不许原定岁币。十二月初,宋派赵良嗣、周武仲再使,答应支付原定岁币,希望得到西京和平州地区。然而,这期间外交环境再次恶化,对宋更为不利了。

大战不曾开打,逃命也不专业,宋人已经破胆,难道拿下燕京果真是没戏了?宋军再败的消息传到开封,徽宗给童贯发来亲笔信,痛责道:"今后再不信你了!"可以想见,童贯再遭失败,徽宗已是气急败坏。童贯读完此信,战栗不已,只能放手一搏了。宋军凯歌难奏,绝望的童贯私下请金出兵,与宋共同攻打燕京。在童贯约金夹击之前,金太祖和粘罕就做出进军燕京的决定,恰逢萧后再次请和,并告知宋军败绩。金拒绝请和,继续进兵,十二月五日抵达居庸关。金军近在咫尺,萧后和耶律大石、萧幹以迎敌的名义,连夜出逃。次日,金军兵临燕京城下,留守大臣左企弓、曹勇义、刘彦宗等开门迎降。金军入城之后,金太祖放归马扩,让他向宋朝报捷。

宋朝损兵折将,两番惨败,金军却不费一兵一卒,易如探囊取物。如此情形,金太祖及其将领当如何看宋朝?肯定是鄙视至极。金人下燕之前,金太祖向马扩表达了对宋军的不解和不屑。他说:"辽之国土九成已被我攻取,只剩燕京,我们大军在北面俯视,让你们去取。怎么回事呢?就是打不下来。一开始听说宋军到达卢沟河,已进入燕京,我很高兴。汉地让宋朝自己收取,然后我们划分边界,解甲归田,早见太平。怎么又听说,一夜间刘延庆逃跑了?仗打成这样,像什么样子!"燕京如此容易获取,金人更是看不起宋朝了。

就在十二月十五日,宋使赵良嗣、周武仲抵达燕京。此时形势巨变,宋朝以旧岁币换取燕京、西京和平州的请求,对金人来说如同痴人说梦。不仅西京、平州不予,连燕京也有了变数。金人提出,燕京乃金人取得,土地可以交给宋朝,但赋税须由金朝征收。粘罕对赵良嗣说:"燕京是我们打下来的,所以要赋税。宋朝同意就交,不同意就算了。如果不同意,宋军必须退出燕京地界。"

金人态度非常坚决,赵良嗣虽多次理论,对方决不松口。赵良嗣处处碰壁,最后就税赋的交纳提出疑问:赋税不只是钱粮,还有实物,距离很远,怎么搬运?如果将实物折为钱帛之类,又当如何折算?金将兀室(完颜希尹)说,如果同意给赋税,其他都好办。赵良嗣告以无权决定,金又派李靖使宋。

宣和五年(1123)正月初一,李靖到达开封。宋徽宗定了谈

第二章　海上之盟

判原则:"赋税一事,应早做了结,共享太平。"王黼与李靖商谈,答应金人燕京赋税的要求,并提出以银绢折纳税赋,希望以妥协换取营、平、滦三州。具体数额是多少,还需再议。金使依旧不同意割让三州,临别时又提出宋朝当给去年岁币。燕京刚攻取,还没到宋朝手里,且双方尚未达成一致,为何要去年岁币?此说甚为荒谬,实为勒索,拿准了宋朝的七寸。宋徽宗虽拒绝再三,为了得到燕京,还是忍辱准许。闻此,金使欢呼雀跃。

宋派赵良嗣、周武仲、马扩随金使再赴燕京,正月二十五日抵达,是为议定燕京税赋的数额以及折为银帛后的数目。金方负责谈判的是兀室,说燕京税赋共六百万贯,宋只需付一百万贯。赵良嗣拿出宋徽宗指示,同意二十万贯和二万匹绫。兀室不容分说,定要一百万贯,还威胁道:"如若不行,宋军当退出涿州、易州,否则兵戎相见。"涿、易二州是宋军攻取,金人知道宋军败絮其中,故意恐吓。

临别时,金太祖给宋朝下达最后通牒:"宋当付一百万,不然二月十日将出兵。"赵良嗣二月初一离开燕京,为节省时间,留在雄州,将金人要求用驿(如传递)传递到开封,六天后宋徽宗回话允许,再令使者去金请求西京。

二月九日,赵良嗣等人再赴金军,希望可以得到西京。经过多番谈判,金太祖最终同意将西京土地和人民交给宋朝。既然将西京一带给宋,后者就需付出代价。金派银术可、耶律松为使,来宋商谈。西京是金人攻取,金向宋索要犒赏,宋答应二十万银绢。燕京税赋每年一百万贯,西京犒赏一次性二十万银绢,不需每年再付。燕京、西京谈判完毕,平、营、滦三州金人不予,宋也不好再坚持。接下来,双方要商定誓书,即正式条约。

宋使卢益、赵良嗣和副使马扩先到涿州,金太祖派其弟韶瓦和翻译高庆裔来,指出誓书草稿多处用词不当,需要更改,又提出辽人户南逃问题。宋方修改誓书之后,使者方才到了燕京。没想到,金人又指责书写不够工整,不是正楷。可能是徽宗瘦金体过于妖娆,金人觉得不太正经。宋使说这是皇帝亲笔,以示尊崇。金方没再苛求。

双方之前曾有燕京汉人归宋、其他人等归金以及不纳叛亡的约定,此时汉人之外的不少人去了宋朝,其中有辽朝官员。金认为宋朝违反盟约,要求将这些人送回,才能签署誓书、交割燕京。宋使不能做主。四月初,金扣留马扩,派撒卢母、杨天寿同赵良嗣一同到开封,讨要南逃人口。从燕京去雄州的路上,金朝官员杨璞透露,宋只需要交给一两个重要辽朝官员即可。到达雄州后,赵良嗣建议宣抚司交出原燕京官员赵温信。赵温信极不情愿,长跪求饶。赵良嗣对他说:"我们也不想你去,但金国肯定会借机挑起战事,只有借助你来休兵了。"说罢,二人相泣。

赵温信到金之后，宋金又交涉西京犒赏费用和交割燕京的具体日期。宋交纳西京犒赏费用后，金又提出借米粮十万石，作为讨伐天祚帝、萧幹等残辽势力的粮饷。宋朝再允。宣和五年（1123）四月，金朝派杨璞为使，携誓书来宋。双方约定：燕京及涿、易、檀、顺、景、蓟归宋；宋将原先给辽的岁币给金，每年二十万两银、三十万匹绢；宋每年支付燕京税赋一百万贯；宋每年给金绿矾二千栲栳（筐）；边界人民不得互相侵犯；不派间谍扰边；如用兵，需提前告知。

四、不舍燕山：燕都惊厥急防秋

誓书签订，宣抚司派统制官姚平仲、康随与金交割燕京。金人再兴事端，要求宋交出常胜军郭药师等八千人户。原定燕京汉人归宋，常胜军为辽东人，本不属燕京，金人故有此刁难。常胜军在燕京陷落之前已降宋，此时成为宋军精锐，郭药师也加官晋爵，受到重用，怎可送金？宋朝决定以燕人代替常胜军人户，将其土地给予常胜军。金人允许，遂将其中富裕者三万多户迁往金地。

宋早就改燕京为燕山府，原辽南京道部分区域改为燕山府路。二月十一日，燕京尚未正式交接，宋即任命好官员。尚书左丞王安中为河北、燕山府宣抚使、判燕山府，即河北、燕山两路的军事长官和燕山府行政长官；资政殿学士詹度为燕山府安抚使，即燕山府的军事长官；侍卫亲军马军副都指挥使种师中为副都总管，即燕山府路的军事副长官。种师中是种师道之弟。

王安中等人先到雄州，等待交割完毕才能进驻。两月之后，姚平仲、康随方才正式交接完毕。李嗣本率五万河东兵先行，种师中、杨可世率陕西等路兵三十万继后，童贯、蔡攸再次之，马公直率河北京畿兵殿后。这样排兵，是害怕金人突然袭击。金兵撤出燕京，李嗣本军先进入，看到城外有军队，以为是金兵返回，慌忙逃窜。其实那是常胜军，郭药师急忙派人安抚。四月十七日，童贯、蔡攸率大军进驻燕山府，贫民残兵夹道欢迎。

宋人得到的燕山，早被洗劫一空，人户锐减，残破不堪，防御设施尽毁。童贯、蔡攸问马扩道："大家都害怕金人袭击，该怎么办呢？"马扩说："绝对不会来，放心吧！"由此可见宋军从上到下蔓延的恐金情绪。

童贯、蔡攸留居燕山十二天，以功臣姿态返回开封。别时，詹度赠诗奉承童贯，曰："长亭春色送英雄，满目江山映日红。剑戟夜摇杨柳月，旗旌晓拂杏花风。行时一决平戎策，到后须成济世功。为报燕山诸将吏，太平取在笑谈中。"付出惨重代价，才得一空城，虽心有余悸，依旧满面桃花。

王黼、童贯、蔡攸、郭药师、赵良嗣、马扩等人以收复燕山之功，加官晋爵，好不风光。宋徽宗亲自接见郭药师，升他为同燕山府路安抚使、同知燕山府，即燕山府路和燕山府的副长官，权力很大。常胜军也得到赏赐，东迁燕京人户的土地尽归其有。朝廷既赖其防金，又怕其叛乱，一味赏赐纵容，别无良策。

满朝庆贺之时，五月中旬，平州发生张觉叛金事件。张觉原是辽平州知州，有五万兵、千匹马，招揽士大夫为谋士，企图割据。金取燕京后，没有继续攻占平州，而是封张觉为节度使，仍为平州长官。宋金交接燕京之际，金国改平州为南京，以张觉为南京留守。

数万燕人被迫向东迁徙，路经平州。其中有人怂恿张觉，说他手握强兵，当尽忠辽国，帮助燕人返回故乡，则众人归心。他身边的谋士也赞成，如果金人将来怪罪讨伐，可以借助宋朝立足。张觉觉得可行，将左企弓、曹勇义、卢仲文、康公弼等燕京大臣杀死。东行燕人返回，宋徽宗命燕山府多加抚恤，并招用燕人士大夫。

平州战略地位极其重要，宋朝不能获取，遗憾不已。宋徽宗急令詹度前去接洽，希望张觉能纳土降宋。在给詹度信中，宋徽宗不是没有顾忌到此举会违反盟约，但又怕张觉与残辽势力结合，对燕京不利。因而急于拉拢，许以张觉可世袭平州。为得到平州，被所谓胜利蒙蔽双眼的宋徽宗，全然没有重视此举可能产生的严重后果。

六月初，在宋朝利诱之下，本就难以自存的张觉献土降宋。金人得知，派阇母（金太祖异母弟）率二千骑兵赴平州问罪，以军少撤退。两军未曾交锋，张觉奏报大捷，宣抚司予以重赏。七月初，朝廷又派人携敕封张觉泰宁军节度使的诰命和诏书到平州，张觉大喜，率亲兵出城远迎。金人事先知晓，斡离不（完颜宗望，金太祖次子，人称"二太子"）率亲兵突袭，张觉逃往燕山。

宋颁给张觉的诏书、诰命等文书尽数落入金人之手，成为日后南下伐宋的重要借口。张觉虽逃，平州没有投降，斡离不以重兵围困，宋军远观，不敢去救。金人以讨伐叛臣的名义，向宋要军粮，宋朝不敢不给。金人占领平、滦、营三州，要求宋朝交出张觉。宋方斩杀与张觉相像者一人，企图应付了事。金人识破，再来索要，并威胁如不给，将发兵自取。宋朝惧怕，斩杀张觉，函首于金。张觉被杀，表明宋朝之懦弱和无法依靠，原辽降将心寒不已，常胜军中人心惶惶。郭药师对人说："如果金人来要我，可怎么办？"金人也扬言，宋人违反盟约，迟早兴兵伐宋。

金人离开燕京，携搜刮的人口、财富等去往东北，金太祖率领金军先去西京，再到白水泊（今内蒙古自治区察哈尔右翼前旗东北）追袭残辽势力。宣和五年（1123）六月，金太祖完颜阿骨打去世，其弟吴乞买（完颜晟）继位，是为金太宗。

宋朝联金取燕，迁徙燕京人口，霸占燕人土地，令辽燕京旧臣和失地百姓十分厌恶。金朝取得燕京后，将官员和人口东迁，部分辽朝大臣入金为官，埋下了仇恨宋朝的种子。比如开门迎降的知枢密院事刘彦宗，跟随金太祖出居庸关往西追击天祚帝。天祚帝被擒，刘彦宗、萧庆等辽朝旧臣极力怂恿粘罕继续南下，大言攻宋易如反掌。河东义胜军三千人、易州常胜军五百人叛宋归金，他们首领见到粘罕，具言宋朝虚实。又透露在张觉被杀后，宋朝仰赖的常胜军纷纷绝望，不足为虑。徽宗君臣脑海中想象的燕人夹道迎王师的景象没有出现，在被宋朝背弃之后，失落的燕人成为金兵南下的重要鼓吹者。在这群人中，刘彦宗最为卖力。

　　七月，宋徽宗令大宦官谭稹为河东燕山府路兼河北路宣抚使。前文提到，宋徽宗对宋军攻燕失败十分震怒，对童贯颇为不满。童贯回京，虽有升迁和赏赐，但很快被谭稹取代。童贯致仕后，谭稹成为河东、河北、燕山府路的最高长官。谭稹坐镇太原，主持云中（宋称"云中"，金称"西京"）交割事宜。按约定，先交割靠近宋的朔、武、蔚三州，等捉到天祚、金兵回国之时，再交还其他州县。交割朔、武、蔚三州时，金朝以金太祖去世为由暂停。没到手，心难安，金人应该是真不想交。

　　金朝忙于丧事和继承事宜，暂时无暇南顾，宋朝势力趁虚而入。朔州节度使韩正、应州节度使苏京、蔚州土豪陈翊等先降金后降宋，宋朝悉数笑纳，以李嗣本镇守。挖金人墙脚，又是败盟之举。粘罕、斡离不分率兵马再取上述三州，李嗣本军败。金人明确此后不再交接。不仅如此，金人又责备宋朝招纳张觉，招揽原辽界民户、官员，以及不兑现二十万斛粮食。这粮是谭稹先行许诺，后又反悔。谭稹败事有余，九月免职，童贯复任，坐镇太原。

宣和六年（1124）十一月三十日，马扩从太原到云中，继续交涉西京。原本粘罕坐镇西京，此时回金大本营，兀室代理其职。兀室拒见马扩，令高庆裔传话，说粘罕不在，不能擅自做主。又言宋朝已违反盟约，西京地区难以交割。若宋朝能将南逃的民户、官员送回，则可再议。

马扩从西京回到太原，童贯问其所见，马扩说："西京金人正在招兵，增兵飞狐（今河北省蔚县恒山峡谷北口）、灵丘（今山西省灵丘县）。"灵丘、飞狐口是从西京到燕山、北方草原到燕山的交通要道。因此马扩建议童贯，增兵燕山，早做打算。童贯将信将疑，说金国刚换了皇帝，人心不稳，怎敢如此。又说亲自到燕山措置，做好防备。

宣和七年（1125）正月，粘罕抓获辽天祚帝，辽朝宣告灭亡。前一年，耶律大石率兵西迁，建立政权，继续辽的国号，史称"西辽"。辽朝灭亡，金朝下一个目标可能就是宋朝。

三月，童贯到燕山，马扩再次建议防备金人为患。童贯亲自安抚、犒劳郭药师和常胜军，罢免王安中，以蔡靖代之。同时，

第二章 海上之盟

奏请在中山、真定、河间、大名（今河北省大名县）四府设立军事总管，召集逃往军人、流民为军，防备金兵南下。

马扩较早察觉金人即将南侵，之后此类消息不时传来，当权者多质疑。宣和七年（1125）正月底，宋遣许亢宗为使、童绪为副使，远至金朝会宁府（今黑龙江省哈尔滨市阿城区）祝贺金太宗即位，八月初回到开封。

按惯例，路上见闻须记录，即现存《宣和乙巳奉使金国行程录》。据此记载，宋使返回时，亲眼所见金人往南运粮调兵，金朝汉官更是明言金兵即将南下。观此听此，宋使战战兢兢，生怕被金人扣留。回到开封，却没有人敢向徽宗报告。因为宋徽宗曾多次下令："敢妄言边事者流三千里，罚钱三千贯。""妄言边事"之罪，肇始于海上之盟，即不能非议徽宗联金灭辽、收复燕云的国家战略。

金朝在积极备战的同时，也不忘麻痹敌人。七月，金朝以抓获天祚帝为由，派出告庆使，九月二十四日到宋朝边境。恰在此日，河东边将奏报，粘罕正在云中为南侵做准备。马扩认为当在河东增兵十万。童贯不听，说无兵可调。

一名叫陈桷的宋朝官员，曾任送伴使，主要负责欢送金朝使者。他送金使到边境，金人公然宣称将要举兵，并公然掠夺，与往常斯文之态迥异。陈桷将见闻告诉燕山府宣抚使蔡靖，后者愤怒地说道："怎么会有这种事？谁在散播流言，当斩！"陈桷害怕，不敢多言。

十月五日，中山府探报，金朝大将在蔚州一带大规模检阅部队。十八日，中山府上奏，女真兵一万五千、渤海兵五千、奚军二千、铁离军二千，分别到平州和云中驻扎。二十一日，中山府又报，女真增兵云中，并在蔚州、飞狐一线聚集。十一月三日，中山府再报，金朝往云中增兵，并收集军马、军粮等战备物资。十七日，中山府奏称，金人从平州增兵到奉圣州。

有关金人南侵的边报越来越多，其中又多是不断增兵云中一带的消息。此刻，童贯坐镇太原，派马扩、辛兴宗到云中，与金之国相粘罕交涉蔚、应二州的归还，实则探察金人侵宋是否属实。马扩一行到云中，见到粘罕，白费口舌，终于确定金人南侵。马扩回到太原，上报童贯。童贯依旧将信将疑，说："金国初定，边境金人那么少，怎么敢做如此大事？"还是之前那套理由。马扩笃定金人要南侵，须防备常胜军叛变。童贯认为他已调兵遣将，兵员众多，准备充分，金人必不敢轻易侵入。

马扩出发之际，金之二太子斡离不已发兵平州，进入燕山之境。燕山宣抚使蔡靖、转运使吕颐浩等率领官兵修葺城墙，以做防御，并派人急报朝廷。然而，朝廷大臣以郊礼即将举行，匿而不闻。十二月初，粘罕派王介儒、撒卢拇为使来到太原，童贯令

第二章 海上之盟

马扩去谈。金使明确告知马扩金国行军路线：二太子斡离不要从燕京南下，国相粘罕要从河东南下，不行杀戮，传檄而定。金人如此嚣张，完全不将宋军放在眼里。

金军的战略部署很明确：粘罕从云中出发，经过太原，南下洛阳，封堵宋军西逃陕西、四川之路，东进开封；斡离不从平州出发，占领燕山，直驱开封；两路大军再会师开封城下，企图灭亡宋朝。

粘罕大军与使节同发，屯于边境。十二月七日，童贯借口回开封议事，要离开太原。河东安抚使、太原知府张孝纯惊讶道："金人即将入寇，大王当召集军马，并力抗敌。大王离去，人心即散，是在放弃河东。河东若失，则河北能保吗？如果大王在此，大家竭尽全力，太原地险城坚，金人不一定能破。"童贯复任后，被封广阳郡王，故张孝纯称之为"大王"。

童贯怒视张孝纯，厉声道："我没有守土职责，这是你的责任。我到开封后，就会发动军马来策应，我在此也没什么用。"张孝纯愤然离席，回私宅怨恨道："常见童太师做大姿态，遇事却如此畏懦。身在高位，当捍卫国家，却一心想逃，哪有什么节操可言！"然后，又对儿子说："算了，我们父子来死守！"

马扩也劝说童贯坐镇太原指挥。他的理由是：河东多关隘，金人不能长驱直入。河北多坦途，万一常胜军叛变，燕山失守，金军定会长驱，到时可从太原应援真定。童贯明允暗逃，从太原先到真定，十二月十六日再到开封。

十二月八日，粘罕西路军到朔州，守将孙翊出战，汉儿开门迎降。到武州，汉儿继续迎降。兵不血刃，进至雁门关下，代州守将李嗣本率兵守城，汉儿抓住李嗣本再降。雁门关是云中和太原之间的主要关隘，雁门关失守，金军又到忻州，知府贺权开门奏乐迎之。粘罕下令兵不入城，直奔太原而来。忻州、太原之间有石岭关，地势险要，为太原北面最后一道防线。守将冀景弃关潜逃，令义胜军将耿守忠守，后者败而献关。

"汉儿"是指"义胜军"。谭稹在任时，郭药师和常胜军跋扈难制，为做防备，谭稹招募原辽西京地区的约十万汉人，组成义胜军，待遇丰厚。宋朝官军待遇很差，贬低义胜军为番人，时常辱骂，甚至有诛杀之语。为追逐丰厚的待遇，常胜军也有投奔义胜军者。为防逃亡，郭药师下令黥面，军中怨声四起。义胜军战斗力强悍，受宋朝重用，多驻守于河东的主要关隘和州县，想不到却成开门使者。短短数天，粘罕即兵临太原城下。只不过太原没有投降，暂时挡住了他的去路。

与西路相比，东路斡离不军进展也非常顺利。十一月二十六日，金人攻陷檀州，二十八日攻陷蓟州。蓟州距燕山府一步之遥，危在旦夕。十二月六日，郭药师率常胜军迎敌。与宋军进退失据不同，常胜军戈甲鲜明，队伍严整，实为燕山屏障。郭药师军夜渡白河，与金军相对。斡离不初见郭军队伍，当有三分惧怕。向东拜日之后，斡离不下令攻击。

金军突然袭击，出乎郭药师意料，队伍稍退。两军东西对垒，郭药师率军向东杀去，鏖战三十余里，金兵暂败。郭药师一直追到金人大营，打算火烧连营，不想无火可用，又是孤军深入，遂退。为何是孤军？原来两军厮杀之时，郭氏手下大将张令徽、刘舜仁遇到斡离不，不进反退，先后夺路而逃。常胜军骁勇，还是不敌金军。郭药师虽有胜利，损员却很大，前锋三百人，战后只余一百二十人。

白河距燕山八十里，蔡靖等官员在东城门观战，但见尘埃如云，不见胜负。午后，张令徽先回，刘舜仁继至，郭药师临晚方回。三人垂头丧气，互相指责。

这天夜晚，守燕山东北门的将领皇贲，暗自派人到金营，欲为内应。他还向斡离不透露，郭药师全靠张舜徽、刘舜仁出谋划策，可予以招降。常胜军自知难敌，不想为宋死战，正好收到招降书，就坡下驴，准备投降。蔡靖等人听说常胜军可能要叛变，不知如何是好。有建议南逃者，有建议坚守者，蔡靖择后策而从。八日下午，郭药师召集蔡靖等官开会，去则被抓。蔡靖之子蔡松年随父降金，后来官至金朝宰相，善于作词，享誉文学史。

宣和七年（1125）十二月十日，金军旗帜重新插上燕京城头，缴获马万匹、甲胄五万、兵七万。熟知宋朝内情的郭药师，成了金军南下的急先锋，向着开封前进。

第三章
汴京突围

一、仓皇交接：宋钦宗即位

金人准备南下之时，边境官员曾多次报告，徽宗皆秘而不宣，宰相都被蒙在鼓里。远在燕山、曾经质疑金人起兵的蔡靖，也察觉到金人的动静，前后密奏达一百七十多次，甚至说若不属实请重罚，还是没有声响。到十二月九日，西路金军已拿下忻州，东路即将进入燕山府，宰相白时中、李邦彦听说边报频繁，才知金军鼙鼓动地来。

宰相们知道后，继续隐瞒，每天从早到晚忙着开会，官员们都起了疑心。到十二月十六日，童贯从太原归来，官员们这才隐约知道金人开战了。郭药师降金，大臣依旧不公开真相。为稳官心，他们说，郭药师军被围，朝廷正在讨论封郭氏为燕王、张令徽为郡王，让其世袭燕地，阻挡金兵。

纸终究包不住火，两路金军朝开封奔涌而来，大梦方醒的徽宗及其忠诚臣子居然束手无策。十二月二十日，宋徽宗令皇太子为开封牧，想靠太子监国守御开封，同时秘密准备逃跑。

然后，徽宗询问宇文虚中对当前局势的看法。宇文虚中本是童贯的参谋，时任保和殿大学士、河北河东宣谕使。他原先并不同意联金灭辽，建议徽宗下罪己诏书，以笼络人心，好做防御。徽宗即命马上撰写，虚中迅速掏出已拟定的草稿。其中列数徽宗弊政："言路壅蔽，导谀日闻。恩幸持权，贪饕得志。缙绅贤能陷于党籍，政事兴废拘于纪年。赋敛竭生民之财，戍役困军伍之力。多作无益，靡侈成风。利源商榷已尽，而谋利者尚肆诛求。诸军衣粮不得，而冗食者坐享富贵。"宇文虚中对徽宗朝恶政的总结比较到位，徽宗看后，点头认可。

十二月二十三日，徽宗君臣讨论禅位皇太子事宜。皇太子者何人？元符三年（1100）四月，赵桓出生，即是宋钦宗。北宋多位皇帝曾为子嗣愁坏了头，如宋真宗、宋仁宗、宋哲宗。徽宗当上皇帝不过三个月，长子出生，喜上加喜，当甚是喜爱。赵桓母亲是王皇后,在他九岁时去世,时年二十五岁。政和五年(1115),赵桓以嫡长子的身份,被立为皇太子。

弟弟众多,储位并不稳固,最大的威胁来自三弟郓王赵楷。太子较为低调,不好张扬,不为父喜。郓王则正好相反,与其父性情较像,曾参加科举,还差点中了状元,甚得父欢。就在立太子一年以后,徽宗任命郓王为提举皇城司,主管皇城宿卫。

为营造舆论,郓王手下编了谶语童谣,流传一时。当时京城"摩登女郎"的首饰、衣服,以"韵"("郓"的同音字)字为装饰,男人衣服也不能幸免。一时间,大家觉得太子位置不保。许多权宦、大臣,如童贯、梁师成、杨戬、王黼、蔡攸等支持郓王,蔡京、李邦彦则支持太子。

转眼到了宣和七年(1125)底,父亲乱了江山,却将锅甩出,真是个坑儿的爹。"甩锅侠"父亲把锅甩给"背锅侠"儿子,着实无耻。不过有传言说,徽宗本来是想禅位给郓王的,只是金人突然南下,措手不及,只好传给他瞧不上眼的太子。

十二月二十三日晚,徽宗召白时中、童贯、蔡攸、李邦彦、吴敏等大臣商量对策,吴敏建议禅位。谈话间,徽宗多次自责,精神不振,突然气短,摔到床下。吃药后缓解,拿纸笔写道:"皇太子可即皇帝位,予以教主道君退处龙德宫。"

宋徽宗沉迷道教,自封"教主道君",人称道君皇帝。龙德宫是他的潜邸，就是做端王时的府邸。做皇帝后，徽宗几次驾临龙德宫，并有两次较大规模的扩建。第一次扩建后，有二殿、十洲三岛、亭台几十处。第二次扩建，紧邻龙德宫，新建龙德太一宫，实为徽宗崇道的象征。所以有人说龙德太一宫，"昔为龙潜之藩，今为上真之宇"。龙德宫供奉有道家上仙，如同皇家道观。其演变与清朝单纯的雍亲王府发展成为佛教重地雍和宫类似。

做出决定后，徽宗以探病为由，召太子进宫。太子一进门，大臣即宣旨禅位，并将皇袍往他身上套。历史上有禅位的传统，继任者都要三番五次假意拒绝，然后一把鼻涕一把泪，高兴地坐上龙椅。被迫做皇帝，眼看要做亡国之君，太子是一百个不愿意，在床榻前恸哭流涕，死活不肯。大臣又请徽宗降旨，免去郓王提举皇城司之职，以钦宗母亲王皇后亲属王宗濋接任，以宽慰太子受伤的心灵。虽然是烂摊子，有人更愿意当"背锅侠"。禅位大策已定，郓王赵楷估计是不死心，还想要进宫，被大将何灌挡了回去。

就这样，在父子眼泪的交织中，赵桓开始了悲催的皇帝生涯，年号靖康。"靖"出自《诗经》"日靖四方"之句，"康"出自《尚书》"永康兆民"之句。据说宋钦宗即位的时候，从东宫搬到皇宫的东西很少，其中一半是书，剩下的家具器物十分简朴。与徽宗骄奢不同，太子有恭俭之德，时人皆知，后人赞誉也

第三章 汴京突围

不少。可惜历史不给这个平庸有德的皇帝机会，大厦将倾，须力挽狂澜，恭俭难堪大任。

徽宗禅位也挡不住金人铁蹄。宋使前去斡离不大营，告以败盟祸首徽宗退位，如此似乎金人就师出无名，和谈可期。保州、中山、河间少数城池没有攻克，金兵一部继续围攻，主力快马加鞭，快速南下。短短数天，庆源府（今河北省赵县）、信德府（今河北省邢台市）、相州（今河南省安阳市）相继陷落。

郭药师告诉斡离不，黄河以北州县应该没有防备，兵贵神速，可直抵开封。在郭药师引导下，靖康元年（1126）正月初二，金人直抵黄河北岸的浚州（今河南省浚县），守将是宦官梁方平，奉命守黄河渡口的则是何灌。

梁方平远见金人旗帜，就踏桥南奔，慌忙纵火烧桥。桥只是断裂，金人稍加修葺，又值河面结冰，很快渡河狂追。何灌看到梁方平逃亡，自己也不抵抗，收罗溃兵退守汜水关（今河南省荥阳市西北）。金兵紧追其后，何灌又逃往开封。

正月初三，斡离不大军取滑州（今河南省滑县）。大军将渡黄河，此时冰开，先以十多艘小船慢渡，溺水者不少。又从上下游获得大船，骑兵得以渡河。到初六，金军才渡完。此时，岸边已无宋兵，金人嘲笑道："宋朝真是无人可用，若有一二千人在此，我等怎么能过得去？"

二、倔强李纲：开封守卫战

斡离不大军所向披靡，短时间即兵临黄河，过了河就是开封了。开封到底能不能守住，是一个不好回答的问题，毕竟宋军曾是那样的不堪一击。开封城内外驻守的军队只是平日数量，各地勤王之师均未到达。金人渡河之时，宋廷没了主心骨，是战，是和，还是逃？宋使前去和谈，根本无用，因而钦宗下令亲征。这不是铁了心地抵抗，而是还做着和谈的梦，问题是人家现在不和你谈。和谈暂时无望，又没有战胜的信心，那还是逃吧。

徽宗对钦宗和大臣说："你们不知道金人的厉害，而我知道是守不住的。我去东南，皇帝去陕西，然后兴兵恢复。"太上皇无事一身轻，先走一步。皇帝逃亡，也有雅称，称"幸"或"狩"。徽宗以赴亳州太清宫烧香的名义，于正月初四深夜东巡。有大臣劝说钦宗逃往长江以南，或者逃往关中，然后再集合军队，收复失地。徽宗出逃的次日，宰执白时中、李邦彦等大臣正在鼓动钦宗逃往邓州（今河南省邓州市）、襄州（今湖北省襄阳市）一带，而且已经准备好出发。

兵部侍郎李纲本没有资格参加这样的会议，但他请求参加，得到钦宗准许。李纲说道："外面传言陛下要出京避敌，如果是真的，那么国家就太危险了！太上皇传位给陛下，却要舍弃而去，这说得过去吗？"听此发问，钦宗默不作声。

太宰白时中说："都城岂能守住？"这是绝大部分官员的心声，畏金情绪早已深入骨髓。听到这样的丧气话，李纲义愤填膺地说："天下城池哪个能比得上都城？宗庙社稷、百官万民都在此，还能去哪儿？如果能够激励将士，抚慰民心，与他们共同守卫，岂有守不住的道理！"

李纲话音未落，有城防官员前来汇报："城墙楼橹失修许久，能用者百不及一二。城南樊家冈一带护城河浅狭（河道既窄又浅），很难防守。望陛下三思！"钦宗本人并没有打定主意要跑，所以让李纲登城视察。

李纲等人在城墙上巡视一圈，也查看了护城河。钦宗问情况怎么样，其他官员一直摇头。李纲说："城墙很高，楼橹确实不行。但没有楼橹，也可以守。樊家冈一带浅狭，派精兵强弩防守，可保无虞。"钦宗又问宰执："到底该怎么办？"宰执无语。李纲抗战言论明显占了上风，继续说道："目前能做的，只有集合军马，扬声出战，团结民心，共同坚守，以待勤王之师。"钦宗问："谁来负责守城呢？"李纲说："朝廷平时以高官厚禄养大臣，为的就是有朝一日能用到他们。白时中、李邦彦等人虽是书生，未必懂军事，但他们正在其位，就应指挥军队，抗击敌人。"听到这样的话，本欲逃跑的白时中肯定恨死了李纲，反问道："李纲你难道能领兵出战？"李纲不甘示弱，说道："陛下若不以臣庸懦，令臣带兵，愿以死回报。只是品级低微，不足以服众。"钦宗命其为尚书右丞，即副宰相。

钦宗有个迟疑不决的毛病，决定坚守可没这么容易。钦宗又命李纲为留守，李棁为副留守。结果有大臣建议先逃往关中，然后进入四川。李纲以安史之乱唐玄宗入蜀避难为教训，反对说："唐明皇听说潼关失守，随即幸蜀，宗庙朝廷毁于一旦，好多年才得以恢复。范祖禹认为失误在于不能坚守，以待勤王之师。陛下初登大位，内外拥戴，天下之兵不日云集，虏骑必不能久留。舍此而去，好比龙离深渊。陛下一走，都城大乱，臣等怎么能守住？宗庙朝廷，将化为废墟。愿陛下深思！"李纲提到的范祖禹，是北宋有名望的史学家，曾参与《资治通鉴》的编写，并撰有《帝学》《唐鉴》等著作。

钦宗已有点回心转意，有太监在旁催促："皇后国公等人已出发，陛下岂能留在此地？"钦宗怒道："你们不要留朕，将去陕西，兴兵再收复京城，绝对不能留！"李纲继续阻拦，燕王、越王也过来劝说固守。钦宗再次犹豫，书写"可回"二字，派使去追已出发之人。人已走远，并没有回来，可能是也不想返回。夜半时刻，钦宗又下令做好准备，天亮即离开京城。

第二天，开封城内都知道皇帝要南狩。太庙的神主已请出，

第三章 汴京突围

准备随行。宰执大臣们早早等在祥曦殿外，禁卫军披坚执锐，出行的一切都准备好了。见此阵势，李纲高声对禁卫们吼道："你们是愿意死守宗庙，还是愿意跟着皇帝逃难呢？"禁卫们大声回答："愿以死守宗庙！不留在此，能去哪儿？"

有了军队舆论支持，李纲的信心更足了。当年寇准拉着殿前都指挥使高琼劝说宋真宗亲征，如今李纲又拽着同职位的禁军统帅王宗濋，一起要求钦宗改变主意。李纲对钦宗说："昨夜已准留守，今天却要走，为何？将士的父母、妻子、儿女都在都城，怎么肯舍得？万一途中逃归，谁来保卫陛下？况且金人近在眼前，知道陛下车马离开不远，以快马急追，怎么防御呢？"李纲一席话，钦宗觉得好有道理，于是决定坚守，不走了。随后钦宗登上宣德门检阅将士，慰问许久，令大臣撰写十句话的抗敌宣言。每读一句，将士大声喊诺，声势浩大。

决定固守，钦宗命李纲为亲征行营使，侍卫亲军马军都指挥使曹曚为副使，行营司常驻大晟府，许便宜行事。也就是说，李纲成为事实上的守城负责人，城防总机构则是行营司。而且，钦宗派身边宦官到各地，催促将领勤王入援。

早知金兵南下，徽宗一心想跑，钦宗糊里糊涂，不知道该干什么。慌乱之下，"逃"字为先，居然从没想过修缮城墙、准备工事。正月初五决定坚守，紧接着修缮城防装备、排兵布阵。守城工事的预备，包括修楼橹、挂毡幕、安炮座、设弩床、运砖石、施燎炬、垂檑木、备火油等，攻守兼备。

守城军队的排布也比较全面。将开封城根据城墙走向分东、西、南、北四壁，每壁安排禁军一万二千多人，另有厢军、保甲、居民等后备力量。每个城门都有将领率兵分守。除此之外，集合马、步军四万人，分为前、后、左、右、中五军，每军八千人。前军驻守东水门外，守卫延丰仓，内有豆粟等粮食四十多万石。此后，勤王军队集结在城外，靠的就是延丰仓的粮食。后军驻扎兴宋门外，占据河道浅狭的樊家冈，以防止金兵从此登城。左、右、中三军属机动部队性质，驻守城内，以备所需。从部署可知，开封禁军约九万人。

开封城高河深，防守之具粗备，以待不速之客。很快，斡离不军就进至开封城下，驻扎在一个叫牟驼冈的地方。此地在开封城西北，三面临水，刍豆山积，是孳生监所在，就是宋朝养马的地方。水源近，粮草充足，真是驻兵的不二之选。原来是郭药师曾在此打球，知道有这么一宝地，建议金兵于此驻扎。

讲述攻城之前，有必要先将开封外城城门方位做一简要介绍。作为首都，开封处四战之地，除黄河外，没有天险可恃。宋朝特别重视开封城池的修缮，北宋末年更是"旦暮整修"。开封城墙是夯土建设，取自虎牢关的土，坚硬如铁。城墙基座厚达五

第三章 汴京突围

丈九，墙顶宽三丈九，高四丈，周长五十余里。

开封城西高东低，周边是宽十余丈护龙河（即护城河），城北是五丈河自西向东穿过咸丰门、善利门，稍南是金水河自西流入宫城，汴河自西面的西水门流入、东南角的东水门流出，惠民河（蔡河）在城南流经西南的广水利门和东南的普济水门。北城墙自西向东依次是广济（永顺）门、卫州（安肃）门、新酸枣（通天）门、新封丘（景阳）门、陈桥（永泰）门，西城墙自北向南依次是咸丰门、固子（金耀）门、万胜（开远）门、宣泽门、西水门、大通门、新郑（顺天）门，南城墙自西向东依次是戴楼（安上）门、广利水门、南熏门、普济水门、陈州门，东城墙自北向南依次是善利门、新曹（含辉）门、新宋（朝阳）门、通津门、东水门、上善门。汴河流经的水门，河道两旁辟有陆行门，西水门为北宣泽、南大通，东水门则是北通津、南上善。

金军到了城门脚下，白天城门尽闭，官府命令居民上城守卫。然而，很多百姓不管不顾，扶老携幼，从东水门沿河逃出。数万人刚挤出水门，就遇到金人，被杀被掳的将近一半。开封城人口有百万之众，不可能都生活在城里，城郊便遭了殃。金兵到处放火，火光冲天，城中之人恐惧不已。

金人以火船顺流而下，攻击西水门，两千宋兵在城下严阵以待。火船靠近，就用长钩拉上岸，再投石砸碎。或者在河水中流安放叉木，将蔡京私家园林中的假山石置于门道中间，以防金人之船。金兵若近，城上箭石齐发。西水门打不进去，金军又转向北面的新酸枣、新封丘等门。金兵不知如何渡过了护城河，将云梯倚靠于城墙，企图爬梯而上。

北面攻势甚急，钦宗命李纲亲往督战。李纲率领千名善射的班直（如同皇帝近卫军）登城，金兵一入射程，以箭射之。如果金兵登上云梯，就扔下石头、檑木。远处的敌人，则用神臂弓、强弩射杀。再远，还有床子弩、坐炮这类远程杀伤性重武器。宋军还主动出击，招募壮士缒城而下，烧毁对方云梯，与敌人近身搏斗。

新酸枣门一带战斗尤为激烈，黄河边逃归的何灌战死，城上的箭多如刺猬之毛。不论如何，宋军总算抵挡住了金军攻势，杀敌数千。宋军伤亡者，皆有赏赐。钦宗还派使者到前线慰问，将好酒、银碗、丝织品等佳品分发将士，人们山呼万岁。

暂时的胜利，不足以消除钦宗的自卑，和谈成为他的主要选择。

三、城下权宜：女真人北撤

金军大兵还没到黄河边，宋徽宗暂时委李棁以给事中的官衔，赴金营和谈。行军路上的斡离不，志在攻下开封，没有和谈的打算，遂扣留李棁。宋金和谈时，将其放归。李棁进城，大肆鼓吹金兵之强、贬低宋军之弱，说金人"人如虎，马如龙，上山如猿，入水如獭，其势如泰山，中国如累卵"，被讥讽为"六如给事"。当时有这种恐金情绪者不在少数。

金兵刚到城下，钦宗派郑望之、高世则到金营讲和。驾部员外郎郑望之原本是到都堂（宰相办公场所）打听形势的，结果被少宰张邦昌看到，觉得正好可以派去。郑望之不明所以，张邦昌告诉他金兵已到城北，要他去劳军，试探金人。郑望之提出要先见钦宗，张邦昌说不需见，只要去金营探察他们的目的。很快就有宦官传旨，命郑望之为使、高世则为副使。原来的候选者迟迟不见，钦宗和宰相们都比较着急，撞见郑望之，正好委命。

事发仓促，没有准备，郑望之所穿公服及配饰、所乘之马，都是临时找来的。郑望之等人上了北面城墙，让军士过河喊话："朝廷遣郑侍郎往军前奉使，可遣人来答话！"金营吴孝民前来，说道："皇子（指斡离不）知道上皇禅位，新皇即位，要与他讲和，像做买卖那样。"郑望之问其意，吴孝民道明："两国以黄河为界，另需犒军金帛。"郑望之回答，既要割地，又要金帛，对方却无付出，这不是买卖，而是强取豪夺。吴孝民不再多谈，须进城再说。

正月初八，吴孝民对钦宗说，要议和，需派一大臣去谈。宋朝所说"大臣"，主要指宰执大臣，包括宰相、副宰相和枢密院长官、副长官。宋钦宗派知枢密院事李梲和郑望之，携一万两金和酒果之类，随吴孝民到金营。斡离不见到宋使，只是批评宋朝违约、接纳张觉等事情，并没有提及议和。

李棁、郑望之夜宿金营，金方萧三宝奴、耶律忠、张愿恭三人来谈。萧三宝奴表明金兵南下，是因为宋朝败盟。当初斡离不知道钦宗即位，有回撤之意，宋朝却没有派使议和。郑望之告诉金人，之前已派李邺，但没回音。萧三宝奴诡辩道，那是太上皇派的，金朝不知道新皇帝做如何打算。郑望之回答，两国以通好为上。萧三宝奴提出宋朝多次失信，若要议和，须送一亲王为人质。郑望之认为不妥，萧三宝奴笑道："北朝以人马所到之处为边界，今天到了汴京，只需以黄河为界。"郑望之说金得宋地，恐怕难守，可增岁币。金人谎称河东、东北两路军马各有三十万，每人需二锭银、一铤金，即可退兵。金人意在讹诈，宋人心知肚明，表示数额太大，勉强能凑个三五百万。

经过大半夜的番番口舌之争，双方也没达成一致。其实，萧三宝奴三人是受斡离不指派，去试探宋使口风的。次日，李棁、郑望之去见斡离不。金军大帐中严阵以待，金兵凶相毕露，宋使见之丧胆。斡离不提出议和条件：

一、犒军需金五百万两，银五千万两，绢一百万匹，各色表段一百万段，马、牛、骡各一万，驴一千；

二、宋朝皇帝尊金朝皇帝为伯父；

三、凡燕云之人在宋者，都要遣归；

四、割太原、中山、河间三镇之地；

五、以亲王为人质、过黄河后归还，太宰或少宰一人交割疆土。

会面结束，斡离不催促宋使回去报告，并派萧三宝奴、耶律忠、王汭同往。

金军攻城并没有占到便宜，故而大肆敲诈。金人开具的割地、赔款条件，没有威胁赵氏统治地位，至少可保开封安全。李纲不同意议和，主张死战不只可以守卫开封，还有使金人有来无回的可能。李梲、郑望之亲眼见到金兵如虹气势，希望朝廷速速满足，不能拖延。太宰李邦彦主张议和，满足金人要求。宋钦宗觉得议和可保宗庙和百姓，因而"悉如所请"。

很快，钦宗接连下了几道圣旨，急令权贵、官员和百姓贡献金银。

"大金所需浩繁，朝廷虽竭力应付，如祭祀宗庙的器皿都算在其中，也令亲王、百官尽力上交，仍然不能满足。忠义的人民，应当体谅国家，将私人所有捐助国用。限当日送纳，朕当与你们共享安泰。"同时命令开封府到处榜示，以便让更多百姓看到。

"大金国重兵攻打京城，打算尽行杀戮、抢掠财物。朝廷以生灵为念，遣使议和，对方只要金银犒赏，便可退兵。朝廷府库及官员之家的金银，不能满足。事出无奈，需灵活应对。为免百姓肝脑涂地，京城士人和百姓，可将现存金银借给国家。如果有所隐瞒藏匿，那么就没收其家产。允许告发，以所藏物之半充当奖赏。如果献纳数量很多，朝廷根据实际予以安排官职。"既然急需金银，告发者怎么可能再获得。自相矛盾，可见急迫。

金银、绢帛等物最难应付，人质则不难派出。正月十四日，康王赵构、少宰张邦昌如约抵达金军大营，满足了金人的一个条件。康王就是后来的宋高宗，关于北宋末年的官私史料，多产生于南宋高宗时期，对康王的溢美之词屡见纸端。在其笔端，康王镇定自若、不卑不亢，与钦宗的慌乱犹豫、动辄战栗形成鲜明对比。哪个才是真命天子，读者一目了然。

割让三镇之地，也需给金人交代。宋钦宗下诏割三镇，并派签书枢密院事（枢密院副长官之一）路允迪到太原宣割让之旨。

经过十天的不择手段，宋廷搜刮所得金银等物，距离目标仍然相差太远。正月二十日，宋钦宗再下诏："大金国兵马围困京城，其势甚急，朝廷为宗庙、生灵所虑，遣使议和，须纳金银绢帛才可。金国要金五百万两、银五千万两。目前所集，出自宗庙、宫禁、皇帝服饰等处，只得金三十余万两、银一千二百余万两，已运至金军大营。大金以数目不足，不能退军。金军犒赏分配不均，恐生愤怒，再行攻城，男人皆杀，女人为奴，焚烧房屋，财物全都拿去。目前朝廷实在没有办法，再出告示，以明急切之意。官员将以前所赐金带、家中金银全部交公。其余人等,在两日内,须将所有金银交官。有藏匿、遗漏,并许告发,以其三分之一奖赏。告发金万两、银十万两,除奖赏外,授官成忠郎;金一千两、银一万两,除赏外,授官承信郎。如亲邻知情不告,告而不全,并与藏者同罪,没收家财;诬告不实者,与藏匿者同罪。目前所发命令,事出急切。若因金银不足,和议不成,遂致家族不保。财宝虽在,还能用上吗?希望大家体认朝廷忧国忧民之意,急速交出。事了之后,按等赏赐。如敢违反,则将严罚。"

不少金银,是从蔡京、童贯、王黼、梁师成等罪臣抄家所得,官员所系金带也都上交。宋徽宗虽折腾多年,据说皇帝掌管的内藏库还有不少富余。且不说议和对错,国家遭灭顶之灾,即将家破人亡,达官财主依旧守财,捐出者寥寥无几,如旁观者一般。

和战兼行,在世界军事史上也不是什么稀罕事。宋朝一方面继续在城内大肆搜刮,另一方面又动起了战斗的心思。从主和转变为和战不定,主要原因是各地勤王军队的陆续到来。

正月初十,李梲、郑望之与金使萧三宝奴等回开封时,李邺、沈琯等被俘官员也被放归。沈琯原是燕山府官员,被俘后跟随斡离不南下,身处金营一个多月,多少了解一些金军情况。与绝大多数被俘或出使金营的官员不同,沈琯没有完全被金军战斗力吓倒，觉得宋军还有反败为胜的机会。

金使曾夸言斡离不军有三十万之众，开封守军不到九万，再加上实力悬殊，如何应敌？问题是，开封城外的金军到底有多少？这是李纲急需知道的。沈琯到开封后，向李纲等大臣透露，越过黄河的金兵不及三万。待其返回时，以重兵袭其后军，可以必胜。三万之数是否准确，难以查实。种师道到开封后，说敌军有十几万，应该都是估计。不过开封周长五十余里，金军只攻打少数城门，肯定无法包围。另一方面，沈琯也主张持重为要，不可冒险出击。

正月十六日，马忠率京西兵到开封城下，与金兵在城西的新郑门外相遇，杀伤许多。范琼率京东兵来，在金营不远处驻扎。先前，宋军集中在开封城墙内外，金军在城外烧杀抢掠，四处游击，甚为嚣张，见援军到来，收敛不少。

正月二十日，种师道、姚平仲率泾原、秦凤路兵到达开封，姚古、种师中、折彦质、折可求等各路军马也集结开封城外，总共号称二十万。种氏、折氏、姚氏皆是北宋将门世家，种师道、种师中是兄弟，姚古、姚平仲是养父子。所谓勤王师，大部分来自西北，其中有些是从燕山、河北等地回撤之兵，部分则是临时招募，人数虽众，战斗力着实堪忧。

援兵到来，内外情势有所不同。金宋攻防之间，宋方实力明

第三章　汴京突围

显增强，马忠、种师道诸军在金营附近驻扎，于金不利。在宋朝内部，李纲不再单打独斗。京畿河北路制置使种师道已是七十五岁高龄，在宋将中资格最老、名望最重、职位最高，也就是名义上的开封与河北地区的最高军事长官。

听说种师道到来，宋钦宗精神振奋，命李纲开门迎接。李邦彦先给种师道下令，和议已定，敢言战者灭族。武将一般好战，文臣通常怯懦。李邦彦感觉种氏要兴战端，先打预防针。一见面，钦宗就着急询问计策。种师道说："臣以为讲和不是好的计谋。京城周围八十里，如何能围住？城高十数丈，粮食可支撑数年，如何攻破？若在城墙上扎寨，城外严加防范，以待勤王之师，不到旬月，敌自困乏。然已讲和，不能废止。金银不足，则以现有的给他。如果还不退兵，则与他战。宣祖陵墓在保州，土地不可割让。"宣祖是宋太祖赵匡胤之父赵弘殷。

然后种师道与李邦彦谈当前局势，问道："我在西北，不知京城如此坚固、高峻，防守有余。发生了什么事便要讲和？"李邦彦说："国家没兵，不得已讲和。"种师道说："守和战是两回事，出战若不行，防守则有余。京城之民虽不能出战，可使之守。如果粮食储备足够，京师数百万民众都是兵，怎么能说没兵可用？"李邦彦自觉理亏，说道："我不懂军事，不知道其中的门道。"种师道笑问："不懂军事，难道没听说自古以来的攻守故事？"接着又说，"听闻城外居民被贼人杀掠，牲畜财产多被占有。当初听说金人要来，为什么不命令城外百姓撤离房屋、运牲畜财产进城？却关闭城门，将百姓拒之门外，遭贼人蹂躏，为何？"李邦彦汗颜道："事出仓促，没有想到。"种师道笑道："可真是慌张啊。"又质问："你们文臣腰下金带都给了金人，若要你们的首级，该怎么办呢？"李邦彦无语。宋钦宗很快任命种师道为知枢密院事，成为最高军事长官。

援军既然就位，原来的指挥体系相应改变。李纲建议钦宗，城外军队也要听他指挥。李纲资格较浅，宋钦宗当初倚重他是迫不得已，而此时更为倚重种师道。于是，又设立宣抚司，以种师道为宣抚使，城外援军与原在城外的前、后军都隶属之。李纲所负责的行营司，只负责指挥城内守军。指挥权一分为二，军令难以统一，又各行其是。

为满足金人之索，宋人尽力讨好，皇帝特供的水果、佳酿、御膳等上品天天往金营里送，皇家珠玉、玩物、宝带、鞍勒等物多有馈送。金人仍不满足，索要珍禽、驯象等稀罕物。送了好东西，金人仍旧在城北以外掳掠，城外后妃、皇子、帝姬的坟墓也被发掘殆尽。宋钦宗异常气愤，逐渐有了动武的念头。

正月二十七日，钦宗与宰执、将官讨论出兵事宜。此次御前会议的参加者，以主战派为主。李纲认为金兵不过六万，精兵不

第三章 汴京突围

到三万，城外宋军二十万，数倍于金。为今之计，当控扼黄河渡口，断其粮道，分兵于开封周边，待其出则予以攻击。派重兵在金营周围，坚守不战，长此以往，敌将人困马乏。然后迫其归还三镇，放其归还，渡河时再突击。宋钦宗表示认同。

李纲策略的实行，需要耐心等待，但有人等不了。议论次日，种师道命姚平仲对金营挑衅，金人无动于衷。姚平仲原是姚古堂侄，从小是孤儿，被姚古收养为子。姚平仲怕种氏独得保国功名，便向钦宗上奏将士们纷纷抱怨不能速战。钦宗下令出战，种师道奏请开会后再行决定。会上，大臣们表示可以出击，但要到春分以后。钦宗等不及，就密令姚平仲、杨可胜，在二月一日出兵劫寨（偷袭）。

姚平仲骁勇，钦宗屡次召见，赏赐优渥，并允诺成功以后封为节度使。姚平仲豪言，夜袭敌营，出奇制胜，生擒斡离不，接回康王。为防万一，杨可胜对钦宗说："此行危急，违反了先前和议的约定，臣将奏检（奏书底稿）藏于怀中，上言不听圣旨私自出击。"钦宗准许。

一切都是胜利在望的样子。不愧是徽宗的亲儿子，对道教都是一往情深。劫金营的吉日，是宋钦宗命术士楚天觉所选，还办有择日仪式，城中多人知晓。有官员提前造好三面大旗，上书御前捷报。封丘门上张有皇帝出行的帐幕，为胜利后献俘礼做准备。京城万人空巷，伸头远望，急待佳音。开封城里人人皆知，还算什么偷袭，着实可笑。

二月一日夜，姚平仲、杨可胜率七千精兵出发，以五百人组成先锋敢死队，朝金营奔去。奇怪的是，到了第一、第二营寨，都是空无一人。又战兢前进，到了第三营，碰到埋伏于此的铁鹞子军（重甲骑兵）。金人早有防备，静候瓮中捉鳖。宋军死战，被金兵包围，三百骑兵突围，杨可胜被俘，姚平仲逃脱。钦宗听说两军已交锋，急令李纲出援接应。援军从封丘门出城，遇金军皆败。三日、四日再战，宋军又败。

杨可胜被俘，斡离不质问道："两国已经议和，为何又来劫寨？"杨可胜说："三军欲战，所以我率兵而来，并非朝廷之意。"说着从怀中拿出奏检，斡离不愤而杀之。宋将之中，杨可胜是为数不多的一员猛将，多次冲锋陷阵，碰上钦宗这样的神叨主子，真是死得可惜。

姚平仲死里逃生，又怕金人追责，成为刀下鬼，骑骡匆匆逃命去了。他先到邓州，再去长安，又逃到四川青城山（位于今四川省都江堰市），最后进入人迹罕至的大面山（疑今湖北省巴东县大面山），从此隐逸于世。宋朝多次下令捉拿，均无下文。现代武侠小说中的主角，经常绝处逢生，练就盖世神功。南宋孝宗时，八十多岁的姚平仲现身，长须发紫，面色红润，走荆棘山崖之路如履平地，行路快若奔马，俨然一个得道仙人。逃亡、修仙之路，源于他的自述，真是奇谈。

姚平仲劫寨之日，宋钦宗派李梲、郑望之到金营送珠玉。在这关键时刻遣使，是为麻痹敌人，还是继续示好，难以捉摸。金人放李梲先回，郑望之被留，康王、张邦昌尚在金营。击败宋军后，斡离不请康王、张邦昌到帐中，二人见到数百面宋旗，还有被俘的数十名将校，以此质问张邦昌。张邦昌辩称："这不是朝廷的意思，是勤王军队的私自行动。"斡离不斥问："原本想着是贼来偷窃，没想到会有这么多？相公（对宰相的称呼）只是推诿朝廷不知道罢了。"

宋钦宗对姚平仲寄予重望，以为一战即可退师。金军有数万之众，宋军以不到一万之数，居然还会觉得成功在望、一招制敌，真是难以想象。宋军出击的失败，斡离不并没有借此大肆邀索，倒是给宋朝廷自己打击不小。经此一败，满心期待胜利的宋钦宗，彻底被击垮，下诏不许出兵，一心求和。他任命宇文虚中为签书枢密院事，去向斡离不解释，说是姚平仲擅自用兵，差点坏了和议大事。而后，派李梲携国书割三镇之地求和，并奉上地图。

姚平仲的失败，使得朝廷求和派形成压倒性优势。李纲求见钦宗，被挡在门外。宰执都堂会议上，种师道解释说："胜败乃兵家常事，可再次出击，没必要过于丧气。"宰相李邦彦等坚持和议。出兵失败，主和派纷纷指向种师道和李纲，视二人为罪魁祸首，请求罢免。姚平仲逃亡，杨可胜被杀，总得处理相关责任人，方可杜金人之口。于是，钦宗下诏，罢黜种师道、李纲。

二月五日，肃王赵枢替换康王赵构作为人质，张邦昌升为太宰，继续留在金营。原来割让三镇的诏书，被李纲扣留，没有送到金营。到这个时候，钦宗派人将割让三镇的诏书送去，并与斡离不签订割让协议，同时继续往金营运送大量金银物资。到二月十一日，虽没有获得原定金帛数额，但是忌惮宋军的虎视眈眈，金军还是撤退了，开封的危机暂时解除。以后人的视角观之，历史舞台上的对手戏往往如此，破胆者总感觉对方是熊心豹子胆，殊不知对方只是善于隐藏罢了。

北宋末年，无官无品的太学生，积极参与政治，引导舆论影响朝廷人事，成为一支重要的政治力量。朝廷割地赔款的耻辱之举，早就让以陈东为首的太学生群体满腔义愤。种师道、李纲被罢免之后，李邦彦主持割地议和之事。

二月五日，陈东等数百太学生，聚集在宣德门下，上书要求起用种师道、李纲，罢免李邦彦，声称："如果李右丞、种宣抚没有复职，我等就不离开！"另有数万军民也不期而来，人声鼎沸。恰逢官员退朝，从东华门出来，经过宣德门。有人看到李邦彦，众人大骂："李邦彦，汝是浪子，岂能做宰相？"捡拾瓦砾

第三章 汴京突围

砸他。李邦彦好戏谑，善讲市井俗语，自号"李浪子"，开封人叫他浪子宰相。李邦彦见状，赶紧跳上马，狼狈逃去。

钦宗命宦官取陈东所上之书。一段时间后，宦官传旨，说上书已看，当准此施行。有人准备散去，但听人群中呼喊："万一是假的呢？必须见到李右丞、种宣抚复职，才能退！"知枢密院事吴敏对人群说道："李纲用兵失利，不得已罢免。等金人退去，即可复职。"众人还是不离开。

请愿人群从一早卯时即到，一直到下午申时，还是没达目的。他们就去东华门外敲登闻鼓，奋力敲击，鼓都被敲破了。呐喊声、鼓声阵阵，就是要让钦宗听到。开封尹王时雍呵斥道："怎么可以逼迫天子，还不退去？！"太学生回答："我们以忠义为名，总比奸佞逼迫天子的强！"说话间，就要上前去打，王时雍逃走。殿前司主帅王宗濋劝钦宗道："事已至此，没有办法，应当从之，不然要生变乱。"钦宗派耿南仲大声当众宣布："皇帝已经去叫李纲来了！"这时李纲正在浴堂院待罪，数千人赶去迎接。

钦宗更加恐惧，派了几拨儿宦官去请李纲。内侍朱拱之先去，结果李纲没出来，后继者又来请。众人不管青红皂白，一哄而上，将朱拱之碎尸万段。有人高喊："杀内臣（宦官）无罪！"又杀了十几个，将尸首撕裂，大呼："此逆贼也！"到了夜晚，李纲、种师道见到钦宗，又出门安抚，众人这才散去。第二天，朝廷惩处了少数"闹事"之徒，并下令以后不得私自聚集。

以上事件，有研究者名之"靖康学潮"。

关于宋军劫寨的失败，有一个无法回避的问题，那就是种师道和李纲到底知不知道，需不需要负责任？靖康学潮与这一事实有一定关联。鉴于二人伟岸的历史形象，大多数的记载都刻意避开了这一问题，导致相关史料明显冲突。

事后，李纲在给钦宗的上疏中写道，姚平仲从属于种师道领导的宣抚司，其军事行动并不通告行营司，因此他不清楚。等到夜深之时，两军交锋，钦宗才命他率兵应援。然而，姚平仲败后，钦宗拒绝见李纲，他自己却待罪浴堂院。南宋朱熹为李纲辩解，说他并不知晓。前文说到姚平仲劫寨之事，尽人皆知，他们不可能不知道，但是没有阻止。

个别记载指出，李纲促成宋军劫寨，是主要推手。太学生陈东和主战派都指出胜败乃兵家常事，不应当怪罪种、李二人。也就是说，主和派认定种、李要负主要责任，主战派不认为劫寨失利有什么大不了，没必要撤销职务。事实可能是，种、李知道姚平仲受钦宗之托要去劫营，但他们没能阻拦。宋钦宗不是惊恐投降，就是冲动冒险，他才是劫营失败的主要责任者。据李纲说，宋军劫营虽然失利，双方损失接近，实在没必要自乱阵脚。

种、李二人的复出，也阻挡不了既有的失败和城下之盟的事实。金兵以肃王、张邦昌为人质回撤，李纲建议以护送金人回师的名义，派大军尾随。他认为，金人从开封厚载而归，还掳掠了不少妇人，骄傲自大，可以趁其渡河时突击，让他们有来无回。钦宗同意，朝廷遂令前方将领自度便利，随时出击。然而宋军并没有行动，而是深情地望着金兵逐渐远去。如此这般，斡离不军的南下与北撤，大摇大摆，如入无人之境。

四、那君那臣：道君和"六贼"

宣和七年（1125）十二月底，也就是徽宗做皇帝的最后几天，得知金兵大规模南下，他慌忙任命太子为开封牧，企图以太子监国，自己南逃。后来监国变成禅位，跑得就更心安理得了。当然，不能说太上皇要逃跑，而是以到亳州太清宫烧香的名义，有"东巡"或"南狩"的雅称。靖康元年（1126）正月初三，金兵准备渡河，开封近在眼前。这天深夜，太上皇、太上皇后坐着龙舟从通津门仓皇东去，部分皇子、帝姬紧随其后，只有蔡攸和少数宦官从行。五十多位高官没有跟随徽宗的资格，私自出逃，导致朝堂将近三分之一的职位空缺。

出开封后，逃难的徽宗轻车简从，一路狂奔，生怕金兵追了过来。先以舟行过于缓慢，换了肩舆陆行，又嫌慢，坐上运送砖瓦的船。拼命赶路，饥火烧肠，从船上找到一个炊饼，众人分而食之。一晚上跑了几百里，抵达南京（今河南省商丘市）。稍微喘了口气，再乘马车、驴车南下，走到符离（今安徽省宿州市北）。在符离登上官船，到了泗水河畔，略作休息。

可能是徽宗少数人在前面快行，童、高带兵断后，防止金人追来。此时，童贯、高俅领兵到来。童贯率兵三千护卫徽宗渡河，向扬州驶去。高俅率兵三千留在泗水以北，防守渡口。由此可见，徽宗逃难走的主要是运河。从扬州渡过长江，抵达镇江。过了长江，有天堑阻隔，算是安全了，徽宗那惊恐的心也暂时安定了。

徽宗停留镇江，如同另建了一个小朝廷。都城有失陷之危，各地军队均往开封，徽宗命令江南驻军不得前往。同时，江南钱物也不能发往开封，而是发向镇江。地方官将徽宗命令上报朝廷，钦宗也没有办法，只好要求按太上皇的吩咐去办。

截留江南军队和钱物，徽宗肯定是为自己的生计所想。还有一种情形，万一开封失守，钦宗被俘，徽宗也可复辟中兴宋朝。留得青山在，不怕没柴烧，这也是宋朝的一条后路。换句话讲，钦宗坚守开封是非常危险的。倘若粘罕攻下太原，与斡离不会师，那开封的陷落也将不远。

金兵北撤后，开封安全了，徽宗就不能继续留在镇江，否则有国家分裂之虞。徽宗时年四十四岁，正值盛年，万一想要复

第三章 汴京突围

辟，后果可想而知。钦宗在开封，徽宗在镇江，两月以来双方来往较少，父子不和的传言愈演愈烈。二月中旬，李纲接连给徽宗上了两封奏疏，请求回銮，期待太上皇、皇上父子团聚。其他官员则上疏钦宗，建议派使迎还徽宗，以尽孝道。

三月初，钦宗以门下侍郎赵野为太上皇行宫奉迎使，伴随徽宗的蔡攸为副使。十七日，徽宗抵达南京，不再前行，而是要求钦宗派李纲或吴敏前去。徽宗葫芦里卖的什么药？钦宗等人一头雾水，有人说是不吉之兆，难道是要还政？甚至有刀兵相见的猜忌。李纲宽慰钦宗，说徽宗不过是要了解这一段时间以来朝廷的情况，没有其他意思。钦宗开始不允，李纲力请，才松口准行。宰相徐处仁赞叹李纲有贲育之勇，可见当时人心惶惶。

蹊跷的是，徽宗的郑皇后先他一步，于十九日回到开封。而且，郑后回京之前，在开封引发了一场不大不小的政治插曲。

李纲应该是在路上先见到郑后。郑后问："朝廷打算让我住在什么地方呢？"李纲答："朝廷以撷景园为宁德宫，以奉太上皇后。这遵循的是道君太上皇帝禅位时的圣旨。"郑后言："已得旨，令居禁中。"李纲说道："皇帝圣孝，殿下（指郑后）圣慈，母子之间怎么会有不和？根据'三从'的原则，太上皇居于龙德宫，而殿下居禁中，于礼不合。朝廷的安排，以礼为准，如此才符合天下人的期望，两宫安宁则天下安定。"

101

何谓"三从"？《仪礼》有云："妇人有三从之义，无专用之道，故未嫁从父，既嫁从夫，夫死从子。"李纲之意是，郑后要遵从徽宗的旨意行事，不能违反礼制。郑后说"得旨"，到底是得谁的旨？肯定不是钦宗，而是徽宗。郑后先回京，应该是带着徽宗所赋予的使命，以郑后想住皇宫去做试探，为的是获取部分权力。李纲很聪明，没有去追问谁的旨意，而是避而不谈，以徽宗先前的安排为由，予以拒绝。双方话不说破，点到为止。

谈话结果如何，没有下文。不过太上皇后要与皇帝同住禁中的消息不胫而走，在开封的官场炸开了锅，气氛骤然紧张，不少官员上疏反对。谏官李光奏言："近日舆论纷纷，都在说太上皇后轻信小人之言，遣使切责陛下。我不知内情。传言太上皇后要住禁中，群臣惊讶万分。朝廷应该尽早确定太上皇后的还宫礼仪，以全陛下母子之爱。"

有人上奏："坊间盛传陛下安排太上皇后居于禁中，并同听政事，我等无不惊骇。"又有人说，"天无二日，民无二王"，恐怕会祸起萧墙。这话说得比较直白了，就是担心徽宗再卷土重来，扰动政局。钦宗自己不好拒绝，群臣不肯让步，郑后还是住到了宁德宫。

李纲见到徽宗，告知钦宗思念之切，希望徽宗回京颐养天年。徽宗当年所宠信的臣子，此时均被问罪，心中难免有所疑

第三章 汴京突围

虑。最要紧的是，徽宗当初为了保命，在镇江截留江南物资、兵马，还不让地方官向开封报告。他解释说，是为了不让金人知道行宫所在。李纲又一一释疑解惑，他才又决定回京。

四月三日，徽宗车驾返回开封，钦宗亲到郊外迎接。徽宗头戴玉并桃冠，身着销金红道袍，从兴宋门入城，居于龙德宫。尚书左丞耿南仲是钦宗潜邸旧臣，建议剪除徽宗左右之人。钦宗下令贬黜徽宗贴身的十个宦官，禁止进入龙德宫，否则杀无赦。这一做法，与安史乱后唐肃宗对待玄宗如出一辙，意在根除老皇上的羽翼，彻底消除政治隐患。

接下来，让我们看看"六贼"的归宿。

宣和七年（1125）十二月底，太学生领袖陈东上书，称蔡京、王黼、童贯、梁师成、李邦彦、朱勔为"六贼"，败坏国家，当诛杀。在众多太学生的引领下，"六贼"成为舆论共识。《宋史·陈东传》又有记载："今日之事，蔡京坏乱于前，梁师成阴谋于后。李彦结怨于西北，朱勔结怨于东南，王黼、童贯又结怨于辽、金，创开边隙。宜诛六贼，传首四方，以谢天下。"此处的"六贼"，没了李邦彦，加上了宦官李彦，成了另一种说法。

古今之人都心知肚明，最应该负责的是宋徽宗，但赵家天下谁敢造次，否则就是指斥乘舆的大罪。清算历史旧账，从徽宗禅位就开始了。金兵退却，宋钦宗和官员们终于有时间和精力秋后

103

算账了。

蔡京所敛之财，为收复青唐、远征西夏奠定坚实基础。蔡絛在《北征纪实》《铁围山丛谈》两书中，将北宋灭亡责任归咎为童贯、王黼和蔡攸，并极力为其父开脱。蔡絛说，徽宗委派王黼和童贯北伐，蔡京一开始就不同意，但徽宗不听他的意见。据主要史料记载，收复燕云的国家战略，蔡京是不折不扣的倡导者。当时就有几位官员上疏徽宗，痛责蔡京、童贯，反对北伐燕云。陈东说"蔡京坏乱于前"，是很有道理的。

当海上之盟付诸行动，蔡京被王黼取而代之。此后，贯彻徽宗意志的主要是童贯、王黼和蔡攸三人。宣和六年（1124）十二月，蔡京再相，时年七十八，耳聋眼花，很快于次年四月罢相。这段时间，金人捕获天祚帝，正准备南下侵宋，木已成舟。在联金灭辽问题上，蔡京确实没有发挥主要作用，那是因为他不在相位，没有那个机会。

另一方面，在野的蔡京，与台上的童、王皆有矛盾，肯定不乐见其成。其子兼政敌蔡攸远赴燕山时，蔡京临别赠诗，其中有"百年信誓当深念"一句，对前景较为悲观。此后，蔡京又上收复燕山的贺表，最后两句是："扬励无前之伟绩，铺张不世之宏休。千载君臣，适遇风云之际；一门父子，得为勋戚之家。"蔡京的喜悦之情溢于言表，但依旧是在诌媚徽宗，觊觎权力。

第三章　汴京突围

徽宗南逃时，蔡京以深夜走水路不安全为由，拒绝同行，实际不愿与其子蔡攸同路，而是举家逃到拱州（今河南省睢县）。金兵退去，御史以蔡京首倡燕云之议，引发边患，当问其罪。钦宗先将其贬官洛阳，三月贬德安府（今湖北省安陆市），四月再贬衡州（今湖南省衡阳市），七月又贬儋州（今海南省儋州市）。还没到海之南，从德安到衡州路上，蔡京在潭州（今湖南省长沙市）东明寺病逝，终年八十。

王黼也是钻营的行家里手，为获权位，先后巴结蔡京、梁师成等。他接替蔡京相位后，废除不少蔡京改革，时人多有赞许。然好景不长，王黼公开卖官鬻爵，明码标价，开封传有歌谣："三百贯，曰通判；五百索，直秘阁。"他急于超越蔡京，粉饰太平更甚，企图靠收复燕云建功立业，却功败垂成。宋徽宗发现他与大宦官梁师成内外勾结，触犯忌讳，不再信用，迫其致仕。

在金兵南下之际，收复燕云就被看作祸端，主持者王黼罪责难逃。王黼还是郓王的支持者，钦宗即位，他惶恐万分，上奏祝贺，宫里一概不收。金兵将入开封，王黼私自出逃。钦宗下诏先将王黼贬到湖南永州（今湖南省永州市），李纲等人认为当杀，开封知府聂山派刺客杀之，时年四十八。传说宋朝有不杀士大夫的祖训，钦宗刚即位，杀大臣名声不佳，托言为强盗所杀。元朝修《宋史》，觉得王黼达不到奸臣标准，视为投机小人，因而归于《佞幸传》。

童贯是收复燕云的提倡者,也是军事长官,一败再败,罪责更是难逃。徽宗南幸之前,童贯被任命为东京留守,但怕开封守不住,又怕钦宗惩处,心中不安。待徽宗出行,童贯私自领兵,以护卫为名,伴徽宗左右。太学生陈东和许多官员声讨其恶,钦宗先是降官勒令致仕。这当然不能消弭人们的愤恨之情,继续厉声斥责,钦宗又将童贯流放,派监察御史在路上斩杀。童贯头颅被割下,在首都公开示众,观者欢舞。

宦官梁师成好舞文弄墨,居然还中了进士,宋徽宗多次称赞其文采。童贯虽是宦官,长期在外领兵,又主持军政,实际上是个武将、大臣的角色。宣和以后,梁师成后来居上,是宫中最大宦官。他号称"隐相",无宰相之名,却居其上。徽宗发布的很多诏令皆出自他手,他还模仿徽宗笔迹假传圣旨。宰相进退,国家取士,他也参与。王黼为相,就是拜梁师成所荐,王以干爹称颂。在徽宗继承人的问题上,他聪明过人,双方各有支持。钦宗即位之初,对梁师成尚有好感,知道内情后,予以贬黜。梁师成的死,一种说他是自杀,另一种说是被钦宗下令刺杀。

其他几位都是徽宗朝旧臣,李邦彦尚在相位,因主和被列入"六贼"。靖康学潮那天,李邦彦因坚持议和割地,成为众矢之的,很快罢相。然而没过几天,钦宗又将其官复原职,众人惊讶,又上章弹劾,再遭免职,出知邓州。宋高宗初年,以主和误

第三章 汴京突围

国之罪，被发配到浔州（今广西壮族自治区桂平市）。

李彦也是宦官，地位不高，为害颇甚。他接任大宦官杨戬，主持延福宫西城管所，在京东、京西等路强征"公田钱"。他们将很多民间肥沃土地指作无主荒地，为国（公家）所有，再强迫原地主租佃，交纳"公田钱"。很多百姓因此破产，流离失所，不顺从而被打死者有千余人。官府不是为虎作伥，就是不敢过问。宋徽宗虽有斥责，却没深究，因此李彦搜刮到很多钱财。钦宗即位后，直接下令赐死。

朱勔是花石纲的负责者，商人出身，不是士大夫。为获花石，如同强盗，常常破家索取，江南之人怕他如见虎，又恨不得吃了他。民怨本就沸腾，国难当头更是罪该万死。徽宗逃离开封的当天，钦宗下诏，朱勔放归田里，贬到岭南，没收财产。批评者欲置其于死地，再派人于路上斩杀。

"六贼"之外，还有不少"奸臣"落得"活该"下场。

收复燕山时，蔡攸是童贯的监军，下场肯定好不了。徽宗逃难时，蔡攸为行宫使，伴随左右，负责路途事宜。有官员上奏弹劾，钦宗诏令贬官，因蔡攸伴随徽宗，暂停施行。徽宗回京，蔡攸被贬永州，后移浔州，再贬雷州（今广东省雷州市）。蔡京死后，御史继续指责蔡攸，说他罪过不比其父小，应该流放到海岛。靖康元年（1126）九月，钦宗下诏流放蔡攸到万安军（今海

107

南省万宁市），后赐自尽，终年五十。

赵良嗣背辽归宋，鼓吹联金灭辽，又是宋金外交的主要参与者。金军到开封时，赵良嗣一路逃到了郴州（今湖南省郴州市）。斡离不北撤后，监察御史胡舜陟上奏，今日边患几乎倾覆社稷，赵良嗣实为始作俑者，当正典刑。钦宗下令取赵良嗣首级，妻、子发配到吉阳军（今海南省三亚市）。

从黄河边逃跑的宦官梁方平，回到开封，被李邦彦重新起用。有人举报梁方平是金人内应，李纲将其抓捕，交给御史台问罪。这时的宦官，已沦为公害，官员弹劾不已，钦宗下令斩杀梁方平。

九百年以来，徽宗和"六贼"圈子几乎永世不得翻身，是典型的昏君奸臣团队。平心而论，这些人私德糟糕，也很难称得上功臣良将，但"奸"的层次有所不同。蔡京为国敛财，手段高明毒辣，毕竟是有能力的宰相。童贯虽是宦官，出身遭受歧视，但就北宋整体的军事胜负（特别是宋夏之间）而言，童贯也不算太差。其他几位，不论是宦官还是大臣，德行差劲，能力欠缺，很难为他们说上几句好话。

历史的记载很有趣，一会儿是"小人"们撺掇徽宗做春秋大梦，一会儿又是"小人"们穷尽心思去迎合徽宗的好恶。话又说回来，收复燕云到底是志向远大，还是好高骛远，很难说得清。

或许有人会说,宋徽宗君臣不知道自己几斤几两,更不了解对方,才会引狼入室。知己知彼,是一种理想状态,要做到殊为不易。言而总之,徽宗君臣做得很差,宋朝军队做得很差,一手好牌打得稀烂,这是不争的事实。

第四章
开封陷落

一、惨烈太原：防守与救援

北汉盘踞的太原，依仗契丹护体，曾经是宋朝的伤心地。宋太祖三征太原而不下，宋太宗再次北伐，终才得手。此后，太原城北迁至山口阳曲，成为河东地区防御北方民族的主要军镇，也是雁门关以南的第二道防线。从太原沿太行山南下，居高临下，虎视河洛。

宣和七年（1125）十二月十八日，金军兵临太原，河东经略安抚使、知太原府张孝纯、河东副都总管王禀领导军民固守，到

第四章　开封陷落

次年九月三日太原陷落，前后坚守二百五十五天。

太原守卫战可分为四个阶段：第一，从宣和七年（1125）十二月到次年三月，金败宋军第一次入援，宋答应割让太原。第二，靖康元年（1126）四至五月，宋朝反悔割地，金败宋军第二次入援。第三，七至八月，金败宋军第三次入援。第四，八到九月，太原陷落。由此可见，宋金太原之战的主要特点，不是城池的攻防战，而是发生在太原周边金军的围点打援。

粘罕到太原后，在城墙以外修寨包围，并出兵扰掠周边州县。围城不久，从朔州撤出的孙翊率二千兵到来，也驻扎在城外。孙翊手下多是朔人，粘罕驱赶朔州父老，故意给孙军看。两军战斗之时，部下叛变，孙翊被杀，余众降金。张孝纯不敢开门出战，只能闭门防御。

折可求统兵两万从府州（今陕西省府谷县）出发，越过黄河，打算从岢岚（今山西省岢岚县）出天门关（位于今山西省阳曲县）以援太原。不巧金人把关，攻之不克，绕路松子岭（位于今山西省岢岚县西南）到交城（今山西省交城县）。另一支宋军由刘光世率领，从延安过河而来，也到交城。交城离太原不过百里，此时部分金军也到了，双方展开激战。宋军远到，从早晨战到中午，互有胜负。宋军分守阵地，金军忽然从折可求军的背后杀出，宋军溃逃。

宋朝的第一次救援太原就这样失败了。援军主要来自陕西北部，经交城一战，损失七八成。后来西夏趁火打劫，逐渐蚕食这一地区。自金归宋的张汇撰有《金虏节要》，记录了这次战役。他提出围魏救赵之计。若孙、折就近直捣粘罕在云中的老巢，金军财产家眷俱在，只有老弱守护，粘罕必定回撤，太原守军也可出击，不仅能解太原之围，还可一举消灭金之西路军，东路斡离不军也肯定不敢南下牧马。相反，二人舍近求远，率军远奔，翻山越岭，人疲马乏，被金军以逸待劳，予以歼灭，一败涂地。张汇之说也难实现，依宋军战斗力，区区两万人，去了云中，也不过是塞牙缝的。再说，后来粘罕又从云中增兵太原，怎么可能会如此空虚。

打退宋军救援，粘罕力攻太原而不能下，于是一面继续围城，再分兵攻打周边较为容易的城池。东路金军到达开封城下，首都危急，宋朝也没有精力再管太原。

靖康元年（1126）二月，宋钦宗签订割让三镇的城下之盟，派路允迪告知粘罕，意思是两国已和，不要再打了。但粘罕先后攻下平阳府（今山西省临汾市）、威胜军（今山西省沁县）、隆德府（今山西省长治市）等重镇，前军已到高平（今山西省高平市），据说从太行山上可远眺黄河。宋朝大惊，赶紧派种师中、姚古出兵救援。宋朝第二阶段的救援太原开始了。

第四章 开封陷落

既然将三镇割让金朝,为何又要救援呢?你说他出尔反尔也好,说他兵不厌诈也罢,反正虎口已脱险。不仅如此,金兵走后,宋朝命三镇坚守,并停止遣送辽国旧人。

宋朝军事布局是:派郝怀率兵二万屯守河阳(今河南省孟州市),防止粘罕从太行突进;姚古将兵六万从开封进入晋东南,以救太原;种师中将兵九万北上,救援中山、河间等河北金兵未下州府。老将种师道原计划任河北宣抚使,坐镇滑州(今河南省滑县),结果建议被否。种师道言不受用,托以疾病,请辞宣抚使。

粘罕在泽州(今山西省泽州县)见到宋使路允迪,听说朝廷割让三镇,留下官员防守新攻州府,自己则回到太原。在城外建造房子,号称元帅府。收集粮草,为长久计。粘罕北去,留兵很少,三月二十四、二十六日,宋将姚古顺利收复隆德府、威胜军。

四月二十八日,鄜延路军马使黄迪领兵到汾州(今山西省汾阳市)上贤(今山西省文水县上贤村),粘罕派装甲骑兵千余,与黄迪军对峙。黄迪先令部下分寨守御,不得主动出击。宋军分为九寨,相隔数里,金人也分九支各自刺探。等确定黄迪所在,即开始攻击。黄迪派神臂弓三队站在高处,射杀敌人。金兵不避矢石,奋勇向前,宋军遂败,死者无数。

姚古占领威胜军后，兵临南北关（南关位于今山西省武乡县西北，北关位于今山西省祁县以南）而不敢前进，于事无补。种师中北上后，驻扎真定（今河北省正定县），朝廷命其西进，与姚古形成掎角之势，两路出击，合力救太原。这时粘罕因天热难耐，回到云中避暑，所留军队分散畜牧。宋朝探子回报，金兵分散，恐怕将要回撤。种师中未行，得知情报，同知枢密院事许翰怒其不进军，问责书信和催促诏令一天有六七封，其中有逗留不进、解围太原赎罪之语。见此，种师中怒发冲冠，叹息道："逗留不进，军中死罪呀！我少年从戎，现在年老，怎可忍此大辱？"

气头上的种师中遂率兵轻进，从井陉口（今河北省井陉县）进入平定军（今山西省平定县），又收复榆次等县。宋军从东而来，出乎金人意料，没有派兵守太行关口。种师中军一路没有遇到金兵，进展迅速。五月十二日，离太原二十里时，探报有金兵赶来，种师中以为是北上金兵的残余。不想金兵从四面八方压来，宋军见状溃逃，剩余仅一百多人。种师中率残兵死战，身中数枪，简单包扎后再战，终于不敌而死，终年六十八岁。

种师中死时，张孝纯之子张灏在汾州，姚古军到南北关，距离不远，却只有种军孤军深入，功败垂成，错失救援良机。种师中之死，震动朝廷。

姚古胆战，想要撤退。威胜军民请求坚守，姚古不好明言心计,有部下出来说:"国家已将太原割给金人,所以我们要南归。"部将焦安节吼道:"金人快来了,为何还要在此!"其实连金人的影子还没看到。姚古正好顺势,命令连夜急速撤军。宋军丢盔弃甲,只顾逃命。退至隆德府,还是不守,继续往南跑。百姓扶老携幼,不得已踏上了逃难的畏途。

宋朝第二次救援太原,出兵将近十五万,再以惨败结束。宋军兵败,议和之声卷土重来。少宰吴敏、门下侍郎耿南仲等大臣以宋朝虚弱,金朝势头正盛,无法取得胜利,应该割让三镇。知枢密院事李纲不同意议和,认为祖宗之地寸不可弃,割让只会增强敌人实力,并不会带来和平。宋钦宗认同李纲之说,准备再次组织增援太原。

吴敏、耿南仲推荐李纲担任河北、河东宣抚使,即救援太原的指挥官。宋钦宗无人可用,也寄托于李纲。李纲坚决不从,自认非将帅之才,实在难堪大任。御史中丞陈过庭、侍御史陈公辅上疏指出,李纲本是儒者,不懂军事,将兵必败。又说李纲忠直,为大臣不容,意在将其排挤出朝。朝廷争执不下,金人攻城,太原数次告急,情势危殆。见李纲不肯,钦宗赐《裴度传》给李纲,希望他能仿效裴度,挽救宋室。不得已,李纲只好从命。

朝廷拨给宣抚司两万人,战马很少,李纲请求在开封向民间招募战马。然而,宋钦宗以寻马骚扰都城,予以否定。各项准备工作不足，李纲建议等军备充足再行。宋钦宗急于发兵，给李纲批示道："迁延不行，难道是要抗命？"李纲本就不想去，钦宗却如此急躁，逼得李纲请辞。没有办法，钦宗答应延后几天。

六月二十五日，宋钦宗赐宴，为李纲饯行。两天后，李纲从开封出发，种师道送别，连连叹息"兵可忧"。李纲先到河阳，驻守怀州（今河南省沁阳市）。

为抵抗女真骑兵冲击，宋军也是花了不少心思。有一个叫张行中的人，给李纲推荐一种战车，声称可以阻挡铁骑。这种战车的两轮，分别以长杆相连制动。两杆之间有横木，上架弓弩。车前用皮甲包裹，可以防御矢石。皮甲上露有两孔，以便观察。车身用铁甲包围，保护里面的士兵。每车二十五人，一人在车上瞭望指挥，四人推动长杆，其他士兵携带盾牌、弓箭、长短枪依次分作两列，推车前行。这一类似现代装甲车的战车，组成车阵前行，骑兵遇之皆退。据李纲说，战车造了一千多辆，在怀州日夜练习。但是朝廷在援救太原的问题上再生变数，一度解散了新招募来的军队，可能是也连累了战车的训练。

面对游牧民族骑兵的横冲直撞，缺乏战马的中原，自古就有以车制骑的军事思想，妄图以周朝的战车阵去阻挡骑兵。后世绞尽脑汁去改进，均以失败而终。张行中的战车到底有没有发挥作

第四章 开封陷落

用,不见记载,我们不得而知。问题是,如果战场在平原地区,倒是会发挥些许作用,但在多山的河东,指定成为摆设。还有一种防备骑兵的工具,称为"蛮牌"。应该是按照盾牌改造而成,装有很多钉子,看到骑兵要来,就铺在地面,防止敌人骑兵冲锋。

李纲出发一个月后,到七月二十六日,钦宗下诏诸路军马进军太原。宋朝从山东、浙江、福建、四川等地招兵,增兵十七万,加上河东五万,共计二十二万。粘罕也在云中竭力招募,以做防备。

宋军部署为:解潜代姚古与折彦质屯兵威胜军,刘韐、王渊进驻辽州(今山西省左权县),张灏、折可求、张思政等驻守汾州,范琼在南北关之间。诸将所在,其实是从东、西、南三面,对太原金兵形成半包围的态势。也就是说,宋朝准备三路并进,会师太原。

刘韐先与金兵接触,不胜而溃。解潜兵出威胜,向南关挺进。与金人大战几天,互有胜负。粘罕增兵,宋军溃败。解潜领十几名残兵退往隆德。见解潜兵败,刘韐留少数人在信德(今河北省邢台市),自己跑回开封。李纲继续在怀州,也不进兵,也指挥不动前方将领。

三路宋军,两路溃败,只剩汾州一路。汾州有兵十七万,还没有与金兵交战，由河东察访使张灏指挥，部下有张思政、折可求和冀景。八月五日，张灏下令向东进兵郭栅（位于今山西省汾阳市东北）。金军主力攻打张思政部，宋兵退却，战败。宋军死伤惨重，只有冀景率领部下逃窜，得以全军。冀景曾放弃石岭关逃跑，战后诸将指责冀景有异心，张灏将其斩杀。

八月十五月圆之夜，宋军侦察得知，金人正在文水宴饮赏月。趁其不备，张思政率兵突袭，斩首数百人。获此小胜，张灏命人举黄旗奔走于路，大喊："汾州胜利了！"百姓不明内情，也奔走相告。好久没有胜利的消息，有人喜极而泣，有人摆酒席庆贺，高兴地说："皇帝圣慈，太平可见！"宋军嘴上功夫了得，好像获得多么伟大的胜利。第二天，两军再交锋。宋军数倍于金，金以骑兵三千向宋军直冲而来，宋军大乱，纷纷逃命。被践踏而死者数万人，尸体填满坑谷。

第三次救援太原又失败了。宋朝救援太原的战略设想本身并没有错，奈何宋军无法与金军抗衡。或是主将怯懦，或是将领私行，不能同步，总是不能实现预计目标，从失败走向失败，回天乏术。

外援接连失利，坚守二百余天的太原城离失守不远了。前面重在讲述宋朝的援救行动，那这二百多天太原军民是怎么坚持的，城池是怎样被攻破的？

第四章　开封陷落

粘罕将太原周边纷纷攻破，以锁城法围困太原。所谓锁城法，就是在城墙矢石射程以外的地方，分人防守，防止里面的人逃出来。粘罕得知宋朝割让三镇以后，告知城内。张孝纯、王禀回话："朝廷让交割太原，你们去告诉朝廷，我们不愿意。"继续坚守。金人大怒，攻城又不下。他们在城外环绕很多鹿角木，厚达数里，中间留有小路，以犬行其间，用来报警。

太原城内，百姓十五以上、六十以下都充为兵。房屋隔断都拆去，各家相通，不论贫富，食物一致。围困虽严，城内不肯坐以待毙，想尽办法与朝廷通信，请求支援。有人将奏书缝在衣领内，伺机逃出。送信之人都是皮包骨头。军人将粮食吃完以后，吃牛马骡等牲畜，再煮弓弩和皮甲为食，百姓以浮萍、树皮、糟糠、草菱果腹。动植物又吃完，则吃死去的人肉，甚至易子相食。

为攻破此城，金人穷尽办法，所用器具有炮（投石机）、洞子、鹅车、偏桥、云梯、火梯等。

攻城之前，以鼓声为令，先用炮向城内投掷炮石。炮石打到城墙，被击中的楼橹肯定损坏。守军也有办法应对。王禀在城墙上设有一些虚栅，下以布袋缓冲炮石撞击之力，虽被击坏，很快就能修好。

面对城外宽广的护城河，金军也有填壕的计策。洞子就是填满壕沟的利器。洞子下有车轮，上面支有很大的木头，外形如房屋。将生牛皮覆盖其上,再裹以铁皮,如此可防矢石。人躲在屏障之后,推着洞子车往前走。车上装有土木柴薪,用来填沟。王禀在城墙打孔,等金人扔的木头多了,用手穿过孔洞将油灯放在水中,见木即燃。人再通过孔洞用鞴(鼓风吹火器具)吹风,增大火势。

鹅车是攻城器具。车如鹅形,也有车轮,前方、上方覆盖铁皮,起防弹作用,使数千数百人推行,可以贴近城墙,然后攀登。王禀在城墙上用巨石、绳索、搭钩等方法破敌鹅车。云梯、火梯也有车轮,高如城楼,王禀也有应对之计。

如此坚持到九月三日,外城已陷。城内没了柴火,就拆毁房屋用来烧火。吃什么呢,用火烧骨头来充饥,饿死、病死者不可胜数。军士虽仍披坚执锐,但已饥饿困乏,拿不动兵器,勉强倚墙站立。金军攻入内城,如履平地。得知金人入城,王禀率领病弱,与金人巷战,受伤自杀。粘罕恨之入骨,和其他金将猛刺王禀尸体,暴尸于野。

太原守城官员自杀者不少。据说张孝纯想自杀被部下阻止,因此被金人俘虏。粘罕对张孝纯说:"就你这一座城池,还敢拒守?大辽都被我们消灭了。现在城被攻下,你还能干什么?"张孝纯说道:"如果我有粮食,你怎么会得逞?"一番言语之后,张孝纯说自己只欠一死。粘罕命人拽着张孝纯和其子张浃的头发，将两人摁倒在地上，说道："听我的能活命，不然，对你们用一万种刑罚。"张浃大声吼道："我不负朝廷，要杀要剐，随便你们！"粘罕说："好哇，你们父子不怕死，那先看看其他人的下场。"于是，在张孝纯父子面前，杀了三十多个太原官员。张孝纯父子依然不惧，被押送到云中，没有逃出降金的命运。金人入城后，杀人放火，太原城沦为废墟。

太原保卫战虽以失败告终，却是宋金之间最为顽强的一次城市攻防战。开封第一次之所以能解围，斡离不之所以北撤，很大原因在于粘罕西路军被太原牵制，不能南下会合。宋金太原之战，牵涉了北宋朝廷的主要精力，是半年以来朝廷事务的重中之重，寄托了钦宗君臣的莫大希望。他们深知，河东是天下根本，河东失守则汴京难存，救太原就是救开封，更是救宋朝。太原之战也耗费了北宋的主要军事力量，不仅陕西、河北、河东之兵丧失殆尽，远调而来的山东、福建、四川、浙江兵员也损失不少。更有甚者，经此数败，宋军哪还有士气可言，失败主义情绪染透上下。太原失守，粘罕兵锋南向，所向披靡，开封在劫难逃。

二、两路南下：直捣开封府

第二次援救太原失败后，宋钦宗派王云出使金国。王云回报金国只要三镇租税，限半月交纳，方可罢兵。钦宗听之大喜，然而少宰吴敏与王云不和，从中阻挠，没有施行。其后，斡离不兴兵南下，钦宗又派王云出使。

张灏兵败文水，标志着宋朝救援太原的失败。见状不妙，宋钦宗急忙准备派使到粘罕军前议和。八月二十日，太原未下之时，钦宗任命吏部侍郎李若水为大金山西军前和议使。九月一日出发，十五日到达榆次，见到粘罕。李若水对粘罕说："皇帝想以三镇租赋，交给贵朝，希望休兵和好。"粘罕厉声怒斥："已经签了城下之盟，割让三镇，那租赋本就归我，怎么还好意思说这？如果非要这样，那就是败盟，不愿意割让三镇。"李若水解释道："那是三镇军民不情愿，所以计划把租赋上交贵朝，两者是一样的，你们还更省事。"粘罕不耐烦地说道："回去告诉你们皇帝，早日割让三镇，不要在此废话了！"此后虽有几次会谈，但粘罕始终坚持割让三镇，否则不能议和。九月十九日，斡离不派王汭来索要三镇之地。

三月中旬，斡离不回到燕京，令常胜军回归本籍。众人行到松亭关（位于今河北省宽城满族自治县），全部被金人所杀。铲除部下之后，斡离不命郭药师为燕京留守。反复无常、嚣张跋扈的常胜军，到了金朝，就这么容易地被铲除了。随着斡离不的北去，河北旧地又归宋朝。八月，斡离不兵出燕京，与粘罕再次两

第四章 开封陷落

路南下。斡离不先攻打广信军（今河北省徐水区）、保州，都不能夺取，于是绕过中山去攻打真定。

此时出使金军的王云也到真定，斡离不让他旁观金军攻城。真定安抚使是李邈，原为枢密院副承旨，缺乏实战经验。一开始金兵攻城受阻，后来趁夜偷袭，城内没有防备，大军忽入。前后不到十天，真定陷落，李邈被俘，兵马都钤辖刘翊力战后自杀。李邈宁死不屈，后被押到燕京，落到恨宋入骨的刘彦宗手中。刘彦宗先是逼迫投降，李邈不从。又强迫其髡发，如金人发型，李邈削发为僧，誓死不做金朝官。刘彦宗气急败坏，经粘罕同意，将李邈杀害。

攻占太原后，粘罕兵锋东向。先到寿阳（今山西省寿阳县），居民死守，金军三次冲锋，死伤万人才得以攻克。再攻平定军，死伤三千未下，与刚刚占领真定的斡离不会师合攻，死伤万人终于攻破。

两军会师平定，商定南下进军路线。东路军监军兀室提议，太原为河东之首，真定为河北之首，应当先平定两河，再取东京。又指出，如果先取东京，万一失利，则两河也将难保。这是因为上次斡离不军没能攻下开封，然后河北再回宋朝，故有此说。听完，粘罕愤然而起，将帽子狠狠甩到地上，对众将说："东京是宋朝的根本，不得东京，两河虽得而难守。若得东京，两

123

河不取而自得。上次没能攻取东京，是因为我不在。如今我也南下，肯定没问题！"斡离不欣然同意。因此，此次会议明确了两军分路直捣开封的战略路线。

李若水一行从河北过井陉到榆次，一路上所见河北、河东州县破败不堪，金军咄咄逼人，百姓聚众自卫，上书朝廷援救河东、河北。面对金军攻势，宋朝很难再救两河，而是在黄河以北建立防线，打造保护开封的屏障。

平定会议后，粘罕留大将银可术守太原，兵分两路。西路攻取平阳、绛州（今山西省新绛县）等晋南州县，消灭太原之战后的宋军残余。东路实为主力，由粘罕率领，攻取威胜、隆德、泽州等晋东南州县，为南下开封扫清障碍。

斡离不留大将韶合、韩庆和留守真定，率兵向黄河北岸的黎阳（今河南省浚县东）杀去。

宋朝也做了相应部署。太原陷落之前，宋朝在北京大名府（今河北省大名县）、西京河南府（今河南省洛阳市）、南京应天府（今河南省商丘市）和邓州设有四道总管府，分布于开封四周，以拱卫京师。知应天府胡直孺为东道总管，统领京东、淮南之兵；知邓州张叔夜为南道总管，统领京西南路、湖北之兵；知河南府王襄为西道总管，统领京西北路、河东、陕西之兵；知大名府赵野为北道总管，统领河北之兵。太原陷落之后，

第四章 开封陷落

开封陷落的可能性大为增加,因此四道都总管被赋予更大职责。都总管逢事得以专断,掌财权、人事权、赏罚权,随时调兵防卫京师。

大名在北,又比邻黄河,可能是金兵南下所经之地。洛阳在西,是西路金军的战略目的地。其他两道一东一南,备战左右。远近不同,单靠这四道外围防线肯定不行,宋军又以十二万重兵守卫黄河。折彦质为河东宣抚副使,同知枢密院事李回为大河守御史,抵御粘罕渡河;范讷为河北宣抚使,以备斡离不渡河;都水使者荣嶷、陈求道等人守卫黄河各渡口。同时,贬黜李纲,再次起用老将种师道为河东宣抚使,到河阳、怀州巡边。种师道老成持重,钦宗有所依赖,却不听其言,在冒进与求和间徘徊。种老将军此时已身患重病,不得已拼了老命前行。

先看西路粘罕军的攻城略地。

十月十日,金将娄宿到汾州城下,张灏带兵先走,城中守军较少。娄宿先喊话劝降,知州张克戬以箭回击。娄宿大怒,亲自率兵攻城,一个时辰即攻陷,张克戬自杀。

汾州以南有回牛岭,地势险峻,派兵驻守,可保平阳。宋军后勤补给不足,守军以豌豆或陈麦充饥,士气低落。金兵到回牛岭,看到上有守军,不敢前进。谁知宋军纷纷撤走,金兵顺利过岭。太原陷落后,宋朝的河东防御中心一分为二,西是平阳,东是隆德。平阳知府林积云、都统制刘锐消极防御，望见金军远来，偷偷逃跑。守军见状不对，也争相逃脱。十月二十四日，短暂交锋后，平阳陷落。

在晋东南，十月中旬，粘罕轻取威胜军，南至隆德府。粘罕邀请守将谈判，通判李谔出城。粘罕对李谔说："现如今我率兵去开封问罪，不攻打隆德。你们只需要拿些犒赏的酒食和粮食过来，我军趁夜过去。"李谔答应了。李谔回城后，将粘罕的要求告诉知府张有极。

张知府召集城内百姓，告知金人要求。众人表示反对，坚决守城。第二天一早，粘罕派人来取犒赏，城上军民一顿谩骂。李谔阻止，说道："给他们东西吧，别让他们攻城。万一失守，后悔都来不及。"有将官斥责道："你是要造反吗？"说罢，一刀朝李谔脸上刺去。粘罕怒火中烧，下令攻城。城陷之后，金军大肆杀戮，知府张有极被俘。

十一月初，粘罕攻泽州，守将高世由投降。泽州以南，是离黄河不远的重镇怀州。晋南金将娄宿、孛堇率兵先至，粘罕后到，会师怀州城下。第三次救援太原时，总指挥李纲就驻扎在怀州。河东宣抚副使折彦质原本在城中，金人来前，以抚定河阳的名义离开怀州。河内（今河南省沁阳市）县丞范仲熊在怀州，撰有《北记》，以亲身经历详细记载了怀州之战。

第四章 开封陷落

折彦质走后,怀州知州霍安国对范仲熊说:"金人来了,折彦质走了。怀州有粮有器甲,大家可以共同上城防守。"很快,金人来劝降,霍安国派范仲熊去谈。粘罕提出宋朝每年给金二百万岁币,割让三镇之地。让范仲熊传话,他就地等待回音。

霍安国上报朝廷,十八天过去,没有指示。金人等得厌烦,开始准备攻城器具。霍安国赶紧派了六个儒生去见粘罕。粘罕问道:"前面我吩咐的,是霍安国没有上奏,还是赵皇没有文字回复?"六人回答:"十八天前就上奏了,没见着回信。"粘罕大怒而起,说道:"范仲熊传达的是我的意思,你们朝廷怎么敢不理会?从现在开始,即使有文字来,我也不信。派使者来,我也不见。回去告诉你们州主,出战也行,守城也罢,我要放手攻打了!"

金人攻城,日夜不停。开始用云梯登城,宋军用神臂弓射杀,近则用斩马刀、大斧砍杀。云梯不行,金军再用鹅车、洞子,下藏数十人。有人拿锹、钁(刨土工具)挖掘城墙,有人携带小梯子企图登墙。城上宋军用火点炮往下扔,烧毁敌人的梯子,或者用炮石砸毁鹅车、洞子。针对城下炮车发出的炮石,宋军结网和帐幕防御。没想到金军发射了火炮,烧毁宋军防御设施,城中人惊惧。到夜,范仲熊招募二百勇士,打算去偷袭金营,烧毁其炮。到城下时,遇见许多金兵,先纵火,金人阵脚不乱，只好厮杀，回城者就剩下二十四人。十一月六日，金人攻入，知州霍安国、通判林渊、兵马钤辖张彭年等十五人宁死不屈被杀，另有十一人投降，范仲熊等人被俘。

十一月十二日，粘罕到黄河之畔的河阳。黄河流经河阳，分为三城，故称河阳三城。同知枢密院事李回和折彦质领兵十二万，一南一北，共同守卫黄河防线。粘罕见宋军人众，怕不能渡河，先派千余骑兵到河边探查，回报说："宋军甚多，不能轻举。"娄宿建议："宋军人数虽多，并不可怕。若与之开战，胜负难说。不如彻夜击鼓，看他们有什么反应。"

黎明，不见宋军踪影。粘罕派孛堇带领三千人到河边探路，发现一处水流既慢又浅，骑马可过。孛堇率兵渡河，到折彦质军不远处扎寨。折彦质以为金军都过了河，乱匆匆带兵就跑，宋军大溃。见到金军，南岸李回也不阻拦，逃回了开封。逃跑宋军留下的舟筏，成为金军大规模渡河的交通工具。

粘罕渡过黄河，兵抵汜水关，宋军望风而逃。金军主力向西挺进，西道总管王襄弃城而逃，金兵进入洛阳。粘罕聪明老练，很快分兵去扼守潼关，以阻陕西救兵东进，完成西路军攻打开封的战略部署。进军途中，粘罕率领诸将到永安（今河南省巩义市）参观北宋皇陵，对真宗、仁宗陵墓非常恭敬，但不去宋太宗熙陵和宋神宗裕陵。同时，粘罕下令，不得掳掠毁坏北宋皇陵。

第四章 开封陷落

北宋很多宰执大臣失意或退休后，居于西京洛阳，交游写作，逐渐形成北宋的一大文化中心。粘罕令人广求大臣文集、书画和书籍，还寻访富弼、文彦博、司马光等北宋名臣的后裔，予以抚慰。

与粘罕一路攻城略地不同，东路斡离不虽然也是接连胜利，身后城池却没有尽数攻破。十月二十三日，金兵到庆源府（今河北省赵县）城下，随即攻城。守将王渊派统制官韩世忠拣选步兵三百人，出城偷袭金营，放火烧杀，金人死伤众多。

对于不能骤下的城池，斡离不也没有过多纠缠，而是践行直捣开封的战略计划。攻下真定府以后，于十一月中旬到魏县（今河北省魏县）。斡离不上次南下从滑州、浚州一线渡河，河北河东宣抚使范讷率兵五万在此防御。斡离不知道后，避开宋军主力，从魏县李固渡渡过黄河，宋军守将弃逃。渡河后，金军经德清军（今河南省清丰县）、开德府（今河南省濮阳市），从胙城（今河南省延津县）南下开封。

两路金军所向披靡，两河使团项背相望。金军要求宋朝割让三镇，斡离不甚至给出十五天的期限。宋钦宗既不想割让土地，又怕抵挡不住，和战不定。大臣有主和的，有主战的，争论不休。何㮚不主张割地，说："三镇是国家根本，为何要舍弃？况且金人狡诈，谁能保证他们遵守信用？割地他们会来，不割地

129

他们依旧会来。"唐恪建议让太子留守,钦宗以亲征为名到洛阳,以陕西为根据地,再图兴复。何㮚坚决不同意。钦宗顿足说道:"当以死守社稷。"

犹豫多变的宋钦宗,决定召集一百多名官员开会再讨论。讨论方式如同考试,每人发给纸笔,分隔开来。宋钦宗所下诏书很有意思,如同科举出题,他说:"如今金人必得三镇。如果给他,有什么利弊?如果不给,有什么利弊?"结果,耿南仲、吴开、范宗尹等七十人支持弃地求和,喻汝砺、梅执礼、宋齐愈、秦桧、何㮚等三十六人拒绝割地。

支持割地的理由是:"朝廷曾许诺割让三镇,现在又不给,是失信于夷狄。姑且给了,纵然依旧猖獗,则神人共愤,师出无名,可不战而胜。"拒绝者认为:"当年祖宗好不容易才抚定河东,河北如同人之四肢,四肢若去何以为人?况且天下是太祖之天下,非陛下之天下,石敬瑭当年割地故事,岂可效仿?"主和者乐观幼稚,主战者言论空洞,两者都没有可行性的务实规划。为让钦宗主和割地,范宗尹哭天喊地,乞求割地换取和平。最终,宋钦宗选择派使割地议和。

当他翻看官员们的"答卷"时,发现太学博士万俟虚、监察御史晁贯之等八人拒绝割地的奏议很是高明,便派宰执召问。万俟虚、晁贯之二人对少宰唐恪说:"三镇是祖宗之地,怎可放弃?

第四章 开封陷落

金人志不在割地，而是以三镇为根基，意在占领中原。"唐恪说："出兵屡屡败绩，招募军队也是白费粮草、骚扰百姓。守信割地，才是上策。皇上准备听取耿南仲、王云的意见，派康王前去议和。你们见到皇上，不要夸夸其谈，以免惑乱君心。"

见到钦宗，二人免不了一番豪言壮语。他们建议钦宗将四道二十万兵回防，在开封城周围安营扎寨。然后召集各路兵马勤王，驻扎在开封附近县镇，阻止金兵抢掠。这样金兵就不能长久，趁其困顿，再行出击。钦宗觉得有道理，少不了还得备战。

开封陷落前，是战是和，钦宗是没有坚定意志的，永远两手准备、两手都不硬。不得已选择议和，舍不得本钱；没退路选择抗敌，为主和派大臣左右，又实在没有信心。那颗躁动的心，充满投机和幻想。宋朝屡屡违约，金人一方面很难相信，另一方面不过是借和谈麻醉宋朝，使其放松警惕。

十一月中旬，宋钦宗任命知枢密院事冯澥为正使、李若水为副使，到粘罕军前，谈割让三镇之地。此后几天，又派康王赵构出使斡离不军，王云、马识远同行。王、马二人负责割地，先到河北，再转程与冯、李会合于粘罕军中。在路上，他们遇到从河阳南来的陶宣幹。陶氏亲历河东宋金战争，撰有《河东逢虏记》，也记录了此次会面。

陶宣幹告诉使节们，金人已经过河，河桥都被烧了。他们问

131

粘罕是否过河，现在朝廷满足金人割让三镇的要求，能否退兵？陶氏回答不知粘罕是否过河，割让恐怕不能满足金人的胃口。冯澥紧张地问道："金人会杀我们吗？"陶宣幹宽其心，说自古不杀使者。李若水插话道："我不怕死，冯枢密可回。"冯澥果真返回开封了。后来，李若水又对众人说："守卫边防、河口、关隘的将士闻风而逃，使节也都这样，那么朝廷还能依赖谁？唯有死而已。有敢回者，军法从事！"然后将金兵渡河一事奏报朝廷，提醒严加防备。

据李若水自撰《奉使录》，他们北行到怀州时，遇到粘罕大军。见粘罕，宋使递上割让三镇国书，粘罕已派使到开封，要求以黄河为界，割让黄河以北地区。谁知金兵来报，王云在磁州被百姓所杀，粘罕不高兴。李若水又收到河北河东宣抚使李纲追回使节的牒书，有"掩杀金贼"之语。粘罕获知大怒，说道："那就让我带兵去和李纲决个胜负。"此后也不再与宋使相见，李若水如俘虏般随金军继续南下。李若水归咎李纲败坏和谈的记载，实为无中生有，因为九月初李纲就已去职，十月到扬州，何来十一月再有牒报？

再看康王出使斡离不军。十一月十六日，宋钦宗又任命康王为告和使，王云为副。鉴于稍后的历史走向，随从也须做交代，有中书舍人耿延禧（耿南仲之子）、观察使高世则、康王府内知

第四章 开封陷落

客韩公裔,以及宦官蓝珪、康履、黎鉟、杨公恕等人。

为什么要派康王——未来的宋高宗去呢?现存宋代文献有所隐讳。王云上次出使时,斡离不要求宋朝派亲王、两府(指正副宰相或枢密院正副长官)为使,方可议和。宋钦宗选定康王,赏赐丰厚,还提升了他生母韦氏的地位,有逼迫之意。前途未卜,康王肯定是不情愿的。但现有记载说什么康王英武,与斡离不交好,金人畏服。听说要到金营,康王表示国家危难之际,义不容辞。他这一走,因祸得福。康王此行,留待后章专谈。

十七日,粘罕所遣使者扬天吉、王汭、撒离母等十三人到开封,议定以黄河为界。李若水还在路上,康王刚走不久,宋又派了耿南仲出使斡离不营、聂昌出使粘罕营,割让黄河以北。耿南仲与金使王汭到卫州,州人差点杀了王汭,金使逃跑,耿南仲去了相州。一个月后,聂昌与金使到绛州(今山西新绛),向军民宣谕朝廷割地诏书。绛州知州、通判早已逃亡,监仓官赵子清领导百姓固守。聂昌在城下告知,开封被围,要割地才能退兵。留守军民不堪割地,赵子清率众出城,杀了聂昌和金使。

金兵将至,开封城的形势不容乐观。李纲因援救太原失利,有些官员上疏批判,说他原想贪天之功,却战败辱国,乃奸诈小人。宋钦宗先贬李纲为知扬州,再贬提举杭州洞霄宫的养老闲职,三贬建昌军(今江西省南城县)安置。李纲上疏喊冤,又贬宁江军（今重庆市奉节县）安置。

太原陷落后，宋钦宗命种师道以同知枢密院事的身份巡边，为防御金兵南下做准备。到怀州时，种师道病情加重，急忙撤回开封救治，于十月二十九日病逝。去世之前，种师道建议早日调兵勤王。他还上疏宋钦宗，分析了当前局势：上次金人索要财宝北归，如今再来，是倾力大举南下，兵锋锐不可当。又以开封周边缺少屏障，兵力部署不到位，建议钦宗到长安避难。后来开封城陷，想起种师道之言，钦宗悔不当初。

种、李二人是第一次开封保卫战的主心骨，不是去世就是被贬，这对缺乏主见、犹豫不定的宋钦宗来说，真是要了命。后来，他想起李纲，任命其为开封知府。李纲到了长沙，率湖南勤王师行走在路上时，开封就已失守。当然了，在金军猛烈攻势下，不论是李纲回京还是种师道再生，都救不了开封，更何况没了种、李，情势更为堪忧。

三、攻防之间：守卫开封城

风雨欲来，除卖力求和外，宋朝也采取了多种应对措施。

十月十七日，得知金军再次两路南下，宋钦宗亲自到郊外视察飞山炮营。在冷兵器时代，炮是攻城和守城的重型攻击武器，至关重要。飞山营主要就是炮营，宋初成立，靠炮车（或炮架）

第四章 开封陷落

投掷炮石。炮即是投石机，用的是杠杆原理，可移动发射的称"炮车"，固定发射的称"炮架"，又统称为"炮"。

宋仁宗时期，曾公亮、丁度主持编写了一部兵书，名叫《武经总要》。书中"守城"一章，以图文形式着重介绍了炮的种类及其使用方法。文字解释说："炮车，大木为床，下施四轮，上建独杆，杆首施罗匡木，上置炮梢，高下约城为准，推徙往来，以逐便利。"除此之外，根据石头大小轻重和射程远近，还有多种样式的炮车、炮架。简单地说，炮车的一边放石头，中间有木杆相连，另一边靠人力拽绳索，然后发射。

皇帝来检阅，炮兵就要当面演练。没承想放上炮石木杆断裂，拽绳之人有被砸死的。演砸了，宋钦宗有些不高兴，但还要仰仗，给了一些赏赐。宋钦宗不知道的是，开封城外还有五百多座炮。兵部说归枢密院管，枢密院说与它无关。主管军器的军器监长官是宦官，刚刚获罪，没人主持工作。负责开封守御的京城所，也是一脸无辜："京城所主管防守，还没有开战，关我什么事？"有人说，那就是归兵部驾部司管，驾部也不情愿，说道："库部司怎么不管？"相关部门都很忙，互相扯皮，无人将其搬运到城中。人家金兵来了，毫不客气，这些炮正好拿来对付宋军。

十一月初，金人快到黄河时，礼部侍郎梅执礼建议清野。

135

十五日，传言金兵已过氾水，兵锋将临开封，钦宗急即命梅执礼为清野使。清野令下，开封城外的众多百姓，争相入城，全无秩序。有军民趁机抢掠财货，焚烧屋宇，巡检捕杀三百人才安定下来。施行没几天，有消息传来，前番传言过河的其实是宋朝溃兵，不是金人。他们也不想想，金人不渡河，怎么会有溃兵？不论金人渡河的奏报有多少，宰执大臣是死活不信，并于十九日废止清野令。其时粘罕、斡离不均已渡河，坚壁清野刻不容缓。罢令下，百姓欢呼鼓舞，好像能保住家底，然而金兵就在他们身后不远处。

十一月十三日，为防止金兵再于牟驼冈扎营，都水监提前决堤放水，将此地淹没，白白毁坏了几千家房屋。

宋朝这次面对的敌人是上次的两倍多，防守准备工作却相差很远。金人已过河，宋朝的勤王军令却没有想象中的急迫。

十月底，金人还在河东地界，种师道未雨绸缪，令南道总管和陕西发兵，派驻开封周围。师道去世，唐恪、耿南仲以议和为上，不同意集兵开封城下。他们说："如今百姓困顿匮乏，在京城周边养数十万兵，如何保障？既然已经讲和，如金人知道朝廷在首都召集大量军队，肯定会激怒人家呀！"于是下令南道和陕西兵不得妄动，如已出发，原路返回。接到朝廷军令，两军即掉头。

第四章 开封陷落

十一月初，兵部尚书吕好问上奏，提议召集各路兵马，驻扎在开封下辖的尉氏（今河南省尉氏县）、咸平（今河南省通许县）、陈留（今河南省开封市祥符区）、东明（今河南省兰考县东北）四县。如果金兵渡河，以三十里或五十里为一寨，组成开封外围防线。这一措施没有施行。十一月中旬，宋钦宗诏令福建、浙江发兵两万勤王，却要求十二月上旬抵达，貌似没那么急切。

十一月二十二日，确认金人已过汜水关，前锋已到陈桥（今河南省封丘县东南）。开封诸门封闭，城墙上全副武装，构建防御体系。与第一次开封保卫战类似，设立守御司，作为前敌指挥机构。主战派、尚书右丞孙傅为守御使，殿前指挥使王宗濋为守御副使，郭仲荀、卢益为提举守御司干办公事，刘延庆为提举四壁使、刘韐为副。二刘曾是辽、金军的手下败将，刘延庆在北伐燕山时失利，刘韐从河北回撤。四壁设提举、统制各一人，辛永宗提举东壁，安扶提举西壁，邵溥提举北壁，李擢提举南壁。每门设官一名，主管启闭。再设弹压统制官一名，主管弹压城内兴乱之人。

勤王军队没有提前布置，开封守军之前还北上援助河东、河北，只剩七万人，分守各壁。殿前司御林军一万多人，分为五军。左中前三军，前军屯顺天门，左中两军屯五岳观，由姚友仲

137

统领。右军屯上清宫，后军屯封丘门，由辛康宗统率。五军作为机动部队，随时策应四壁所需。

枢密承旨王健提议招募奇兵，以王健为统领、何㮚为提举。还俗僧人傅政临，人称傅先生，自称能退敌，准其募兵。卖药商人刘朱杰，也声称有退敌之计，招募之人甚多。最为奇妖的当数郭京的六甲神兵，后文再叙。编外人数众多，缺乏实战经验，一见金兵胆怯退缩，实际上没有一丝战力。京畿提刑秦元召集城乡保甲三万，有五千多人在朝阳门外，与金兵对峙。对方骑兵六七人勒马向前，这五千多人居然溃散。秦元想出城扎寨，独当一面，朝廷不许。

兵员不足，援军未至，仓促之际，动员保甲、百姓、僧道等为军，上城备御。军官也不够，以武举及城中绝伦之人授官上阵。还是不足，又选在京略习武艺之人、有谋略的太学生，给予官职，上城备战。依旧相差太远。派人招募强壮果敢之人，分配到各城门。为充实炮石，钦宗准许搬运艮岳之石。

金人兵锋未至，开封城里先乱。辛永宗见军民纪律不整，骄纵难制，不得不严格军纪。这年冬天异常寒冷，钦宗采纳占卜师王俊民的建议，以春迎和气，命军中更换青旗，与象征春天的木德相应。此时金人还没到开封，换旗先从东壁开始。忌恨的军民，谣传辛永宗叛变，不然何以更换旗帜。金兵小股部队来骚

第四章 开封陷落

扰,走远后,辛永宗命令部下不得放箭,防止箭为敌人所用。有一名士兵不守命令,故意向天空射箭,辛永宗大声呵斥。不愿忍受的士卒,传言辛永宗是童贯亲戚,禁止宋军射杀敌人。不明真相的群众被挑动起来,聚集千余人,到东华门外敲击登闻鼓,呼喊要诛杀辛永宗,朝廷不能制止。众人上城门,将辛永宗和十余部下杀死。统制弹压官逮捕其领头者一二人,斩杀。

城中处处招兵,百姓疑有奸细乱抓良民,很多官员被当作奸细打伤。王健所募所谓奇兵,将十余名低级武官看作奸细,聚众杀之,然后殴打王健,不受控制。王宗濋带兵抓捕,斩杀十人,才得以稳定。

终于火烧眉毛,开封急需人手,钦宗下诏急令勤王。永兴军路安抚使范致虚带陕西兵东进,被潼关金兵困阻,只好绕道,那时黄花菜都凉了。二十六日,中山府路马步军副总管王琼,带兵八千来到开封。王琼曾是种师中部下,朝廷命为京城巡检,钦宗赐书"忠义"二字。

朝廷设置的四道总管府,北道、西道都已溃乱,南道、东道还没有遭遇金兵,力量尚存。先前种师道命南道总管张叔夜统兵十五万八千,支援京师,结果被宰相阻止,兵分各处。等金兵靠近,得钦宗勤王诏令,张叔夜仓促征兵三万人,向开封进发。

到颖昌府(今河南省许昌市),偶遇南奔的西道总管王襄。

王襄问道："公要去何处哇？"张叔夜说："金人快到京城了，皇上坐立不安，我等以兵勤王。"王襄无耻地说道："金兵太强了，不能去呀！"张叔夜不以为然，劝说同行，王襄拒绝。很快，张叔夜就在颍昌遭遇金兵，大小十八战。

二十八日，张叔夜军终于到了城下，驻扎于南薰门外的玉津园。钦宗视察南壁时，在南薰门看到张叔夜所带队伍军容严整，喜上眉头。随后招入城中，命为签书枢密院事、内外兵马都总管，与孙傅共主防御。张叔夜以为开封城难守，建议钦宗到长安或襄阳避难。钦宗不听。

东道总管胡直孺带兵一万，从应天府出发，到拱州（今河南省睢县）遭遇金兵，兵败被俘。闰十一月四日，金人将胡直孺押到城下，向城内守军示威，说道："你们要等的援军来不了了！来了也会被打败，就像这个胡直孺！"

斡离不先到，屯守城外东北的刘家寺。粘罕后至，驻兵南城外的青城。金兵临城，强迫附近居民搬运石头，砍伐树木，以造攻城器具。可怜这些反对清野的糊涂百姓，倒老实地为敌军服务，动辄马鞭上身，不敢怒，不敢言。

金兵攻城器具与太原之战时相似，功用齐全，种类繁多，宋军也不乏应对之策。

火梯、云梯、编桥、对楼，下面有靠车推行进退。火梯、云

第四章 开封陷落

梯与城墙同高,甚至更高,可以纵火烧毁城上楼橹。云梯、编桥可以倚墙上下。每一对楼可载兵八十人,靠近城墙,则往上攀登。宋军也有防御之道,主要是名叫撞杆的神器。其杆长数丈,数尺横木几十根穿过,用铁轴固定,留有把手。杆头裹以铁皮,有的装有大铁枪,有的装有铁钩。城墙每处常备撞杆两三条,等对方火梯、云梯、编桥到城下,则慢慢因应。撞到之后,众人用铁钩钩住,其不能进退,梯桥被火烧毁,人坠地不死也重伤。万一撞杆没有撞住,则用狼牙、枪手、炮、长枪守卫,敌人也不能近前登城。

金军攻城也有洞子。状如合掌,上尖下宽,人在其中,可以接续成阵,有的长达三十多丈。上用牛皮铁皮裹住固定,内侧有湿毡,中间开有大窗,不惧矢石火炮。洞子既可以运输炮石、火梯、云梯、编桥,也可以近城挖地道。

宋军也有应对之策。

铁蒺藜法:用四片长一尺二寸略宽的熟铁,握成蒺藜形状,再熔化生铁灌入,重十五斤。上面有突出孔,形如鼻子,装有铁环,用绳索系牢,不停甩出勾砸。

火井法:敌军若用洞子来挖地道,则在其上垂直挖井,里面扔有薪草之类,点火烟熏挖掘之人。

游火法:将蜡酯毒药放入铁筐中,点燃,扔下,熏烧地道中

141

人。

燕尾炬法：将草绑成两支，如燕尾状，用油蜡浸透，点燃从高处落向洞子，烧之。

金军攻城也用撞杆、钩杆，宋军分别应对。不用说，最令宋军丧胆的攻城神器是炮，四周用湿榆树木紧密簇集，再加生牛皮、铁皮裹住，用来防火。根据射程和投石重量，炮有七梢、五梢、两梢、三梢、旋风、虎蹲等种类。针对金军大炮，宋将姚友仲先在被攻击的楼橹上搭建厚实的虚棚，上用索链结网。为防火炮，棚下放置糠布袋和湿马粪。马面部位，上搭湿榆木、柳木、毡子等，如同盖了幔幕。城墙狭窄处，防御的炮比较少，最易受到攻击。

金军在开封周边找寻石碑、石磨、墓中的石羊、石像等巨石为炮石，宋军是无论如何也难以招架的。被炮石击中，楼橹损坏，人员死伤最多。金人在城周围构筑望台，有数丈之高，俯视城中，发射火炮烧砸城楼。

闰十一月二日，金人攻打善利门，姚友仲率神臂弓击退。次日金人攻东水门，炮石和箭镞如雨般向开封城投去，宋军以网承接，减少伤亡。天黑之后，范琼带五十人缒城而下，烧毁几辆金军炮车、鹅车。金人再攻附近通津门，姚友仲领兵千人下城杀敌。

第四章 开封陷落

九日，金军试图在护城河上垒桥，用木板浮在水面，上面堆土、柴等物，逐渐沉入，再添新板。姚友仲利用弩、炮等武器在城上射杀，城上虚棚中的士兵放箭击敌。城上矢石如雨，金军只好后撤，没能成功。有宋军士兵力大如牛，一发弩射穿三人。被砸坏的城墙，修补不过来，以砖石代夯土，简便许多。

东水门外有两座陆行门，两侧各有马面，宋人称为拐子城。姚友仲将相邻的两翼马面城垣向前拓展三十步左右，一周用砖垒起来，形成一个小型新城。城中开一小辕门，用干戈板作为闸门。四面置有女墙，迎敌时从小门出，敌人来时放下闸门。

金人攻东水门，先以砲击两侧拐子城，冀图将其砸坏，可借助登城。然攻之半月，坚不可摧。东水门原本没有重门敌楼，城堤没有壕沟，最容易遭受攻击。刘延庆新建重楼严备，王琼统兵千人呼应。金人攻击十五日，城下累积的炮石高达一丈多，残伤近万人。

金军以云梯攻打兴宋门，被提举王时雍命人用长木撞倒，死者不少，统制李质也有杀获。

未战之前，范琼、姚友仲等将提出趁金人初到，根基未牢，出兵突袭，有可能破敌。有将领提议在城外部署兵力，使金军不敢靠近城墙。可能是吸取了姚平仲劫营失利的教训，钦宗一律不准，除留极少士卒守狭窄河道外，将全部兵力放入城中。金兵日夜攻城，宋军被动守卫，将士多有抱怨。

这年的冬天异常寒冷，大雪不断，城中居民取暖乏薪，钦宗诏许百姓到几处定点樵采。城上装备皆为木制，城市建筑又是木构，禁止生火，怕引燃自焚，也怕被敌人利用。城上守军苦寒难耐，有人无法手握兵器，有人被冻晕。钦宗极为担忧，在禁中跣足祈祷老天快快放晴。金军兵临城下以后，钦宗经常脚踏泥泞，几乎每天登城抚慰，给予棉袄御寒，发放赏赐，观摩战斗，与士卒同吃，以鼓舞士气。

金军攻势越来越猛烈，钦宗多次以蜡丸四出招兵，却少有至者，士气渐趋低落。一天，钦宗到朝阳门，数十金兵来攻，对钦宗出言不逊。三百宋军下城出战，有二人奋不顾身，手持盾牌冲入敌军，杀死数人，其余人做旁观状，却不敢进攻。钦宗在城墙上呼喊他们上前支援，却无人听令，眼睁睁看着二人被杀。

守城宋军虽有近十万，能战者不过三万。每次数百人出战，虽有杀敌，却自损一半有余。半月之间，损兵数千。等城上守军困顿，金兵成群结队，向城中狂射。纵使有赏，宋军劲头也不高。被炮石砸坏的楼橹，也没人积极修缮。登城金兵越来越多，钩杆、撞杆根本无法应付。金人攻打通津门、宣化门最为凶猛，以大磨石为炮石，楼橹一中即毁。天气愈加寒冷，护城河有河段开始结冰，还须不时派兵敲打，生怕金兵靠冰渡河。

第四章　开封陷落

通津门发出的炮石，击中一员金将，带有金牌。一开始宋人以为是金使王汭，打听之后却是金军参谋刘安。将领奏报，钦宗高兴，赐金带给监炮武臣。钦宗有些沾沾自喜，召刘延庆问道："你看战事如何发展？"刘延庆虽在河北打了败仗，但长期领兵西北，知晓攻守上的门道。他对钦宗说："大臣说城不能被攻破，是骗人的鬼话。事到如今，万分危急呀！"又打击钦宗道："大臣所谓捷报，不过是防守自保。一旦失败，那将怎么办？一点小胜，有什么值得庆贺？"

为防止金兵夜渡护龙河，宋军将松脂涂到木棒上，挂在铁盆上点燃，火光可照到城外。每当金兵渡河，城上守军箭炮齐发，使其不得轻渡。李擢提举南壁后，在城墙上修建可以卧躺的房间，每天与部下不是饮酒、品茗，就是弹琴欢笑。不仅如此，他还放松警惕，有时夜晚不燃火照明。闰十一月十五日，金人趁机以木板垒桥渡河，在城下扎寨。第二天，金兵钻在洞子底下，上面皮革覆盖，在陈州门外掩埋河道，城上矢石也无可奈何。很快，北城外河道也被填埋。

从闰十一月十八日开始，金人攻城更加急促。金人用火梯、偏桥三辆，上面点火，相继猛攻东水门，意欲打开缺口。四名宋军从拐子城出，锯断其桥，用水灭火，用撞杆撞其梯。梯上、桥上金军坠落，伤亡不少，宋军三人死亡。

二十日，金军再攻宣化门。金军有三十多人渡河到岸，王琼、姚友仲率勇猛军官和士兵百余人，极力防御，敌人稍微退却。宰相何㮚在城上督战，炮石、弓箭不停发射，金军毫不畏惧，依旧奋勇冲锋。城脚下有宋兵六七百人，尚未交锋，转身就跑，金人在后面穷追不舍。城上官兵大喊回头迎战，众人逃命要紧，转眼间四散。金军攻城矢石密集，砸伤砸死宋军数百人。为防金人骑兵，城外挖有不少陷马坑，坑中当有尖锐器具，一旦跌落，不死也重伤。陷马坑没抓着几个金兵，却有不少宋军误入，死者百余人。宋兵跌入自家陷阱，金人见状，哈哈大笑。

二十三日，金军继续攻宣化门，火梯、云梯、编桥、对楼轮番上阵。对楼五座，上放矢石，向城墙而来。城上宋军用撞杆推倒三座，众人又投掷草火焚烧。然而，对楼之火，在南风助力下，引燃了城上两座楼橹。金人疯狂进攻，护龙河道被填，金兵藏于鹅车中，到通津、宣化门下。金兵猛攻城门，势不可当。宋军打算再造楼橹，被金军矢石攻击，不能如愿。范琼领兵千人，从宣化门出，与金军鏖战。金军稍却，宋军从冰上渡河追击，不意冰裂，顿时惊乱。金军在岸上迎敌，宋军淹死、被杀者有五百余人，士气受挫。

金军轮番攻城，士气虽盛，却不能下。这肯定出乎金人意料，因而放出议和伎俩，边打边谈。

第四章　开封陷落

出使跑路的冯澥，在怀州遇到金使刘思、萧庆，他们要去开封商谈割让黄河以北。兵临城下后，萧庆和冯澥一同入城。金使传话说，宋朝已答应割让三镇却又反悔，失信于前。议和条件是，双方以黄河为界，但须钦宗亲往会谈。钦宗说，三镇之民不肯交割，朝廷打算给金三镇税赋，阻碍议和者都已贬黜，宋朝没有失信。同时，钦宗拒绝了金人要他出城的要求，但支持议和。

几天后，萧庆又来，坚持要钦宗出城议和。如果宋朝不同意，围城之兵就不散去，攻城之具也不撤离。城陷之前，若皇帝出城，太子（斡离不）、国相（粘罕）会行臣子之礼，城破之后可就不好说了。如果宋朝觉得金使说话过分，可随意处斩。宋朝依旧不同意。议和怎么会需要皇帝、太上皇亲自出动，定是攻城不下，不得已想出以皇帝为人质、逼城投降的招数。

钦宗铁定不出，金人降低了要求。十八日，萧庆、杨贞、撒卢母再入城，先与馆伴使莫俦会面。萧庆问："这是好事呀，早了结多好，为什么皇帝不肯出城呢？是在质疑什么吗？"莫俦答："没什么可疑，就是不合事体。"萧庆说："我这次来，不要皇帝出城，只要以大臣和亲王为人质，退兵指日可待。等两河交割完毕，就放亲王归来。"金使又说："我们来时，陈州门护龙河道已经填了三分之二，长近一里。攻城器具二百，没有向前推进。来时定了时限，你们快快同意，我们准时回营，和议便敲

147

定。不然，过了时限，不等我们回去，便再攻打。如果城墙上见到一名军人，就不用再商量了。"

见到钦宗，萧庆说："不再劳烦皇上出城，只要何㮚出门议事。"何㮚在旁，吓得变了脸色，钦宗也不同意，而是要派知枢密院事曹辅和尚书左丞冯澥。宋钦宗接见金使，并没有直接对话，而是靠宣谕官传话。金使再变本加厉，提出要徽宗、皇太子、越王、郓王为人质。钦宗令人传话："朕为人子，岂可让父亲去当人质。太子刚几岁大，怎么能去？"撒卢母说："这事也可以商量，如果太上皇、皇太子去不了，那就让两位亲王出城为人质吧。"钦宗传话："那就派近支皇属去吧。"金使又坚持要宰相何㮚出城，并说冯澥、曹辅衰老怯讷，缺少话语权，金军二帅肯定不信其言。钦宗传话："冯澥、曹辅都是忠实大臣，受朕委任，可与他们商谈。"萧庆不以为然。

莫俦等人劝钦宗，还是派宰相和亲王去吧，上次派了宰相和亲王，斡离不最后退兵了。如果不去，恐怕会耽误大事，以后会后悔的。萧庆让莫俦等再行劝说。钦宗还是不同意宰相出城，让莫俦去劝说金使："本朝宰相就一人，必须每天处理军政要务，不可缺少。派冯澥、曹辅出城，诸事都可商量。"

莫俦没有办法，便只好再与萧庆洽谈。萧庆等说："必须何㮚和亲王出城，事便了，兵便退，不然就再攻城。来日城破，不知道做大臣的还能做得了大臣、亲王还是亲王吗？我等此后不再来了！"又威胁道："对金人来说，事情最坏的结果就是太子（斡离不）、国相（粘罕）战死在城下。宋朝如果遇到最坏的结局，将如何办？"金使杨贞让宋朝交出干戾人（破坏和议、阻止割地的"罪官"）。莫俦说："都已经贬窜到岭南，不知道死活。"萧庆阻止杨贞，说道："这儿的人都不肯去，还指望交出干戾人？"

第二天，宋朝以知枢密院事曹辅代宰相、宗室赵士𫍰代亲王，同尚书左丞冯澥与金使到金营。粘罕问亲王名讳，答曰"士𫍰"。粘罕疑问："既然是亲王，何不与皇帝连名？"答："人臣不敢与君父连名。"粘罕才不信，说道："燕王俣以下，都与皇帝连名，士𫍰不连名，是假亲王。"有人告诉粘罕，带"士"字的是宗室名字。粘罕大怒，加紧攻城，昼夜不息。对宋使虽好酒招待，但不议事，让冯澥等回去。

四、开封陷落：悲壮与荒诞

金人一面议和，一面坚持攻城，宋将忍耐不住，想出城迎战。张叔夜多次提议出战，钦宗不允。又请辞签书枢密院事，也遭拒。没办法，张叔夜想要绕过钦宗，下令范琼、李实、王琼、张抅等将议事，无人听命。钦宗听闻，召见张叔夜，对他说："听说你召集诸将，难道是要出战吗？如果要出，要提前通告我一声。"太学生丁特起知道后，上书钦宗，建议早定出战、议和之策。

闰十一月二十日，粘罕下令，必须在五日内破城。金军攻城，鼓声震天，昼夜不止。二十四日，有一群金兵用天桥靠近城楼，放火烧之。钦宗在崇政殿，召大臣问御敌之策，决定派殿前都指挥使王宗濋领禁卫军救急。为激励士气，守御使孙傅、宰相何㮮和王宗濋以每人五十两银招募长枪手，百人应募。王宗濋许诺："用长枪杀敌者，授官承节郎，赏金碗五只。有官之人转三官。"有金兵登女墙，士卒浴血奋战，杀戮甚多。又用撞杆推到金军攀登天桥，坠落又不少。据说二十四日这天，被杀金军有三千之多。

二十五日，大雪。粘罕高兴地对部下说："天助我也，这么大的雪，如同添兵二十万。"金人议和条件没有被满足，披雪攻城，更为奋勇、猛烈。钦宗命皇城卫士全部上城，人和兵器布满城墙，拼命防御。城下的三千具金军尸骸，金人连夜掩埋。城上宋军被矢石杀死者有三百多人，无人殓葬，横卧血泊之中。次日一早，士卒见此惨状，胆战心惧，双腿发软。前一天卖力杀敌，赏赐却没有兑现，将士寒心。金兵再攻，城上宋军开始消极抗敌，开封危急。

眼看开封城支撑不住，钦宗君臣一筹莫展，将希望寄托于郭

第四章 开封陷落

京。郭京何许人也？金兵围城之初，殿前指挥使王宗濋举荐了一位道人，名叫郭京。开封不是缺兵吗？他自言可以撒豆成兵，还会隐身绝技，就是道教的六甲法术。在六十甲子中，甲子、甲戌、甲午、甲申、甲辰、甲寅为每十甲子的开端，被称为"六甲"。道教中有六甲神，有治病、遁甲、隐身、厌敌等诸多本领。

且看郭京破敌之法，他兵不动，选六甲正兵七千七百七十七人上阵，自信所向无敌。宰相唐恪见到郭京，当面斥责："小小把戏，真能破敌？"郭京无语。后来唐恪罢相，何㮠代之。面对敌人攻势，何㮠与孙傅等大臣一筹莫展，不妨让郭京试试，万一能行呢？

在钦宗面前，郭京演示了他破敌的隐身之术。他用一猫一鼠，划定活动范围，开两角为生死道。先让猫进入生道，老鼠进入死道，猫能看见老鼠，鼠被猫捕杀。又让老鼠进入生道，猫入死道，猫看不见老鼠，就不会被杀。就像猫鼠一样，如果宋军进入生道，则金军看不到，可以取胜。

宋徽宗时代长期崇道，道教思想深入朝堂和民间的诸多方面。受此风熏陶，信道教法术者不在少数。何㮠、孙傅与诸多内侍尤其信从。有士人上书孙傅："自古有用此法成功的，朝廷可以听之。只能给少数兵先行尝试，等其有用，再行重用。听说其兵有一两万，万一失败，朝廷将羞愧难当。"孙傅却生气了，对该人说道:"郭京应时而生,对敌人底细知道得一清二楚。幸亏你是和我说的,如果换了别人,早治你个贻误军情之罪。"京城百姓不管贵贱老幼,无不喜悦,纷纷称赞天降神人,称之为相公。

于是,朝廷下拨钱绢数万,让郭京自行招兵。兵员十天左右凑够,多是游手好闲之人。六甲兵鬼颜异服,不问武艺如何,只看八字和面相是否与六甲相合。有卖丝绸的,见一面就任命为官。有武官自荐为偏将,郭京不准,理由是:"公虽有才能,但明年正月寿命将尽,恐怕会连累大家。"与郭京六甲神兵类似,有商贾方技自言有退敌神功,有称六丁力士,有称北斗神兵,有称天官大将。郭京自为拱圣副都头,统领六甲兵屯于城东南的天清寺,军旗上大书"六甲正兵"。郭京六甲神兵轻易不出马,必须十万火急才可上阵。金兵攻城危急,宋朝廷请出兵,郭京却笑称:"择日出师,可致太平,直抵阴山。"

终于到了神兵大显身手的时刻。郭京登城竖旗,绘制天王像,称天王旗,每壁挂三面。然后,郭京用手指向五个方向,对众人说:"是时候让金人破胆了!"神乎其神,听众既期待,又不知会有什么结果。

郭京率兵大开宣化门出战,城中官民成千上万,挤在门口,期待捷报。有人大力击鼓,以助军威。过了一会儿,传言神兵已夺得金军大营。又有人说已杀敌千余人。其实都是假消息。郭京

第四章 开封陷落

出门,与金兵相逢。郭京传令,除守卫城楼的军官、士兵,其他人不得上城,因为六甲法能使人隐形。话音未落,金兵从四面杀来。宋军还没过护龙河,金军二百多骑兵便突击而来,宋军混乱,不是乱奔,就是坠入壕沟之中。见状大为不妙,郭京带领剩兵败勇,往南逃命而去。

金军攻城近一月,没能打开缺口,然郭京的六甲神兵却大门洞开,"欢迎"不速之客。护龙河吊桥上满是尸体,有被杀死的,有被踩死的,一层压一层。金军抓住机会,向城门攻去,还好城门紧急关闭。金军又用云梯进攻,每梯五十人,向城墙迈进。登城金军越来越多,宋军人数不少,却胆破战栗,早已丧失斗志,纷纷下城逃命,逃兵们边走边喊:"百姓快上城杀敌,我等前去救驾!"真是忠君爱国!

虽然只有少数城门被攻破,但宋军听风就是雨,早就心不在焉,只盼逃命。南薰门兵将想要下城,就妄言范琼献出了戴德门。曹门守卫也想跑,就乱说卢益开了封丘门投降。金兵入城,有将领带兵接战,往往将进兵退,更甚者杀将自逃。倒霉鬼偶遇金兵,仓皇奔逃,为活命自相残杀。如此这般,不愿继续抗敌的兵将,乱说一气,弃甲倒戈,奔向逃亡、劫掠之路。

乱兵不敢奋勇杀敌,兵戈一转,向管束的将领和手无寸铁的百姓杀去。一股无头乱兵遭遇姚友仲,对其围绕殴打,姚友仲顿时肝脑涂地，骨肉分离，家资也被一扫而空。从金兵临城到开封陷落，姚友仲往来东、南两壁策应，昼夜辛劳，用尽办法，打退敌人多次进攻，实为守卫开封第一功臣。就是这样一位杰出将领，没有死于敌手壮烈殉国，却被乱兵殴打致死。

乱兵拦路抢劫，被害者尸体遍地。有人携带兵器进入百姓之家，如凶神恶煞般乱抢滥杀。钦宗下旨，准许百姓带兵器自卫。金人正忙于接管城楼，无暇掳掠，乱兵烧杀抢掠，搞得哭喊之声撕天裂地。南城先破，溃兵、百姓从南往北逃，摩肩接踵，路边有不少被丢弃的襁褓婴儿。公卿士大夫衣冠之流，趁乱脱去锦衣绸缎，穿上小民粗布，藏匿到百姓家中。

金人在城墙上到处纵火，焚烧楼橹等守城器具，火光冲天，如被血染一般。这天夜晚，雪深数尺，大风凛冽，火光达旦不灭。宦官黄经臣奉命督视东壁，眼看金人从陈州门进入，城上兵将溃奔。他不忍离去，对着宫城方向大哭，然后纵身跳入烈火。钦宗得知城陷，恸哭流涕，悔恨不用种师道之言，才至于此。何㮚、孙傅叩头请死，钦宗予以制止。

开封外城长达四十里，数万金军很难一夜间全部占领，许多兵将还在城上。金军主要在南壁、东南壁攻城，西北城壁距此较远，官兵仍在守御。夜间混乱，军令不通，他们不知道到底发生什么。二十六日清晨，城上余兵得知金人已经攻入，这才弃城而去。

第四章　开封陷落

城陷前一天，金使刘晏入城议和，照旧要宋朝以亲王、宰相出城谈和。除此之外，刘晏从军事技术上指出宋军守御上的劣势，告诫道，金军恐怕很快就要破城而入了，宋朝必须抓紧时间。莫俦等人恳求，钦宗照样不许。第二天，刘晏使命未成，还在驿馆，听见门外喧哗，原来金人已经破城而入。顷刻间，一群士兵和百姓闯入驿馆，抓住刘晏。刘晏大呼："我是来议和的，是为了你们好，不要杀我！"众人置若罔闻，拳脚、刀、枪混上，刘晏瞬间毙命。有人将此事上报金军二帅，斡离不说："此时南宋（金朝对北宋的称呼）已经失控，无须加罪。"粘罕也说："国破人乱，自然之理。"可怜的刘晏，活着宋朝不听劝，死后金朝不追究，就这么白白丢了性命。

城陷之夜，官兵、百姓虽在逃亡，但如同苍蝇乱撞，在城内乱跑，不知去向何处。门开处有金兵，无金兵门又紧闭，逃出城外的极少。金兵进来了，生死存亡之际，必须逃去。二十六日凌晨，住在万胜门附近的刘延庆、刘光国父子，斩断门关，先行出逃。其后，有人发现万胜门大开，逃难者都从此门挤出。人群出门往南走，暂留琼林苑。逃出的人越来越多，有十万以上。

不能总在琼林苑待着，周围又遍布金兵，他们不知如何是好。刘延庆父子重整队伍，劝众人同心协力，夺路求生，众人皆点头称许。次日天亮，刘延庆率领队伍向西走，到普安院时，看到金兵无处不在。众人胆怯，不敢向前。刘延庆豪言："金人没有那么可怕，我等拼死相搏，他就败退了。"无人应声。

刘延庆把儿子刘光国叫出来，激励道："你以五十骑先去，以固军心。"刘光国遂领五十骑向金人骑兵冲去。金骑或手拉缰绳，或紧持弯弓，或横枪立马，置之不理，刘光国队伍在金军阵前晃过而归。刘延庆对众人说："你们看光国以五十骑都能前进，况且我们有数万军民，大家都拼死搏杀吧！"说完，扬鞭前进。金军骑兵来回冲撞，数万人瞬时间散乱。刘延庆父子死于乱战，逃脱者继续向西行进，不少人成了流寇、盗贼。

二十六日，大雪依旧，开封十六门全被金人占领，守城器具尽数毁坏。作为首都，开封有三重城，外城、内城和宫城。闰十一月二十五日陷落的是外城，也就是最峻拔、最具防御性质的城墙。内城还没有失陷，但墙壁明显矮小，基本没有招架之力。外城是内城的屏障，内城又是宫城的战略缓冲带。

与外城大规模、高频率、高标准的修葺不同，内城都是小打小闹，到徽宗朝就破败不堪了。宣和三年（1121），有官员提议修治内城，徽宗准许，才得以重修。谁承想，短短四年后就派上了用场。

内城又称旧城，有十二座城门，每壁三门。北面从西向东依次是金水门、景龙门和旧封丘门，西面从北向南依次是梁门、汴河北岸角门子和旧郑门，南面从西向东依次是新门、朱雀门和保康门，东面从北向南依次是曹门（望春）、汴河南岸角门子和旧宋门（丽景）。角门子是为方便陆行所开，如汴河南岸角门子和旧宋门隔汴河相望。角门子较小，没有正门的规格。

宫城位于内城偏北，共有六门。南墙正门就是著名的宣德门，东为左掖门，西为右掖门。东墙为东华门，西墙为西华门，北墙为拱宸门。

外城已失，宋朝匆匆加强内城防御力量。见宋朝回防，金军欲纵火烧城，宰相何㮚给百姓分发兵器，做巷战准备。金军故技重施，用议和的办法攻破这最后的防线。钦宗派景王赵杞为使、吏部侍郎谢克家为副使，到斡离不军中议和。李若水当初出使粘罕，被扣留在金营。开封城破，粘罕、斡离不召见，让他传话钦宗，不要想跑，五百里内都是金兵，必须让何㮚来议事。

钦宗只能麻烦宰相何㮚走一趟了。何㮚一再谢却，钦宗坚持要他去，何㮚还不答应。李若水在旁大骂："国家能有今天，都是你们干的好事！现在社稷难保，尔等就是万死，也不足以弥补罪责！"实在没了退路，何㮚只好应允。出发时，他两腿战栗，不能跨马，被人搀扶而上。从朱雀门出，手中马鞭三次抖落在地，颤颤巍巍，终于到了青城粘罕大营。

粘罕问："你是宰相，知道我率兵而来，为何不归附，反而顽抗，却又守不住，这是为何？"何㮏无语。又问："听说有人劝宋王（指钦宗）与我为战，难道不是你？"何㮏答："是。"粘罕追问："你有什么本领，能与我对战？"何㮏答："我没有，只是为国为民，尽责而已。"粘罕说："我打算屠城，你看如何？"何㮏说道："率兵屠城，逞元帅一时之威；爱民施德，谢元帅万世之恩。"粘罕说："自古以来即分南北，不可无。事到如今，只要割地。"何㮏表示感谢。粘罕又来一句："相公回禀皇帝，请上皇出城相见，不可推辞。"何㮏无言以对，即日回城。

何㮏回城，汇报粘罕之语，钦宗稍许心安。至于徽宗出城，钦宗认为："上皇惊扰，身体已病，不可出。实在不能推辞，那朕就去一遭吧！"何㮏随声附和："陛下不得不去了。"第二天，何㮏到金营传话，粘罕允许。

二十七日，发生了禁卫军挟持钦宗出逃未遂事件。眼见军民纷纷出逃，负责护卫宫城的兵将也按捺不住。殿前司上四军万余人，马数千匹，还有护驾人马，计划从郑门强行出遁。这些人若逃跑，谁来保卫皇室？指挥使蒋宣、李福和班直卢万带卫士数百，斧劈左掖门闯入禁中。钦宗在祥曦殿，蒋宣对钦宗大喊："请官家快点随我们走，这儿不再是官家的住处！"钦宗惊问："教我去哪里？"众卫士说："我等必须为官家杀出一条路来！"说罢，蒋宣就要强迫钦宗上马，内侍呵斥无礼，蒋宣怒而杀之。

第四章　开封陷落

见此阵势，钦宗和众臣怛然失色。李福急忙叩头，说道："蒋宣不敢无礼，只是心太急，想救官家于危难之中。金人诡诈，和议断不可信。宰相、内侍多是细作，请陛下速速决定！"外城陷落，皇帝出逃是一个不错的选项，但是这群起起武夫，并没有一个详细条理的规划，不过是冒险前行，甚至可能重演挟天子以令诸侯的历史景象。

平日战战兢兢的皇帝卫士，逐渐在皇帝居所放肆起来。有人毁坏皇帝专用乘舆服御器具，有人偷拿金玉。有人发现数十壶特供佳酿，众人同饮。酒壮尿人胆，大醉之后，溺溲于殿上。有人醉醺醺杀了四五个内侍，兵器横七竖八，鲜血直流。

钦宗肯定不愿随行，遂让大臣开路，自己要离开这是非之地，往宣德楼方向跑去。众卫士不肯罢休，继续跟随，拖拽钦宗衣袍，随从的景王以手臂硬生生挡了回去。钦宗安抚众卫士坐在廊庑之中，派掌管皇帝饮食的太官提供吃喝。钦宗手持宝剑，对众人说道："贼人攻陷城池，朕与你们同死于此！"稍后，令四厢指挥使左言逮捕闹事者数十人，送交开封府治罪。十二月十三日，局势暂时稳定，蒋宣、李福、卢万三人被斩。

城内秩序继续恶化。金人控制所有城门，偶有三三两两的成伙金兵，走下城墙劫掠，但极少杀人。杀人越货的主要还是城中乱兵，缺乏管束，照样肆无忌惮。高太后家有七十多名妇女被掳掠。禁军大将左言妻子被抓走，用百两黄金才得以赎回。有一伙黑衣人，在城东北一带杀伤抢掠，无恶不作。有些盗匪髡发易服，装扮成金人模样为非作歹，被抓之后枭首示众。金人看到也不惊奇，只道"南人在惩治犯法之人"。

　　在诸多黑恶势力追逐下，城东百姓奔向城西，城西百姓奔向城东，但无法出城。有些人家破人亡，甚至全家自缢而亡。有百姓从汴河两岸的东、西角门进入内城，河边、路边尽是尸骸，遍地哀号。大官权贵，泥土满面，身穿布袍，脚踏草鞋，一副乞丐打扮，混迹于百姓之中。

第五章
改天换日

一、何时回归：钦宗青城行

靖康元年（1126）闰十一月最后的几天，大雪连日不停，天象异常不断。按中国古代天文星占理论，皆大凶之象。二十七日夜，天空东北角显现长星焰，其长亘天，到四更天才消失。女真正是源于东北，光焰亘天，表明侵犯其他星宿，预示宋朝不吉。二十九日，大雪终于消停，却升起了血红色的太阳。城中人看见血色太阳，都惊惧万分。城中流言兴起，说是杀戮之兆。因为金人一直嚷嚷着要屠城，开封城恐怕有血光之灾。

三十日，钦宗履行承诺，出城赴青城金营。这天一早，数名骑兵簇拥钦宗走向南薰门，何㮚、陈过庭、孙傅、孙觌、吴开等大臣随从。曹辅、张叔夜留守，维护城中秩序。从朱雀门到南薰门，百姓成群结队，手持金银绢帛献给金军。到了南薰门，城上金将大声喊道："奏知皇帝，若皇帝亲自出城议和，甚好，请安心。"钦宗正要下马，金将再喊："奏知皇帝，不是下马处！"钦宗立马如初。城上又说："已差人禀告国相元帅（指粘罕），请稍候。"过了一段时间，门扇打开，数百金人铁骑前来，陪同钦宗前往。在路途中，金人告钦宗："请慢行，要花时间为皇帝安排行宫。"停顿多时，才到青城门外。

青城是宋朝祭天地时皇帝休息的场所，又称斋宫。南薰门外是南青城，负责祭天。封丘门外是北青城，负责祭地。之所以称青城，是因为从前比较简陋，只是简单布置的临时居所。用青布围做帐幕，再画上砖石的纹路，形成宫阙殿宇的造型。青城周围，是用幕布缠绕在木头上搭建而成的城墙，祭祀完毕则撤。后来四周建了城墙，里面空地上种了一些花果树。宋神宗朝，青城里有两殿，主殿为端诚殿，偏殿为熙成殿。殿周围东、南、西分别有左嘉德、端诚门、右嘉德三门。青城外围，南有迎禧、泰礼、承和三门，东为祥曦门，西为景曜门，北有肃成、拱极、寅明三门。北门外是封闭的后花园，园北为宝华门。宋

第五章　改天换日

哲宗绍圣五年（1098）六月底，开始在青城兴建土木，十一月完毕，有房屋913间。加上祭天的圜丘以及花果，如同一片规模庞大的天坛公园。

到斋宫门外，钦宗要下马，金人告知入门再下。进门之后，钦宗被安排在斋宫的一间偏房之中。粘罕派人来通知，二太子斡离不在北边刘家寺，天色已晚，来日再见。又派人来问："不知来时带被褥没有？我们准备安排，又怕皇帝不适应，睡不好。"短短路途，一早出门，被故意耽搁到天黑，钦宗只好夜宿斋宫。皇帝走了一天，临晚未归，城中百姓担忧起来。忽然有黄旗从南薰门进入，来人传递钦宗旨意："大金已许议和，事情还没了却。朕今晚留宿，事了回归。希望军民各安其业，无须疑惑。"皇帝在人家屋檐下，哪会容许真言流出，官民心中阴影也不会散去。

第二天，也就是十二月一日，钦宗还是没见到粘罕、斡离不。二帅不见钦宗，而是派萧庆找钦宗索要降表。钦宗命孙觌草拟，主要内容是请和、称臣两方面。萧庆将草稿上交，粘罕觉得不合适，写了个大意，让宋人据此改写。孙觌再写，还是不行，如此三四个来回，又要求用四六句来作。孙觌为中书舍人，吴开是翰林学士承旨，根据制度，二人都有撰写的义务。但他们互相推脱，不肯撰写这耻辱降书。钦宗说道："事已至此，我们要卑辞尽礼，争取早点回去。"并督促随从大臣书写。不写也得写，哪里还有选择的余地？降表最后由孙觌与何㮚合作完成。粘罕阅后，修改几处，旨在贬低宋朝、抬高金朝。

降书虽然写就，钦宗等人还在青城。这天大雪，极其寒冷。钦宗所居，略微温暖一些。宰执虽不席地而居，但每天只给少量食物，又冷又饿。随从官吏没带厚衣，在地上起居，无法入眠，从夜晚坐至天亮。金人送来馄饨、扁食、馅饼、裹夹等吃食，饿极了的内侍上前争抢。金人看不下去，说道："尔等真是罪过，这是给皇帝的，怎可乱吃？"

钦宗还没回城，城中人不知所措。十二月一日清晨，官吏百姓在南薰门等候，黄旗来说钦宗平安，和议已定，还有些礼数没了。晚上又向城中通报，和议已定，来日即回，届时与百姓同庆。有人焚香祈祷，有人用土填雪，准备迎接。

十二月二日，金人坚持要徽宗出城，被钦宗婉拒。粘罕命人用青毡裹住斋宫鸱尾，画龙处则用帷幕遮蔽。不知这是什么讲究，难道是宋已称臣，不得用鸱尾、龙，要降低宋朝的地位吗？诸事完毕，朝北设置香案。斡离不、粘罕到钦宗住处，钦宗奉上降表。然后到香案处，粘罕令人宣读降表，向北拜望。就在这耻辱时刻，上天都看不下去了，突降大雪，营造了惨烈的气氛。

第五章　改天换日

午时，在斋宫举行宴会，金人请钦宗主位就座。酒过三巡，先说徽宗败盟，又说金军出兵的道理。粘罕说："天生华夷，各有地界，我们没有打算占领中原。况且天人并未厌弃赵氏，如果其他豪杰兴起，中原也非我有。希望以大河为界，宋朝用大金正朔（年号）。"又说，"两国既然议和，其他地方听说京城陷落，恐生变故。请遣使四处安定，我们负责送出开封地界。"钦宗应允。

礼成之后，钦宗送了一些金银、绢帛给斡离不、粘罕。粘罕笑说："城已攻破，所有的人和物，都归我们所有。皇帝来此，是为商议大事，没必要这样。如果非要给，那就赐给部下吧。"钦宗五味杂陈，度日如年，不知如何是好。粘罕终于说出了让他回城的话："天色不早了，城中军民怕是不安，可早些回去。"钦宗启程，粘罕、斡离不要送上马，钦宗惶恐，出了门才骑上马。如同来时，金人铁骑护卫。饶有意味的是，五名金使随同回城。后来又派八名，住在都堂，参与、监督宋朝议事，宋朝派官员陪同。

城中官民早早在南薰门等候，比前一天有增无减。有人焚香远望。一开始，来人说不一定能回。到申时，忽然有人来报，快要回来了。惊喜的人群奔走相告。道路积雪泥泞，许多百姓自发填土，很快平坦。为一睹天颜，有人捧香上前，有人与卫士发生冲突，甚至有人爇顶燃臂。没了皇帝，好比天塌下来，日子可怎么过？旁观者中不乏看热闹的人，但更多人是怀揣着真挚感情的。

天色渐晚，钦宗一行将近城门，人群望见黄盖，欢呼雀跃，山呼之声震天动地。路两旁人山人海，钦宗越来越近，人们泣涕横流，争相向前。见此情景，钦宗不能自已，泪眼蒙眬，几度哽咽。那几位跟随的金官，也都连连惊叹。仪仗走到一群太学生面前，钦宗终于绷不住了，掩面大哭，说道："宰相误我父子！"行至宣德门，钦宗呜咽着对众人说道："多亏了众多百姓，否则朕将不能与万民相见！"众人再恸哭。皇宫门前，张叔夜、王燮、郑建雄等武将拉住钦宗的马，号啕大哭。钦宗手握缰绳，也大哭，弯腰顿首。钦宗回了宫，众人才一一散去。

为感谢粘罕盛情，钦宗派官员、僧道和百姓等各界代表，要去金军大营致谢。众人在南薰门等候指挥，金人传令百官："国相、太子致意百官，军中食宿不便，不必要麻烦。"也传令僧道、百姓："道路泥泞，不须麻烦。请诵经念佛，祝大金皇帝圣寿。"金人"知书达礼"，人心略微安定。

与金议和，钦宗回归，城中百姓的生活逐渐趋于平静，宋朝这道坎好像就要迈过去了。宰相何㮮表现得尤其突出。何㮮曾坚持主战，决不割地，失败后与钦宗到金营走了一遭，倾心议和。

第五章　改天换日

回城之后，何㮚一副胜利者的姿态，非常欢喜，终日谈笑。

邓肃曾经是太学生，献诗徽宗，讽刺花石纲被太学除籍。钦宗即位后，召回为官。此刻他在城中，写有《靖康迎驾行》一诗，描述了金人南下到钦宗离开青城的历史进程。录之如下：

女真作意厌人肝，挥鞭直视无长安。
南渡黄河如履地，东有太行不能山。
帝城周遭八十里，二十万兵气裂眦。
旌旗城上乱云烟，腰间宝剑凝秋水。
雪花一日故蒙蒙，皂帜登城吹黑风。
我师举头不敢视，脱兔放豚一扫空。
夜起火光迷凤阙，钲鼓砰轰地欲裂。
斯民嗷嗷将焉之，相顾无言惟泣血。
仆射何公叩龙墀，围闭相臣臣噬脐。
奇兵化作乞和使，誓捐一死生群黎。
游谈似霁胡帅怒，九鼎如山疑弗顾。
郊南期税上皇舆，截破黄流径归去。
陛下仁孝有虞君，忍令胡骑耸吾亲。
卜龟太史自鞭马，一出唤回社稷春。
虏人慕得犹贪利，千乘载金未满意。

钗钿那为六宫留，大索民居几卷地。

六龙再为苍生出，身磨虎牙恬不恤。

重城突兀万胡奴，杳隔銮舆今十日。

南门赤子日骈阗，争掬香膏自顶然。

怨气为云泪为雨，漫漫白昼无青天。

太王事狄空金帛，坐使卜年逾八百。

天听端在民心耳，苍苍谁云九万隔。

会看春风拥赭黄，万民歌呼喜欲狂。

天宇无尘瞻北极，旄头落地化顽石。

二、犒赏大金：狮子大开口

"万民歌呼喜欲狂"，天底下哪有美好的亡国故事！待宰羔羊，连最后的欢愉也很快逝去。

十二月四日，为竭尽宋朝财富，金使萧庆进城检查、封存各大财政府库，将账簿类文书一概收走。看完宋朝家底，金人提出一千万匹绢。宋朝倾内藏所有，得以满足。数量是够了，搬运还得宋朝负责。殿前司上四军、京畿保甲充当搬运人，殿前司军官负责押运，一天才能搬运几十万匹。质量略次的，金人泼上墨水，令宋朝退换。有金将怒言："大军在此，这是想要败盟吗？

第五章　改天换日

还敢不老实！"前后十多天才搬运完毕。

如同中药铺照方抓药，此刻的开封府就好比是抓药的首席伙计。金人开了什么方子，他们就照单去拿，开封城好比是个应有尽有的大药铺，宋钦宗则是个不能自主的破败东家。

五日，金人又索要良马一万匹。开封府发布告示：自御马以外都要上交。官在员外郎以上者，许留马一匹。隐藏者全家按军法从事，告发者赏钱三千贯。经过努力搜寻，得马七千匹，送到金营。有些马被认为羸瘦，不是良马，被退回。一通折腾，城中士大夫出门无马可骑，流行骑驴、乘轿了。

几天后，金人又命宋朝收集民间的军器。城破时，宋军乱窜，许多军器被城中居民收纳，朝廷也曾分发兵器以自卫。索要良马，征收军器，目的是消解开封城里仅剩的武装自卫能力。到正月中旬，钦宗迟迟不归，各种流言满天飞，有居民以防护为名，私下打造兵器。枢密院怕招惹是非，勒令铁匠不得打造兵器，违者重罚。

宋金和议以黄河为界，中书侍郎陈过庭、防御使折彦质出行，负责割让河东、河北之地。为防止河北、河东官员不肯割地的旧事重演，要求宋朝交出两河地区四十五地官员、将领的亲属，等割让完毕之后再遣还。除此之外，还要蔡京、童贯、王黼、张孝纯、蔡靖、李嗣本、李纲、吴敏、徐处仁、陈遘、刘翰、折可求、折可久等人的家属。其中张孝纯、蔡靖、李嗣本三人降金,其他人有当年收复燕云、与金结仇的主要成员,有抗金的大臣、将领。蔡京等人的家属早已发配南方,李纲则被贬南方,不在京城。名单上但凡是在京的家属,都被开封府抓捕,用大、小绳接续捆绑,准备移交。不愿去者,几天不给饮食,不让休息,啼哭、哀号之声,日夜不息。

十二月十日开始,从钦宗到开封府,颁布多道政令,逼迫官民拿出家财,作为犒赏金军之用。钦宗先下诏令,大意是:金军已攻下京城,城中财物不过是嘴边肉。官民应当竭尽全力,犒赏金军。从皇后家开始,先倾家犒赏者给予官爵。敢隐匿、埋藏的,军法从事。

开封府转达金军命令,勒令执政(副宰相、枢密院副职)以下官员按数交纳金银。执政、尚书等官,每人交金二十两、银五百两、彩段三十匹;侍郎、给事等官,每人交金十两、银四百两。令官民拿钱的诏令发布后,无人问津。开封府又出告示,驱动权贵、富豪之家,竭尽家财,以助犒赏。告发者赏赐三成,知情不报与犯者同罪。此令一出,民意汹汹。

有一名从八品的小官陈符到开封府建议,可将和乐楼里的银器全数充公。之前陈符只是从八品的从政郎,没有具体职务。之后不仅升了官,还有了差遣。开封府所收金银数目太少,宋钦宗不得不拿皇亲国戚开刀。郑皇后家藏匿金帛，被人告发，钦宗诏令废除郑皇后父祖的一切官职、荣誉。赏罚分明，为的是讨好金人。

然而，上交的金银还是不足。诏令御史台、大理寺、开封府齐上，逾期未交者，不管对方是什么皇亲权贵，都可以戴枷拷问，直到交出金银为止。京师富商大贾很多，蓄积金银必须上交。包括宰执之内的官员，如有得赐金带，也得交出。为了凑数，神霄宫的金宝轮也被毁。

城内挖地三尺找金银，城外金军索取销金匠，好不讽刺。对于宋人送去的金银，金人接收官吹毛求疵，每以成色、质量不足，辱骂、殴打宋朝运输官。宋人想尽办法讨好，常常用大蒜、砂糖、针线、花藤等物贿赂。

百姓不能出城，缺少取暖用的柴火。十二月十六日，立春，天气寒冷。钦宗请示粘罕，能否让百姓出城樵采柴薪自用。粘罕拒绝，说道："让他们拆了房屋烧吧！"钦宗只好下令毁坏官府所属的房屋，用拆下的木料当作柴木，卖给城中居民。

二十二日，开封又降大雪，积雪过膝。钦宗下诏："风雪大寒，小民缺乏柴薪，多致冻馁，皆朕不德所致。万岁山许军民任便斫伐。"万岁山就是著名的艮岳，百姓都去争抢竹木。应班竹、紫筠馆、丁香障、酴醾洞、香橘林、梅花岭、瑞香苑、碧花涧、翠云洞等百余处景致的松、柏、桧、橘、柚、柳等竹木花草被一斫而尽。

二十九日，柴薪再次短缺。钦宗又下诏，准许百姓毁坏艮岳房屋，用其木材为柴薪。军人和百姓再入艮岳，互相攘夺，争得头破血流。当天，那八名金使正在吃饭，宋官陪同。军民在艮岳拆绛霄楼，将倒之际，众人喧呼，声音传出很远。有人在争抢中被踩踏，有人被倒塌的建筑砸死。正在用餐的宋官难以下咽，金使问其故，告之以实情。金使笑道："让百姓争夺，则强者得，弱者失。又有人被砸，甚至没了性命。为何不官府拆了然后分发呢？"遭鄙视的宋官无语以对。

不仅要金银，还要图书。金人开具了一份很长的书单，要宋朝按单送书，如国子监藏书，还有苏轼、黄庭坚的文集和墨迹，古文书籍，以及《资治通鉴》等。值得注意的是，因苏轼名列元祐党籍，其文集很长时间内是禁书。金人亲自到国子监挑书，据说王安石著作一概不要。少量书籍是开封府出资收买的，大部分则是去各书铺抢掠的。

十二月二十四日，粘罕、斡离不致国书给钦宗，不忍纵兵劫掠，但需交付相应犒赏费用，如同保护费。除一千万匹绢外，最主要的是交金一百万锭、银五百万锭，匹段之类的丝织品多多益善。接金人国书，宋朝当即发榜根括金银。榜文中说，金军攻下

第五章 改天换日

城池，敛兵不下，保全一城生灵。犒赏金银，当竭力应付。至今根括的金银，与目标相差甚远。

为达目的，如同战时，按四壁设置主管根括和受纳的官员：王时雍管东北壁；徐秉哲管西南壁，陈求道、余大约管东壁，王绍受纳；王及之、夏承管北壁，李佩受纳；王琼、叶份管西壁，李祷受纳；张著、胡恩管南壁，井度受纳。

延康殿大学士高伸往其兄金吾卫大将军高杰家转移了两次金银，是女管家刘梅寿通过中间人刘均办理。此事被南壁根括官知道，将二刘抓获，高伸兄弟亲自去要人。结果被告到钦宗处，钦宗降旨将高伸兄弟降职处分。随后，西南壁徐秉哲到高伸、高杰家中，没收金银。

金人不只在开封城强纳金银，还胁迫钦宗下诏、派使会同金人到南京应天府收取。诏书中说，大金不攻打南京，所需金银绢帛当竭力应付，一匹一两不可存留，以谢恩德。正月初，金人在南京收金百两、银二万五千两、绢一万两千匹。

正月初八，何㮮到青城，恳请粘罕减少金银匹段。粘罕说京城人口众多，必有隐藏欺瞒，拒绝了何㮮的请求。征收到的金银，不到目标的十分之一。御史台抄录了一份包括宰执在内未纳金银的名单，令开封府、大理寺及四壁按名单根括。根括官吏走门入户，不管官品高低，例行拷问。未交或所交不足者，都被戴

173

上枷锁,街道上满是戴枷之人,官不聊生。

从自发交纳到严刑拷问,依旧根括不到额定数目,金人逐渐失去耐心了。

三、再赴青城:钦宗陷囹圄

正月初九晚,金人派使致书,"邀请"钦宗再到青城,商议给金太宗加徽号。群臣认为钦宗不必亲自出马,可先致书金人,或者派亲王、大臣前去。此时的青城如同鬼门关,钦宗度日如年,根本不想再去遭罪。只有宰相何㮮同意钦宗必行,他说此次只是议定徽号,很快就回来。钦宗听了何㮮的话,决意出城。出门前,钦宗令皇太子监国,成立留守司,孙傅为首,还有梅执礼、谢克家、张叔夜等。

金人邀请钦宗出城,以议徽号为幌子,其实是扣为人质,任其摆布。宋朝根括金银,离金人要求差距太大。宋朝计无所出,粘罕不停督促,威胁纵兵入城抢掠。遇粘罕派人来请,钦宗心中犯嘀咕,不愿前去。如果不去,金兵入城抢杀,后果更是不堪设想。不得已,只好走一步看一步了。临行前,钦宗给孙傅交代:"我到虏营,恐有不测,当以后事托付。可设立力士司,招募勇士二三百人,拥上皇及太子突围南奔。我听从金人,生死由命吧!"与第一次不同,钦宗此行,自知凶多吉少,所以托付后事。

第五章 改天换日

正月初十，钦宗到了青城。大臣何㮚、曹辅、吴开、莫俦、李若水、谭世勣、司马朴、汪藻、孙觌随行，另有官吏数百。与上回的稍加尊礼不同，这次明显有意羞辱。钦宗住在端成殿东偏房，陈设的家具、供应的食物异常简单。见此寒酸情景，群臣不禁打寒战。萧庆通知李若水，留三百官吏，其余人等可回。数十金兵携带兵器，守住各门，房屋外面用铁索围住，防止宋人逃跑。晚上也不消停，守卫金兵在院子里烧火取暖，巡逻士兵敲了一夜梆子。很显然，宋钦宗这是被关禁闭了。

十一日，百姓在南薰门等候钦宗归来，午时传来消息。大金元帅因为金银匹段数少，所以留钦宗于金营。朝廷很快发出告示，动员城中人火速交足金银，皇帝才能平安归来。城中官民方才恍然大悟，钦宗深入虎穴，原来是被充作人质，以邀索金银匹段。朝廷本来束手无策，没想到钦宗被扣留之后，很多人排队献出金银。接连数日，从宣德门到南薰门，军民运送金银器物，道路堵塞。朝廷也继续想办法，将禁中、徽宗龙德宫以及各亲王家的金银器皿也搜罗起来。

然而，粘罕还是嫌弃数量不够，说京师居民甚多，肯定不止这个数目。开封府又想到损招，到各民户、商户、倡优户摊派，城中骚然。御史台、大理寺、开封府联合行动起来，盯住官员、富豪之家，施加皮肉之苦，各豪门大院不断传出哀怨之声。这些势力之家，平日贪婪豪横，竟沦落到如此可悲的田地。

离上元节越来越近了，金人又索上元灯，要在城外办灯会。开封城内，上自皇家金珠、琉璃、璎珞、诸翠、羽飞仙之类的豪华彩灯，下至民间的普通样式，所有灯饰征用一空。

正月十三日，钦宗身边人王宗沔同金使入城，只见他边说边哭泣。观者起疑，城中纷传钦宗三天未进食。有一不知姓名的郎官携带钦宗冠冕到金营，先经金人查验，才可递入。他在钦宗房间帘外问安，钦宗手拿蜡烛揭开门帘，问道："何人？"郎官报名，递上冠冕。钦宗对他说："卿吃晚饭否？"答曰："臣未曾吃。"钦宗对他说："宰相房距此不远，卿可去吃晚饭。如果没有睡觉的地方，就来此睡吧。"

饭毕，郎官回来。钦宗说："朕口渴，想喝水。"说着指向水壶之类所在的地方，让他去倒水。倒完水，钦宗怕水有毒，让郎官先尝，然后才喝。昏暗的烛光中，来人观察钦宗居所。但见陈设简单，起卧有床榻，上有两张毡子，榻前有两只小凳子。郎官回城后，将所见所闻讲了出来，听者痛心。

太学生数百人泣涕涟涟，要到南薰门向金人上书，请金人放归钦宗。留守大臣怕节外生枝，以兵拦截。然后榜示："凡有诣阙上书者，必须经枢密院转达。"太学生们又带书跑到枢密院，维持秩序的弹压官害怕再生变数，在路上拦住人群。

第五章　改天换日

开封陷落前夕，徽宗就被接到延福宫。延福宫位于宫城拱宸门（北门）外，原来是宴会之地，规模较小。政和三年（1113），实施延福宫扩建工程。新建七殿、东西各十五阁，开凿湖泊，东西与禁中等长，南北略短，成为规模浩大的皇家园林。园里有鹤庄、鹿砦、孔雀园等，豢养动物数千只。延福宫与原禁中相连，成为皇宫的一部分。东墙辟有晨晖门，西墙辟有丽泽门，南墙即拱辰门。

儿子被扣，老爸也茶饭不思，徽宗不得不出面了。他找来留守大臣孙傅，令收取诸王、公主府的金银，宗庙供奉的金银祭器也一并网罗。又令御史台登记不交纳的官员名单，若还不交，就要加罪。

一名叫王文昌的官员义愤填膺，给贵戚、官吏和百姓写了一封公开的谴责信。信曰：金人以金银匹段不足为借口扣押天子，大家就不着急早日赎回吗？如果金兵进城烧杀抢掠，子女财富都将失去。金兵围开封如铁桶般，当以粮食为命。金银匹段又不能吃，有什么不舍得，真是愚昧极了。贵戚平时毫无功勋，只因皇帝宠信，才能世袭封爵。官吏毫无才能，平时尸位素餐，以权谋私，恣意盘剥。百姓见利忘义，贪婪无穷。邪佞当道，贤能在下，善良之人受饥寒之苦，这是上天借金人之手给予的惩罚。如果还不悔悟自责，不分贵贱，各出所有，上天也不会放过你们的。

钦宗整天无所事事，既烦闷又无聊，正月十四夜召集大臣前来作诗消解。钦宗命孙觌作即事诗，须用三百字。三百字的长诗很难一蹴而就，孙觌面有难色，说容许思考几天，改天再交作业。何㮚在旁边说道："皇上郁闷，大家当陪同娱乐，最好不要推辞。"钦宗命以"归"字为韵作诗。随从内侍有研墨的，有拿纸笔的，为大臣们服务。孙觌作绝句一首，请钦宗品鉴。钦宗兴致渐浓，又要以"回"字为韵写赋。群臣见"归""回"二韵，知道钦宗的心思，不胜唏嘘。大臣们诗赋连篇，钦宗很是高兴，玩到深夜才罢。钦宗君臣落纸的只字片语，粘罕时常派人去取。钦宗也留有心眼，不愿让金人看到的，秘密送回城内。

正月十五上元节，钦宗圣旨入城，又来催金银。不消说，自然是金人的意思。朝廷榜文传达了圣旨大意：皇上的吃穿用度都遵礼法；宰执的稍微简单，只因金帛数少。要急速催促，务要数多。再有一二日，皇上必定能回。

往年上元热闹非凡，有鳌山教坊百戏、景龙灯火之乐。谁能想到，如今天空阴云密布，人间家家愁苦，皇帝沦为阶下囚。此情此景，士大夫忧愤难当，写作诗歌抒发胸臆。著作佐郎胡处晦所作《上元行》，脍炙人口，传唱最多：

上元愁云生九重，哀笳落日吹腥风。

第五章　改天换日

六龙驻跸在草莽，孽胡歌舞葡萄宫。

抽钗脱钏到编户，竭泽枯鱼充宝赂。

圣主忧民民更忧，骄子逆天天不怒。

向来艰难传大宝，父老谈王似仁庙。

元年二年城下盟，未睹名臣继嘉祐。

路人哀痛尘再蒙，冠剑夹道趋群公。

神龙合在九渊卧，安得屡辱蛟蛇中。

朝廷中兴无柱石，薄物细故烦帝力。

毛遂锥不处囊中，远惭赵氏厮养卒。

今日君王归不归，倾城回首欲悲啼。

会看山呼声动地，万家香雾绕天衣。

胡儿胡儿莫耽乐，君不见夕月常亏东北角。

全篇充满悲凉绝望之气，最后两句诅咒更是心死的写照。

城中暗无天日，郊外张灯结彩。城里送出的元宵灯烛，点亮了刘家寺的夜空。金人邀请钦宗到刘家寺观灯，粘罕、斡离不举办盛大宴会。教坊的乐人演奏大合乐，艺人则表演多种拿手戏，还有倡优助兴、杂剧纷呈。烛光盛筵，有人即兴献词："七将渡河，溃百万之禁旅；八人登垒，摧千仞之坚城。"身处灯火辉煌处，不知钦宗君臣心中是何种滋味。

179

前说钦宗过一两日就回，结果十六、十七日不见要回的迹象。太学生们按捺不住，嚷嚷着要给粘罕、斡离不上书放人。正月十七日，太学生徐揆等人先到朝廷陈述，留守大臣不给转达。徐揆直接到金兵把守的南薰门，声称献金银，被带出城。徐揆到金营，与金人展开辩论，要钦宗回城，被杀。金营传回消息，金帅要留钦宗看球赛，等天晴、设宴之后便回。然而，当天钦宗并没有回城。城中金军一反常态，在曹门外掳掠，又纵火烧毁五岳观。这应该是一个警告，预示局势恶化。

第二天，钦宗依旧在青城，金人追索金银的力度再次加码，一改慈善面容，变得粗野起来。诸王、帝姬和其他皇亲国戚，由徽宗下旨再行根括。其他官员则由御史台、大理寺和开封府出具名单，由开封府敦促。征收的金帛，由大理卿、秘书监职级的官员与金人交接。数量较大，招募万人往南薰门外运输，有官员排队三天不能交付。郎君（女真皇族）坐镇南薰门，许多金兵手拿兵器环绕一圈，防止宋人逃跑。有多名金兵手握棍棒，任意凌辱宋朝官吏。

秘书省一蓝姓官员，一不留神就被责罚三十军棍。略违其意，大理卿尉迟绍先、司直王忠臣被推倒于地，一人挨了几十个大耳光。有人眼明手快，赶紧加以贿赂，方才完事，免了大罪。

一天，该郎君蹲坐谯门上训话，身边人往下传话，宋朝官吏低头伏地聆听。楼上说了一大堆,下面的人没听懂,也没听清几句。只隐约听到,如果来日金帛还是不足,便杀官吏。官员们哭天喊地,苦苦求饶,但金人无动于衷。

这天城外传来消息,因天阴没有打球,所以钦宗未归。正月二十日,城外再来消息,说等天晴打完球,便放钦宗回归。城里人仿佛看到了希望,人群涌向佛寺、道观,告拜神灵,烧香祈晴,络绎不绝。从宣德门到南薰门的大道上,满是僧道开设的道场。一时间,城中烟火缭绕,八仙过海、各显神通,都在告慰神灵快快放晴。南薰门下,香炉烟火不息,人群跪在泥泞之中,深情告慰,依旧少不了燃顶、炼臂、锁口之人。

正月二十三日,钦宗依然未归,圣旨传来,要徐秉哲继续根括。因为除去销熔、秤盘等损耗,还差五十万两。宋人逐渐明白,金银不过是幌子罢了,钦宗怕是难归了。还有一种传言,说金人没能占领河北、河东以及开封周边地区,于是挟持钦宗,以此胁迫他们听从金朝命令。

四、取之殆尽:开封底朝天

此后,金人扣押钦宗,向开封城内施加压力、发布号令。被抓住把柄,宋人不得不从。金人要什么,宋人便给什么,根本无须动手去抢,只需等着,宋人便送上门来。

二十五日，天降大雪，人言有阴杀之气。金人索要各种有利用价值的各色人等：大内御医、教坊乐人、宦官四十五人，露台工匠、露台妓女一千人，蔡京、童贯、王黼、梁师成等家歌舞女数百人，土木、军器等工匠三千多人，腰带、帽子、金银、系笔、和墨、雕刻、图画等工匠三百余人，杂剧、说话、弄影戏、小说、嘌唱、弄傀儡、打筋斗、弹筝琵琶、吹笙等艺人一百五十余家。开封府军人拿着文书抓人，强夺财物。名单上各式人等，家破财尽，悲戚上路，挥泪告别。

二十六日，金人索取皇宫、各类官府的仪仗、收藏、礼器、图书等，并且继续强夺人口。钦宗出城后，皇帝南郊法驾之类就被取走。现在又索要五辂、副辂、卤簿仪仗，皇后以下军辂、卤簿仪仗，皇太后、诸王以下车辂、卤簿仪仗，百官车辂仪仗。相应地，礼器、法物、礼图、八宝九鼎、元圭郑圭、祭器等被徽宗用来制礼作乐、宣扬太平的诸多物品也要送到金营。大晟府和教坊的种种乐器、乐书，也为金人所需，其种类有舜文二琴、女娲笙、乐书、乐章等。宫廷收藏如古器物、竹简、古画价值连城，自然要全部拿走。

金人也比较喜欢宋人的书籍。作为皇家图书、档案馆的秘阁三馆藏书被搜罗殆尽，名列元祐党籍的名人文集为金人所推崇。国子监藏书已经搬运，用来刻书、质量上乘的监本印板也不放

第五章 改天换日

过,好似恨不得要断了宋朝的文脉。应用型的图书、仪器指定不能少,哪怕是看个稀罕。医学主要有阴阳医卜之书、展示脏腑穴位经络的铜人,天文历法则有合台浑天仪、刻漏等。另有一些反映学术、地理、制度的图式更为珍贵难得,如图谶、《明堂布政图》、《古圣贤图像》、《明堂辟雍图》、《皇城宫阙图》、《四京图》、《大宋百司并天下州府职贡令》。如果这些图籍得以保存十分之一甚至万分之一,宋朝的历史形象将更为丰满、立体。

强夺人口的范围继续扩大,人数也在增多。种类如下:医工一百七十人,教坊乐工四百人,金玉、印染、印刷、刺绣、茶艺、绘画、针线、木漆、铁等各类工匠,占卜、阴阳先生,司天台(掌天文)官属,六尚局(禁中尚食、尚药、尚酝、尚衣、尚舍、尚辇六局)内侍,主管修缮的修内司、广固司官员、工匠,诸军曹司(应是军队中的技术官兵),等等。这些人员的家属可以同行。

还有内夫人、普通宫女、权贵家的婢女以及童贯、蔡京等人家的仆役,要千余数。被抓的女子,"如鹅鸭赴汤火",想方设法躲避。金人要求妇女要端庄秀丽,被抓到开封府的却都蓬头垢面,不吃饭,装作病态,希望能被排除。如果都这样,如何向金人交差?

开封府尹徐秉哲置办了一大批头饰、首饰、化妆品和漂亮衣服，迫使妇女们沐浴、梳妆，然后送到了金军大营。押运的依旧是宋朝官员，出南薰门时，只听见有女子在车上大骂："你们朝廷大臣把国家祸害成这样，如今却拿我们去满足金人，你们还要不要脸！"有官员回首望去，默不作声。

如同"根括"一词，"凡人间有用之物"，金人意欲取之殆尽。

二十七日，金人来取：大内香药库、市易务所存生熟药、太医院药，象牙、犀角三千株，司天台阴阳官，蔡京、童贯家姬四十七人，大晟乐工三十六人。

二十九日索要的都是些小物件，如药饵、筵豆、酒樽以及围棋等游戏类玩具。

三十日索要的又是一大批人、物。各类人等涉及绘画、医学、工匠，最主要的却是各种乐器、演员：画匠百人，医官二百人，诸般百戏一百人，教坊四百人，木匠五十人，竹瓦泥匠、石匠各三十人，马球弟子七人，鞍作十人，玉匠一百人，内臣五十人，街市弟子五十人，学士院待诏五人，筑球代奉五人，金银匠八十人，吏人五十人，八作务五十人，后苑作五十人，司天台官吏五十人，弟子帘产小唱二十人，杂戏一百五十人，舞旋弟子五十人，内家乐女乐器、大晟乐器、钩容班一百人并乐器、内官脚色。各类官员有：国子监书库官，太常寺官吏，秘书省书库官，后苑作官吏，五寺三监大夫合台官吏，左司吏部官吏、鸿胪寺官吏、太医局官吏、市易务官吏。之前没有搬完需再次搬运的皇家、官员所用之物有金辂、御辇、法驾、仪仗、驾头、皇后玉辇、宰相子弟车、诸王法服、宰相百官朝服、皇后衣服、御驾、御鞍、御尘、拂子、御马二十匹、珊瑚鞭两条、御前法物仪仗。图式类有大内图、夏国图、天下州守府尚书省图、百王图、宝录宫图、隆德宫图、相国寺图、五岳观图、神霄宫图、天宁寺图。文献有《本朝开立登宝位敕书旧本》《夏国奏举书本纸笺》。其他有红铜古器二万五千个、酒一百担、米五百硕、大牛车一千两、油单一千、幅凉伞一千，太医局灵宝丹二万八千七百帖。

金人告知，待所要人、物遣送、搬运完毕，钦宗即可回去。开封府官吏追捕严苛，用绳索将众人像犯人一样，捆绑成列，向金营送去。

三月中旬，钦宗、徽宗、太子等宋室出城，金人派来两名官员，他们到大内和龙德宫，搜括了不少珍宝奇物。《宣和录》中列举了一份名单：取大内诸库真珠四百二十三斤，玉六百二十三斤，珊瑚六百斤，玛瑙一千二百斤，北珠四十斤，西海夜珠一百三十个，朱砂二万九千斤，水晶一万五千斤，花犀二万一千八百四十斤，象牙一千四百六十株，龙脑一百二十斤，金砖一百四十叶，王先生烧金、陈抟烧金、高丽进奉生金甲、金头盔各六副，金鞁、金马杓、金杵刀、金作子四百二十五副，玉作子六百副，花犀带、金带、金束带、玉束带、镀金带、金鱼袋等。上皇阁金钱四十贯、银钱八十贯。皇帝阁金钱二十贯、银钱四十贯。皇后阁金钱十一贯、银钱二十二贯，银火炉一百二十只，金火炉四只，金桌子百二十只，银交椅二十只，金盒大小四十只，金水桶四只，金盘盏八百副，金注碗二十副，金银匙箸不计数，金汤瓶二十只，琉璃盏一千二百只，琉璃托子一千二百只，珊瑚托子四百只，玛瑙托子一千二百只，真珠扇子四百盒，红扇一百盒，蓝扇一百盒，行弯扇三百五十盒，大扇六十盒，扇车一百辆。

另有真珠水晶绣帘、珠翠步障、红牙火柜、龙麝沉香、犀玉雕镂屏榻、古书珍画等。

除平时所用金银器外，其中的珍稀物件皆为宋徽宗搜集而来，外官不得而知。宦官王仍到金营后，拍金帅马屁，指出藏匿地点，金人径直取之。

金人进入开封城，如同进了百宝箱，老赵家的积蓄尽数以出。据说粘罕、斡离不的姬妾侍女有数百人，人人珠光宝气、穿金戴银。其他数十名将领的战利品也很丰厚，小金库中珍宝如山。

五、青城父子：不听老父言

二月五日，在青城停留将近一月，钦宗终于接到粘罕、斡离不打球的通知。在金帅要求下，钦宗只带何㮮、冯澥、曹辅、郭仲荀几人随从。到了球场，钦宗等人坐东朝西，粘罕、斡离不坐西朝东。酒过几巡，斡离不亲自上场打球。尽兴后，斡离不回到桌旁。钦宗起身，恭敬地对二帅说道："我停留的时间不短了，京城的人都盼望着早日回去。"粘罕呵斥："想到哪里去？"钦宗吓得直哆嗦，不敢再说一个字。

离开球场时，斡离不与钦宗同行，送到青城斋宫。在路上，斡离不提醒钦宗："天命如此，无可奈何！"虽是话里有话，却明确无疑，钦宗肯定是回不去了。听此，钦宗再受打击，怅然不知所措，同行之人也是满脸愁容。金人曾说打完球就放钦宗回，城中得知打球，以为钦宗回归指日可待，官民大悦，成千上万的人，跑到南薰门口等待钦宗。天色渐深，依旧不见钦宗的踪影。

二月六日一早，金人来请钦宗，扈从官以为要放归，穿戴整齐端正。钦宗刚出门，金兵上前，撤去象征皇帝身份的黄屋。众人惊呆，不明白金人要干什么。战栗前行，望见有一香案朝向北方。钦宗下马，朝香案两拜，随从宰执站立于后。设香案，是要举行什么仪式？宋人一头雾水。原来是要宣读金太宗的诏书。其中对宋朝屡次败盟、背义进行了严厉指责，最后要求赵宋王朝必须易姓换代。

金朝官员厉声读完诏书，粘罕令萧庆去脱钦宗皇袍。李若水箭步上前，死死抱住钦宗，不让萧庆脱衣，并大声骂道："这贼人胡闹，这是大朝真天子，尔等杀狗辈不得无礼！"金兵上去毒打，李若水脸上、嘴上都是血，被拉扯到一边。钦宗的皇袍被脱掉，李若水气绝倒地。

粘罕没有杀他，令他在青城左掖门侧廊屋居住。每天送三次饭，李若水绝食。萧庆三次来看望，劝说道："事已至此，国相也不与你计较。你若顺从，给你好官做。"李若水不为所动，只说"天无二日，我不从二主"之类的话。下属谢宁也来劝说："侍郎父母年事已高，兄弟又多，若稍加顺从，说不定能回去。"李若水骂道："古时有忠臣，如今怎会没有？"又嘱咐谢宁："我双亲年老，你若回去，不要告诉他们，免得伤心。要让我的兄弟们知道，我是为国而死。"粘罕又来相劝，李若水依旧不从，因而被继续关押。

吴开、莫俦携带粘罕、斡离不签押的文书和钦宗批示回到城中。金人提了两点要求：一、宋人推举贤人一名为人主，不得为赵氏族人；二、上皇及后妃、儿女及亲属、王公家属等皇亲国戚必须出城。在批示中,钦宗无奈地要城中留守官员遵从金人开具的所有条件。二人不敢声张,入城后与孙傅、王时雍、徐秉哲、范琼等少数人密议。吴、莫传话:"如果上皇以下申时不能出城,金人就要纵兵杀人。"他们决定尽快将徽宗及皇亲送出城。城中之人,还被蒙在鼓里。

二月七日早,徽宗在延福宫蕊珠殿进早餐时,李石、周训、吴开、莫俦四人求见。吴开、莫俦又是奉金人命令进城的。内侍李石对徽宗说:"皇帝(指钦宗)有请上皇到南薰门上表金人,乞皇帝回归。金人见表,皇帝便可回来,没有别的意思。"然后转述钦宗的带话:"爹爹、娘娘请来,不能缓,不要误了时机。"徽宗疑问:"金人有没有新要求?你据实说来,不要误了大事。如果有变,我早做谋划,要不白死。"李石回复:"若不真实,甘愿受死。"徽宗抱怨道:"朝廷既不让我南去,从围城到现在,什么也不让知道。你不要有所隐瞒。"李石说:"不敢乱奏。"

李石已命宦官请郑后来,请徽宗同行。郑后进入,李石索要徽宗平时所穿的道服,准备出门。有官员在旁进言:"虽说是邀请,却只在城门里,恐怕有诈。"李石催道:"刚刚皇后收到官家传话,今天暂时到门口,确实如此,不可不去。"徽宗还是不信,无奈地说:"如果真有阴谋,那也是迟早要来。若以我为人质,能换回官家、保留宗庙,在所不辞。只恨我谦逊如礼,退守道宫，朝廷政事一概不知。平日唯有服从命令，不曾跨越雷池。都这样了，却得如此报应。"说完开始哭，周围人也跟着哭。走前，取出随身佩刀，交给侍卫丁孚。

徽宗、郑后从晨晖门出延福宫。到南薰门下，忽然两扇城门打开。金人前来，带领徽宗车舆出城门。徽宗惊讶，在车里顿足，喊道："事情果然变卦了！"又呼喊丁孚拿来佩刀，早已被金人搜去。申时初刻，到青城。

根据金人交给开封府的一份名单，名列其上的嫔妃、诸王及其家属、帝姬及其家属也要随同出城。金人开具的名单，有各类身份的人数：皇子二十三人，太子、皇孙十六人，亲王七人，驸马八人，帝妃五人，嫔御一百七十六人，帝姬二十一人，公主、皇孙女三十人，亲王妻妾五十二人，王女二十三人，宦官一百四十六人，宫女、侍女八百三十二人。

为做到按名责实，没有遗漏，少不了具体的信息，如名字、年龄或身份属性。举例来说，名单上有诸位皇子的信息：皇子二十三人，随从六十七人。皇子及其年龄分别是：郓王楷二十七岁，肃王枢二十六岁，景王杞二十四岁，济王栩二十二岁，益王棫（已贬为庶人）二十一岁，祁王模二十岁，莘王植二十岁，徐王棣十九岁，沂王㮙十八岁，和王栻十七岁，信王榛十七岁，安康郡王楃十六岁，广平郡王楗十五岁，相国公梴十五岁，瀛国公

第五章 改天换日

㮙十三岁，建安郡王楧十三岁，嘉国公椅十岁，温国公栋九岁，英国公橞八岁，仪国公桐七岁，昌国公柄六岁，润国公枞五岁，韩国公相三岁、即小皇子。有早逝的皇子，加上康王赵构逃出，不在名单上。

因金人索要的金银，宋人没能满足。名单上的女性根据身份不同，冲抵不同数量的金银。这些人犹如签了卖身契，需供金人选择。具体标准是：帝姬、王妃一人抵金一千锭，嫔御、王妾、宗姬、御女一人抵金五百锭，族姬一人抵金二百锭，宫女、采女、宗妇一人抵银五百锭，族妇、歌女一人抵银二百锭，贵戚、官女、民女一人抵银一百锭。除王妃、帝姬外，另有族姬一千二百四十一人，采女六百零四人，宗妇二千零九十一人，族妇二千零七人人，歌女一千三百一十四人，贵戚、官女、民女三千三百一十九人。

钦宗的皇太子、皇后暂时留在城中，继续代理国政，等待新皇帝的诞生。

徽宗先行，妃嫔、诸王、帝姬等亲属后走，乳母、婢女等奴仆也在后跟从。百姓涌上街头，才知道发生了什么事情。有二人碰见燕王，说道："大王家的亲人都去了，这一城的生灵怎么办？不如留下一人，以存国祚。"他们不知道钦宗太子尚在。燕王哭道："大金要我去，我能怎么办？"那二人豪言："百姓愿与大王同生共死,如何?"为防止城中居民作乱,弹压官四处镇压,范琼将这二人抓捕斩杀。

这天夜里,官府出告示:"留守司奉监国令旨:皇帝出城,日久未还。上皇领宫嫔等出城,到金军大营,请皇帝回城,各安所业。"这是想稳定民心,但没人相信,民意汹汹。

徽宗随从卫士从青城回城,述说了徽宗初见粘罕、斡离不的情形。在青城端诚殿,粘罕坐北朝南,徽宗坐西朝东,斡离不坐东朝西。卫士听见徽宗厉声说道:"你们声称先皇帝(指金太祖)有大恩于宋,实际上是我有大恩于你们。若是大辽南下讨伐,我心甘情愿。你们去年南下时,我传位给太子,达成割地犒军的协议,你们才北归。如今再兴兵戈,声言嗣君(指钦宗)失信,你们还记得誓书吗?可让萧庆、王汭来,与我当面对证。我不怕一死!"粘罕、斡离不没吭声,也没叫萧庆、王汭来。谈话很快结束。

钦宗见到父亲,委屈地哭了好一会儿。徽宗埋怨儿子道:"你若听老父亲的话,不至于遭今日之祸!"金军第二次南下时,徽宗打算再次出逃,并劝钦宗不要留在开封。这一提议被当家的钦宗拒绝,父子因此被金人一窝端,共成阶下囚。

为何第一次开封危急时,徽宗可以出逃,第二次就被钦宗拒绝、无法出门呢?徽宗上次到镇江,如同另立一个朝廷,阻挡江南勤王兵,切断地方与开封的联系,让钦宗愤懑。徽宗回到开封后，实际上处于幽闭状态，防止他与外界联系。为杜绝故事重演，钦宗不仅自己没有出逃，而且将父亲同他捆绑在一起。父子心思不同，下场倒是一致。

到青城十余天后，徽宗给粘罕写了一封信，讲了三点内容：一是当初虽然接纳张觉，但金国索要，立即斩杀送去，自觉罪过不大。不承想，却成了金兵南下的主要理由。二是归还开封后，闲居道宫，不问政事。奸臣离间父子，等大兵再来，才知是不守信诺、不割三镇所致。这是钦宗没能遵守约定，与他无关。三是希望将他发配到岭南，以奉宗庙，终其天年。这三点其实包含了两层意思，一层为自己开脱，一层恳请金人放他一马。

粘罕在回信中，说徽宗只知怪罪子孙，文辞间流露出鄙视之意。徽宗还不死心，绞尽脑汁地为自己辩白。他又写了一封长信，从即位到禅位之间的宫廷秘闻、政事失误，一一剖析，直到深夜。写完后，他翻来覆去，心如乱麻，自觉无用，干脆付之一炬。

金人要诸王、帝姬出城，留守孙傅筹划转移赵氏子孙。吴开拿出金人开具的名单，是原真定府路走马承受宦官邓珪所写。当初邓珪到河北，传宣朝廷旨意，被金人抓获，继而投降。他熟知皇家，开了不少涉及人、物的名单，教金人照此索要。也有漏网者。徽宗女儿恭福帝姬不满周岁，不在名单上，暂时留在城中。还有贤德懿行大长帝姬、淑慎长帝姬，分别是仁宗、哲宗的女儿，此时年长，也留城中。徐王赵棣年十六，连同乳母被家臣藏到民间，眼看要躲过一劫。金人来索要，被徐秉哲搜索出来，送了出去。

徽宗到来之前，粘罕与部将宴饮，令营中宫女、妃嫔穿上歌女服装陪侍。有郑氏、徐氏、吕氏坚决不从，当场被杀。进入宴会场地后，有一女子不合金人心意，被箭镞贯喉而死。另有张氏、陆氏、曹氏违抗斡离不意愿，被铁杆刺穿，置于大帐之前，血流三日。

七日，徽宗到青城，随行王妃、帝姬、宫女等约七百人到刘家寺，见到这血腥一幕。斡离不以手指之，令众人为鉴。她们吓得连连求饶，金人命令她们沐浴，换上歌女、舞女服饰，入帐内陪侍酒宴。

有一不知名的女子坚决不从。斡离不对她说："你是花千锭金子买来的，还敢不听话？"此女怒问："谁卖的？谁得到金子了？"斡离不怼她："你家太上有手敕，皇帝有手约，是用来犒赏的金银。"该女子还是不服气，又说："谁需犒军，谁令充抵？我岂能受辱？"斡离不继续说道："你家太上有宫女数千，取自民间，难道不是充抵？如今失国，你就是民妇，按例进贡，也是本分。况且属于充抵，不是白要。"那妇人无言以对。

青城建好木屋，称青城寨，作为新到妇女的居所。有些宫

第五章　改天换日

女、宗室女成为金人妻妾。金帅下令：已从金军将士的妇女，必须根据女真习俗梳妆；原有身孕者，令医官堕胎。到青城寨几天后，信王妃自尽身亡，妇女死者相继。死者越来越多，金人觉得是有鬼魅作祟，从开封城找来五十四名禅僧诵经驱鬼。这并没有扫却金人的雅兴，金营照旧日日宴舞、夜夜笙歌。

二月十一日，朱皇后和太子也到金营，详情后节再叙。十八日，斡离不举行宴会，除金将外，还邀请钦宗及朱皇后、徽宗及郑皇后参加，号称太平合欢宴。宴会开始前，一金将提议，让嫔妃、帝姬二十人，歌姬三十二人陪酒助兴。徽宗等四位转身要离开，粘罕不许，就是要让他们难堪。

宴会散时，斡离不对徽宗说："设也马看上了富金帝姬，请许配之。"徽宗回绝，说道："富金已有人家。中原重廉耻，一女不嫁二夫。不像贵国，没有忌讳。"设也马号真珠大王，是粘罕长子。粘罕听了大怒，说："如果下令分配俘虏，你能抗令否？帐中每将各分两人！"徽宗也怒道："上有天，下有地，人都有女儿、儿媳！"粘罕说他不过，喝令徽宗出去。郑皇后见自己的侄媳妇在帐中，求粘罕："妾家不参与朝政，求放回。"粘罕许可，让她领走。徽宗抵抗无效，后来已做人妇的富金帝姬，终究还是成了真珠大王的妾。

徽宗在青城近两个月期间，失去了几位儿女。二十子建安郡王赵榛死于青城；仁福、贤福、保福三帝姬相继死于刘家寺。香云帝姬、金儿帝姬、仙郎帝姬死后，被送回城内。

为迷惑青城宋人，安定人心，金人也用了不少伎俩。青城关押的宋朝俘虏很多，金人用长木做围墙，外面有站岗金兵，隔绝内外。每隔数步设一孔洞，准许里面的人看外面，外面的士兵更可以监视里面。金人每天送来肉、蔬菜和米面，让自由宋人与关押宋人交易。知道宋人对外界、特别是勤王救兵感兴趣，金人故意让送饭菜的人闲聊，好让他们听见。比如他们会说康王的兵已经到了什么地方。甚者说康王带兵十万在河北，金人车马过河时，都被夺去，因此金军不敢离开京城。说完之后，交谈者扫视左右，快速离去，如同怕被金人听见。有人将听到的上报，众人皆喜，好像不日即可获救。

原本有些兵器靠在墙外，有段时间，突然全部拿走，换上了宋朝郊礼时所用的木制器械。有病人在围墙外，好像在躺着包扎伤口。里面的人听到他们交谈："西南有个钱相公，带兵四五十万来，真刀真枪都拿去打仗了，强壮的士兵也都上战场了。"偷听者顿时兴奋，赶紧上报，马上就要得救了。一天大风，徽宗的乔贵妃偷偷缝制了绛红色的皇袍，准备救兵来时，可以马上给徽宗披上。每过几天，围墙之内的人就能听到这样让其亢奋的话，但都是空穴来风，无一回应。后来他们恍然大悟，原来这是金人的愚弄计策。

六、消灭赵氏：选择接班人

至于推举异姓为新皇帝，开封的留守官员并未急办，而是试图乞求金人改变主意。孙傅等人以保卫城中居民性命的名义，甚至为了自身安全，急催徽宗一家出城，但他们极不情愿就这样废了赵氏另立他姓。开封留守官员以孙傅为首，给粘罕、斡离不上了几次书，求金人不可废止赵宋。

在第一书中，留守官员指出钦宗并没有过错，官民归心，不当废黜。第二书则指出钦宗年幼，为大臣蒙蔽，才导致失信。他们建议从神宗存世的两个儿子中选择一位，继承赵宋基业。金人不同意，坚持非赵姓之人，并催早日拿出人选。孙傅等人还是认为应选赵氏，现存大臣不是徽宗所用的误国之人，就是庸碌之徒，实在选不出来。若异姓为王，恐怕会引发大动乱。城中士人郭铎等联合上书金帅，指出钦宗君臣失信，获罪于金，对百姓而言并无过失。他们提议可让皇太子即位为君，如若不可，肃王、景王也是合适人选。

军民得知金人要废赵氏，聚众恸哭，留守司命主管治安的京城四壁都弹压官范琼抚慰。范琼看众人哭得不停，十分恼火，大声吼道："只是少了个主人，东也是吃饭，西也是吃饭。譬如军

197

营里,姓张的来管就是张司空,姓李的来就是李司空。你们各回本业,管好自己的家。"在开封守卫战中,范琼也算是为数不多的猛将,却说出这样"大逆不道"的话,令人侧目。不过从另一方面来看,粗鄙的武人范琼说出此话,说明不少官员正在接受现状,觉得宋朝日薄西山了。

二月九日,孙傅等再上第四书,老调重弹,以赵氏德泽长久,不能立异姓,不然生灵涂炭。第二天,孙傅、张叔夜等官员率领一众官民,聚集在南薰门,再上第五书,望金人保全赵氏。书中提出三点建议:放回钦宗,宋向金称藩;立太子为主,以从人望;选立赵氏近支。斡离不到粘罕营中,准备商议城中再立赵氏,粘罕断然拒绝。金太宗已有明确废除赵氏的圣旨,粘罕、斡离不断然不能违反。粘罕、斡离不回复,需选有道德之人,不要在乎地位高低,以十一日为限,否则大军入城。

钦宗走前,命孙傅为太子太傅,以保护太子。徽宗等人出城时,孙傅知道太子也难留,遂想办法转移。他准备拿出黄金五千两,派人将太子藏在民间,再找相像之人扮作太子。怎么迷惑金人呢?他计划将假太子和两个宦官杀死,再杀死囚数人,将这些尸体送到金人面前。然后告诉金人,两个宦官企图挟持太子投靠金人,被百姓杀死,太子也被误杀。然而,孙傅保护宋室血脉的计划,并没有付诸行动,因为没人愿意牺牲生命去保护太子。孙

第五章　改天换日

傅气得连连叹息,又无可奈何。

统制官吴革也提出转移太子的计划。他打算找一位貌似太子的宦官,如果金人来要人,就送去。但不让金人看到假太子,而是在出城的路上,秘密派人截留,不行就杀死,将尸体交给金人。真太子如何出城?以救济为名,招募忠勇智慧之人,太子潜入其中,趁机突围。这一策略也没有施行。如果太子真能如愿转移,对康王的中兴事业将会产生不小的冲击。

十一日早,金人命皇后、太子马上出城。中午,朱皇后和太子的车队出宫门,不少官员、军人和百姓哭泣追随,乃至有人攀登车辕。临近南薰门,一队太学生簇拥车前,哭声震天。其中有一人哭着攀登上车,阻挡车队前行。人群想方设法延缓皇后、太子出城的脚步,迟迟不能出城。

天色将暗,才到南薰门下。即将出城,车里传来呼喊声:"百姓救我!"若在平常时日,皇亲国戚、达官贵人们何曾会想到百姓?不想大难临头时,幻想着平日看不上眼的百姓能来相救。范琼带兵前来,对围挡百姓吼道:"赵氏已亡国,要立异姓为君,今天皇后和太子必须出城,不得阻拦!"太子传令告别,哀号之声,惊天动地。皇后、太子坐车出行,有些宫嫔无车可坐,只能徒步随行。

太子出城,孙傅要追随,将留守职责托付给吏部尚书王时雍。孙傅被挡在南薰门,没能出去,留宿门下。孙傅、张叔夜拒绝另立他姓,反而直呼要立赵氏,被押到金营。

金人所提推举建议中有一条,说若选身在金营的宋朝大臣也可以,但须排除何㮚和李若水。十二日,吴开、莫俦来传达金人指令,要求大小官员、僧道、耆老、军民等共同商议,推举异姓。有异见者,准许另行推举,但不得举赵氏。王时雍探出金人意在张邦昌,遂决定举荐张邦昌。按金人要求,同意册立张邦昌的人,需要签名联署,加盖官印。一个平庸、贪生怕死之徒,无论如何也没想到,就这样戏剧性地被推上了历史舞台,也背负了千古骂名。

十三日,按照金人命令,城中宋人分批次开会,缺席者军法从事。文武百官到秘书省,门外士兵严阵以待,迫使官员联名举荐张邦昌。僧道在宣德门外西关亭,军民到大晟府,王时雍命范琼逼迫他们联名推戴张邦昌。太学生不同意,范琼怕引起他人效仿,便命他们回学校。范琼又对众人吼道:"现如今不可为忠,只能为孝。"到了晚上,众人饥饿,却没达成共识。王时雍派人拿出一幅白纸,令官民书写职位和姓名,然后才能走。至于纸上要写什么,秘而不宣。

有些官员采取致仕的办法,以达到不与金人合作、不推举张邦昌的目的。官员们开会时,礼部员外郎喻汝砺听说要推举张邦昌，气得用手拍打膝盖说道："不能为贼臣屈服。"说罢，提出致仕。监察御史吴给、御史台检法官王庭秀也随同致仕。跟随致仕的官员有四十多名。秘书省校书郎胡寅、太常寺主簿张浚、开封府司仪曹事赵鼎等人逃到太学，都不在推举书上签字。胡寅是南宋名儒，张浚、赵鼎则官至宰相，是著名的主战派。有位叫张僅的秘书省官员，回家将平生所受官告等象征身份的官方文书悉数烧毁，自贬为布衣。

御史中丞秦桧在上书中指出，张邦昌在徽宗朝已位列宰执，参与了对金败盟诸事，难孚众望。金人当从赵氏宗室中另择一人，册立为帝，为金朝藩臣，才可安抚中原民心。秦桧上了书，当即称病致仕。但书已送达，金人把秦桧也带走了。秦桧所上之书现存于《大金吊伐录》，不及三百字。日后秦桧发达，假造了一份长达一千八百余字的文本，满怀深情，义正词严，重申赵宋天命所在，不容废弃。而且文笔洒脱，引经据典，显然经过费心修饰，以展露他对赵宋皇室的无限忠诚。

刚直的李若水则是真不怕死。二十一日，粘罕召见李若水，问他不愿立异姓的原因。李若水说："主上仁孝恭俭，未有过失，岂可轻言废立？"粘罕说道："赵皇失信，陷人民于水火，怎能说没有过错？"李若水反唇相讥，指责粘罕有五次失信，并痛骂："你征伐他人之国，不在乎人民生死，掠夺金帛子女为己有，你们离灭亡不远了！"说罢，异常激动，口若悬河，辱骂不止。

论打嘴仗，十个粘罕也不是李若水的对手。他忍无可忍，令人其推出去，被架起的李若水转脸继续骂。粘罕将他和下属谢宁一起绑了。李若水对谢宁说："我当为国而死，却连累了你。"看管金将问他："如果把你放了，你回头还骂吗？"李若水不求饶，继续大骂，金将上去就打，打得他嘴唇开裂，几颗牙齿被敲下。李若水神色不动，喷血再骂。金人将他舌头割下，脸颊劈开，杀之，终年三十五。死后，金人再行凌辱，李若水身首异处。谢宁没死，他述说了李若水临死的故事。等金兵北撤，家人根据谢宁所指，找见尸体。此时，暴尸已经四十多天，据说肌肉不烂，形貌如生。

二月二十八日，金人令宋朝官员上《劝进张邦昌表》。按照制度，礼部员外郎蔡懋有草拟的职责，但他不情愿，以病为由请辞。军器监王绍从怀中拿出写好的劝进表，让众官员看，官员多暗自切齿。司农少卿胡思加以润色，其中有两句："伏惟太宰相公名高今古，学通天人，位冠冢司，身兼众美。伏望以苍生为忧，而不以细行自饬；以机政为虑，而不以固避自嫌。上体大金择立存抚之意，下副国人推戴为主之望。"吴开、莫俦将表交给金人。

粘罕、斡离不派知枢密院事、汉军都统制刘彦宗，礼部侍郎

第五章　改天换日

刘思、兵部尚书、应奉御前文字高庆裔三名金朝官员，将劝进表交到张邦昌手中。作为宋朝臣子，张邦昌从来没有取代赵宋的非分之想，他呵斥刘彦宗，又骂城中宋朝官员陷他于不忠不义。随后绝食抗议，金人不从，命人看守，等其就范。

贪生者不尽可耻，全节者难尽表率。二月底，金人强令官员签名推戴张邦昌。唐恪在靖康元年（1126）八月曾任少宰，此时赋闲，签名后服用大黄而死。唐恪任少宰时，先是主张割地请和，后劝钦宗逃往长安，被台谏弹劾罢相。因主张议和，又动员皇帝出逃，在北宋末年的清流舆论环境中，唐恪也成为众矢之的，名声大坏。秘书省开会讨论拥戴张邦昌时，唐恪大哭。有一年轻官员斥责他道："公为丞相，不能为朝廷尽力，以致如此。当年你卖官鬻爵，所行与蔡京无异，现在却厚着脸皮来商议推举异姓。你有愧于国家，哭有什么用！"据说唐恪死前，对儿子们说道："吾为大臣，而国家至此，力不能救，唯有死耳！"在靖康之难中，士大夫以贪生为主，唐恪以死殉国，实为少见。

三十日，吴开、莫俦入城传话："张邦昌明日先进城，以观人情。若有差错，血洗开封城。"

三月一日，金人骑兵护送张邦昌到南薰门，城中按宰相入城礼迎接。数千官员候在南薰门，数万百姓门口旁观。金兵到门即回，范琼率将兵迎接。张邦昌头戴纱帽，身着凉衫，以扇障面，

203

行走如宰相礼仪。金兵走前,警告围观军民:"交给你们的是一个活张相公!如果他死了,那就是你们不肯推戴,所以杀了他!"官员拜见,张邦昌答拜。短暂休息后,如宰相般住在尚书省。

二日,金人命令:"限三日立邦昌,若否,则屠戮城中!"又是屡试不爽的恫吓套路。这一命令不只在恐吓城里官民,也是在赶张邦昌上架。官员、百姓哭着求张邦昌,请他先行权宜之计,救下一城生灵。王时雍、徐秉哲、吕好问说与张邦昌:"大金要册立太宰,三日不立,将夷宗庙,杀生灵。"张邦昌对他们说:"你们都怕死,却把我推出来。身为大臣,怎么能篡逆?只有一死。"王时雍等人继续强迫,张邦昌拿刀放在脖颈,做自杀状。众人上前夺下。有人说道:"相公城外不死,今天想要害死全城吗?"被逼无奈,张邦昌勉强从之,哀叹道:"邦昌以九族保此一城人。"

张邦昌做皇帝的事就这样定了下来。三月三日,金人派吴开、莫俦来通告,要在七日举行册命之礼,城中官员务必参加。

三月六日,也就是金人册命张邦昌为皇帝的前一天,吴革密谋起兵,被范琼、左言所杀。吴革原是陕西统制官,金人第一次南下时,率陕西兵救援开封。随后便留在开封,第二次金兵南下之前,吴革回到陕西招募救兵。金人很快兵临开封,吴革无功而返,与张叔夜一道进入开封城。

第五章 改天换日

二月中旬，吴革在城中启圣院设立赈济所，以救济饥民为名，暗下招募人口，计划救出徽宗、钦宗和太子。城内居民本就缺衣少食，听说此处有饭可吃，一天之内聚集近万人。吴革安抚众人，按军事体制管理，由吴铢、左时、朱梦说、张知彰、马献可、吴忠、徐伟七人统领。他们听说康王在山东，就派人分批怀揣蜡丸前去，约定内外夹击金军，救出二帝。

到三月初，金人准备扶持张邦昌为皇帝，取代赵宋。吴革等人认为应立即起兵，否则后果难测。但是，何时起兵尚未确定，听说青城有五十辆车从东面出行，吴革觉得是徽宗、钦宗已经被金人掳走。三月六日五更，班直崔广、崔彦等数百人，全副武装，找到吴革，说道："张邦昌明天就要受册封，之后人心会离散，我们必须要开始行动了！"吴革认为兵员不足，还在犹豫。众人告以有五千兵，数十万百姓也会跟从。

形势危急，吴革披甲上马，仓促起兵。等他们到金水河以西时，看到很多官兵，原来是范琼、左言早已布下天罗地网，守株待兔。范琼派人邀吴革议事，设计将他和其子抓住，杀害。吴革死前，大骂范琼，从容被杀。其他一百多名武官都被处死，扔到金水河里。不劳金人动一手指，抵抗行动即被扼杀，可见计谋之高。除引发一些感慨，如史书所言"知与不知皆为泣下""忠义之士无不痛恨"，吴革事件引起的波澜并不大。

七、战栗大楚：倒霉张邦昌

三月七日，册立张邦昌的仪式如期举行。一早，文武百官以及僧道、军民代表聚集在尚书省令厅。巳时，五十名金朝官员携带册命诏书、皇袍、红伞等进入城门，数百骑兵跟从。张邦昌在尚书省恸哭上马，到西府门时，假装即将昏倒，停住后再大哭。正午时分，到宣德门外西侧门下马，进入临时设置的房间。张邦昌在此换了皇帝服饰，出来朝金国方向跪拜行礼，然后跪受金朝册命诏书。

在诏书中，金朝指责宋朝变誓渝盟、以怨报德。宋朝统治者贪婪不已、骄奢淫逸、赏罚不明、不恤黎民，官场贿赂公行，以致上天唾弃，民不聊生。徽宗无道于前，钦宗无断于后，金人出兵，是为伐罪吊民。后面则是张邦昌品行俱佳、官民一致推举之类的言辞。金人诏书确定新国号为大楚，定都金陵，疆域等同旧宋，世代称藩。

册仪完毕，在金人的指导下，张邦昌从宣德门进入，拒绝御辇，步行到文德殿。张邦昌没有直接坐上御榻，而是坐在旁边的椅子上，接受官员称贺。众官拜时，张邦昌站起来，不让官员拜贺，说道："本为生灵，不敢窃位。如不听从，即当规避。"王时雍率领官员就拜，张邦昌急忙站起回礼。张邦昌颤抖着，终于完

第五章 改天换日

成了仪式。

张邦昌即位大典,金人和御史台要求官员都要到贺,太学博士孙逢坚决不去。到了半夜,同事强迫他去,依旧不从。等典礼结束,御史台纠察要没到场的官员名单。孙逢和礼部员外郎喻汝砺上了名单,要将他们交给金人处置。张邦昌通告金人仪式结束、百官入贺,没有细究。孙逢听闻,说道:"马上要大赦加官,还是要侮辱我,还等什么?"很快病发而死。

听闻金人将废赵另立他姓,徽宗亲自撰写《发愿文》,祈祷上天能保赵氏江山。祈天完毕,他对景王赵杞说:"刚才对上天深深自责,希望能折损寿命以保全赵氏。即位以来,过失甚多,怎敢不罪己,以回天谴。"得知金人册立张邦昌,徽宗感叹道:"邦昌若以死抗拒,则江山社稷还有希望。既然立了异姓,那就没办法了。"说着哭了起来。第二天,有人送诗宽慰徽宗,其中有两句:"伊尹定归商社稷,霍光终作汉臣邻。"徽宗见此不爽,骂道:"等他归还时,我已到龙荒之北了,竟然还有这样没眼力的人!"

有了皇帝,少不了有宰相、百官,王时雍请设官理事。吏部尚书王时雍权领尚书省事,兵部尚书吕好问领门下省事,开封尹徐秉哲权领中书省、枢密院事,翰林承旨吴开权尚书左丞,翰林学士莫俦权尚书右丞,前签书枢密院李回权知枢密院,观察使左言权殿前司公事，范琼权四厢指挥使，大理寺卿周懿文权知开封府。

吴开、莫俦是金人的信使，如同走狗，乐在其中。王时雍被称"卖国牙郎"，与徐秉哲负责根括金银、捉拿宋室宗亲。范琼、左言则如同跳梁小丑，恫吓百姓、镇压抵抗者。除吕好问外，这几位宋朝旧臣、大楚新臣，以开国元勋自居，好不欢喜。王时雍时时在大楚皇帝身边，每每称呼陛下。张邦昌羞愧难当，对他说："快别说陛下，让人家听到，都笑话我。"时人看伪楚君臣，好比看戏。

建了新朝代，来了新皇帝，却没有换了人间，金人索取如故。册立张邦昌三天后，金人继续追取宗室。徐秉哲令相邻五家为一保，实行连坐法，不得藏匿。开封府添差少尹余大钧负责捉拿，找到三千多人，押赴金营。开封府捉事使臣宝窦镒有抓捕职责，对人说道："我生为大宋之臣，怎么会忍心将大宋宗族交给虏人？"不久，自缢而死。

十二日，金人通过开封府继续追索金银，按城中户口摊派，限三日内交足，交不出的全家押送金营。传说开封陷落之初，金人曾问开封城的户口数。开封府谎称700万户，金人遂按此数要金银。即使城中下等户，也要交金30锭、银200锭、匹段500匹。城中居民知道大家都拿不出来，笑说："就是让甑釜变成金银、房屋变成匹段，也凑不够那个数吧！"官府家家急催，小民充耳

第五章 改天换日

不闻，官员们无可奈何。

十四日，张邦昌以城中金银竭尽，上书恳求金人免征。金人不理会。次日，张邦昌到青城拜会粘罕、斡离不，请求不毁灭赵氏宗庙陵寝、减少金帛数量、等江宁府修缮完毕再迁都等。金人皆允。十九日，金人通知暂缓交纳金银。二十三日，张邦昌再致书金国二帅，乞求免括金银。金人派二使入城回复："所要金帛，都是犒赏军兵所急用。虽然数量不足，但也有大半。如今楚国肇兴，期待安定，为减轻人民负担，同意免括。"收到恩典后，张邦昌急令通告全城。

张邦昌也实行了若干体恤民生、稳定社会的政事。年老之人，赐给粮食和布帛。低价出粜米麦豆类，以救济贫民。死亡的贫苦百姓，令开封府给予丧葬费用。百姓得病无力救治者，官府送医给药。军人、民兵患病者，在军营集中医治。立春以来，太学有传染病流行，死亡二百余人，约占总数七百的三分之一。张邦昌派国子祭酒董逌到太学慰问，送医问药，每一房间都不错过。个别太学生记录了靖康之难，对张邦昌有所美言。因此，张邦昌的善举，被部分宋人解读为收买人心，实则有觊觎神器的野心。

二十四日，金人放归官吏、僧道、百姓千余人。二十八日，金军开始拔营。同日，交割完开封外城，金军离开。刘彦宗派人传话王时雍:"大军出发,将在河北驻军。如有急事,可速速来报,便发兵南下。"

张邦昌之前向金人要回冯澥、曹辅、郭仲荀、汪藻、谭世勣等十多人,又亲笔致函金帅,求还孙傅、张叔夜和秦桧。粘罕、斡离不见信大怒,严词拒绝。并放出话来:"现在如果纵兵入城,不是师出无名。驻兵不远,审时而动。"张邦昌恐惧,不敢再言。孙傅、张叔夜和秦桧,也就追随队伍向北走去。张邦昌还请求归还诸王夫人、帝姬,也被金人拒绝。金人走前,归还十一名官员、少女三千人以及郑后家属。

二十九日,斡离不军启程,张邦昌与王时雍、徐秉哲、吴开、莫俦等人出城送行。四月一日,粘罕军启程,金军尽数离开。经粘罕准许,张邦昌以防盗的名义修葺城墙。张邦昌令范琼率兵闭门自守。官吏、百姓登上城墙,遥望金人远去,寻找往日皇帝的身影。

金人走了,傀儡皇帝张邦昌当何去何从?他立即发布了一封手令,广发四方,说明他如何被逼无奈才做了皇帝。又以尚书省的名义,派人到东平、兴仁、济州寻访康王,尽量与康王联系。接着,在吕好问等人的建议下,他请出哲宗的元祐皇后孟氏,尊为宋太后,接入延福宫,表明他希望宋朝复辟。

孟氏是太皇太后高氏为哲宗所选,元祐七年(1092)被册封皇后，生有女儿福庆公主。一次公主生病，孟后有个姐姐懂医术，用药后没有好转，就带道教治病符水进宫。符水是厌胜之术的一种，以符咒等方法祛除鬼魅达到治病的目的。这如同巫蛊之术，在民间常用，但为皇宫所禁止。孟后急忙令人藏了起来。哲宗来看望女儿时，孟后告知有符水，哲宗准许尝试。但此事在宫中传开，说什么巫蛊之祸要来。流言可畏，很快孟皇后身边的宦官、宫女三十多人被抓，严刑逼供之后，主谋肯定是孟皇后了。哲宗下诏废后，出居瑶华宫。按照惯例，被废的皇后、妃嫔，都赐予佛教法名和称号。孟后法号冲真，号华阳教主、玉清妙静仙师。

徽宗即位，向太后摄政，为孟后平反，尊为元祐皇后。崇宁年间，在蔡京等人的操作下，徽宗再废孟氏皇后之名，又出居瑶华宫，赐号希微元通知、妙静仙师。钦宗即位后，打算予以平反、接回宫中，但国家危在旦夕，没有来得及。靖康元年（1126），瑶华宫起火，孟后迁居延宁宫。靖康二年（1127）二月二十八日，延宁宫再次发生火灾，孟后徒步走到相国寺前侄子孟忠厚家。在这之前，后宫皇后、嫔妃有名号者，都被抓到金营，后来北上。孟后既然被废，没了名分，因此躲过一劫，成为延续宋朝国祚的重要力量。金人没走之前，吕好问就留意到了孟后的动向，私下与孟忠厚联络，为的是有朝一日能展现其政治价值。

种种迹象表明，张邦昌准备向老东家投怀送抱了。

八、生死疲劳：东京众生相

亡国之际，百姓最苦。自开封被围以来，物资日日短缺，物价飞涨。当时的粮食和肉类价格大致如下：一斗米卖价一千二百文，麦子一斗一千文，驴肉一斤一千五百文，羊肉一斤四千文，猪肉一斤三千文。据记载，承平时节，北宋开封城的米价在徽宗时达到顶峰，宣和四年（1122）约二百五十至三百文一斗，小麦的价格略低。宋人喜爱羊肉，平时也就几百文一斤。开封被围后的市价，权贵豪富也难以承受，更不用说一般百姓了。

小商贩从水中采集些藻类等植物，拿到市场去卖。凡是水中游的、地上爬的动物，都被吃得干干净净。家养的猫狗几乎被灭了种。流浪无家之人，被冻死、饿死的有十之五六，尸骨就倒在路旁。皇上不在朝，官员的日常就是到南薰门接驾。饥寒交迫的百姓也是如此，每天数万人到南薰门等待他们的皇帝。上千上万的人，手持香炉站在南薰门下，祷告钦宗早日回来。还有人群在大路上对天空呼喊："所有罪恶，百姓承担，老天行行好，让皇上回来吧！"说完跪拜，甚至用上了燃顶炼臂、剖心锁口之类自残式的巫术祈祷方法。

靖康二年（1127）正月二十三日，被饿死、冻死的人越来越多，朝廷增设了粟米场、柴炭场，限量供应。每人购买粮食不得

第五章　改天换日

超过五升，柴炭不得超过五十斤，价格是市价的十分之一二。

二十五日大雪，二十六日何㮚从军营回城，专门督办设场粜米卖柴之事。朝廷在相国寺、定力院、保胜院、兴国寺设置粜米场院，每人限买二升，每升六十二文。为防止豪强得利，保证公平，禁止军人购买，男女分天买米。这样的方法，帮助缺粮的百姓舒缓了一口气。现在还能拿出米来，表明开封城内的粮食储备十分充足。若坚持闭城抗战，结果真不好说。

二月一日，为解决城中居民的粮食所需，从谭稹家搜出米一千石，豆、粟若干，低价卖出。为解决柴薪所需，将高俅、杨戬家的房屋拆毁，当作柴薪卖给平民。

金人从十二月初兵临城下，到四月初北撤，给开封周边带来深重灾难。金人离开时，城外房屋焚毁殆尽。坟墓不论大小，挖掘一空。四月初，城中物价如下：一斗米两千文，一斗麦两千四百文，羊肉一斤七千文，猪肉一斤四千文，驴肉、鱼肉一斤二千五百文，酱一斤五百文，油一斤一千八百文。粮食困乏，饿殍遍地。没有饿死的，因蔬菜、肉类缺乏，城中脚气病横行。

金人走后，城门打开。此时的开封百姓，已被围困半年之久，很多人得了"夜眼"，即夜盲症，黄昏以后视力模糊。有人解释说，是城门关得太久、气不流通所致。从现代科学的角度看，其实是蔬菜摄入不足，缺乏维生素 A 导致的。他们用水泡蛤粉，然后口服，效果很好，一服即愈。

太学生是北宋末年的一支耀眼群体。围城之初，汪若海等太学生曾劝谏钦宗散财赏军；钦宗出城，太学生董时升劝说官民出金银赎人；徐揆上书金军二帅，请求免除金银；钦宗久久不归，汪若海再劝粘罕、斡离不放归。回首第一次开封保卫战之时，以陈东为首的太学生深入参与时政。城里的太学生，可谓是一股清流，引导舆论，人人夸赞太学多忠义之士。

到二月中旬，粮食困乏，金人时时威胁洗城，甚至有金人打算饿死城中人民的传言。一百多名太学生求生心切，争相上书金人，愿意归顺。金人给了八十人的指标，应者百余人。等到金军营寨，金人对他们说道："金国不让你们作大义、策论，各自陈述乡土和地理要害。"他们争抢纸笔，写出山川险易、古今攻守之事。还有太学生惦记妓女，谎称妻子，让金人带来。金人比较稀罕工匠、艺人，对大多数的读书人不感兴趣，觉得无用。看到有些太学生的下作嘴脸，金人深为鄙视，退回六十人。

根括金银官员的命运也难逃悲惨。赵宋皇家虽然几乎被一锅端，开封城里官民的压力并没有减轻，金人依然索要金银不止。对官方来说，第一次围城时已交出不少金银，金人此次设立的金银额度很难达到。开封有四名四壁提举根括金银官，分别是户部尚书梅执礼主管东壁，刑部侍郎程振主管南壁，给事中安扶主管西壁，工部侍郎陈知质主管北壁。另有四位催促金银官，分别是殿中侍御史胡唐老、侍御史胡舜陟、监察御史黎确和姚舜明。

梅执礼对程振等人说："金人讲和已定，只是以金银为借口扣押二帝。金人所提数额太大，粘罕应该也知道不能满足。不如我们告他已无金银，否则问罪。"其他三人也表示同意。四人即联名上书，说金银搜括完毕，此后若有，甘愿按军法从事。金人不相信，认为肯定有所藏匿，不愿全数交出。没想到，身处金营的宦官蓝圻、医官周道隆、乐官孟子书三人，为巴结金人，自称家有窖藏金银，可令开封府取来。粘罕用疑问的语气问这三人："只有你们敢藏金银？"三人说京城权贵富豪人家，都有窖藏金银，并没有交出。

有宦官给粘罕出一损招："现在城里缺粮食，家家着急等米下锅。可设置卖米麦的市场，准许用金银购买。到时便知城中到底有没有金银了。"粘罕觉得有道理，令开封府在城中设立十多处粮食市场，每两金可买米四斗，每两银可买一斗。在粮食奇缺的开封城，这一价格可以说是比较低廉了。同时，确定了金银和铜钱的换算比率，金每两相当于三十五贯，银每两等同五贯五百文。

这一钓鱼策略果然奏效。窖藏是藏匿金银的最常见办法，不知道具体位置，很难找到。见官府有粮食出售，不知底细的人群，如同饿鬼般，带着金银争相购买。开封外城陷落之初，城中大乱，有军人和百姓扮作金人，抢劫了一些金银，藏了起来。金人迟迟不走，粮食不够吃，只好拿出金银购买。个别贫民兵卒，一次性带十余金铤，要买数石米麦。

二月二十日前后，在被胁迫出城的人中，金人居然再发现金银。到二十四日晚，提举四壁根括金银官梅执礼、程振、陈知质、安扶四人以及催促金银官四人被押赴金营。粘罕大怒，斥责根括官："你们都说没了金银，还写了保证书，如今怎么说？"几句言语之后，先将胡唐老、胡舜陟、黎确和姚舜明四人推出，每人杖打百下，几乎死去。

梅执礼四人请求饶恕，粘罕将他们放归。走出青城，刚到南薰门，只听见有人在背后呼喊："尚书留步，元帅有令！"梅执礼、程振、陈知质和安扶纷纷下马，跪下听令，金兵逐一敲杀，枭首示众。这"元帅"应该是斡离不。

杀完之后，下令城中："根括官已正典刑，金银若还不足，当纵兵自取！"留守司派出一百多名官员，走街串巷，登门入户，又开始了地毯式搜索。左谏议大夫洪刍到若干王府、公主府、嫔妃院里寻找，发现金银后中饱私囊。沂王一家已到金营，吏部员外郎王及之到沂王府，坐在门口骂街。内容不得而知，应该是骂他们不能体谅国难、贪图金银之类。二十五日，大风扬起漫天尘土，人难以行走。金人以金银数少，令开封官员再行交

第五章　改天换日

纳。从宰执到低级文武官员，都有摊派。如果不按时如数送达，全家都将押到金营。

金人临走前，接连数夜焚烧营寨，火光冲天。从宋朝宫廷和首都掳掠的人口，分多批次北上。金银绢帛之类的值钱、稀罕物件，多用牛车运走。金人贪得无厌，索要物品太多，根本运不完，因而遗弃颇多。宋朝一方的记载认为，金人拔营仓促，遗留甚多，是因为四方勤王兵大集。真是一贯的夸大其词。

除少量金帛外，遗留的很多是可有可无的物件，如仅象牙一种就有二百担。从宋朝皇家图书馆、档案馆搜出的大量地图、书籍以及印版，金人可能不觉得有什么价值，拿走少部分，大部分被遗弃。拿走的部分，据说在路上遗落一些，有些书籍和印版被拿去烧火做饭。这些珍贵的书籍，被践踏蹂躏，散落于泥泞之中，很是作孽。

开封城内饿殍遍地，金人搜刮的米麦却撒落一地。围栏里待宰的猪羊也是成群结队。宋朝史官评价说："书史以来，安禄山陷长安以后破京师者，未有如今日之甚，二百年府库蓄积，自一旦扫地。"这是自安史之乱以来，中华文明史上的又一次大劫难。

不过有一件大名鼎鼎的仪器，一般称之为水运仪象台，是名副其实的庞然大物，被金兵运到燕京。水运仪象台诞生于宋哲宗年间，由苏颂和韩公廉历经数年完成。它以水作为动力，是集观

217

测、演示和报时为一体的自动化的天文台,堪称宋代天文科技的巅峰之作。开封到燕京一千多里,如何搬运?金人将之分解,计划到燕京后,再行组装。然而此神器制作精巧、构造复杂,费力运到燕京后,死活重组不成。他们只好利用了其中的铜制浑仪,用来观测天象。后来蒙古兵临燕京,金朝迁都开封,将那铜浑仪熔铸成物,其他构件不忍毁弃,又难以运出,不得已丢给蒙古人。

话说水运仪象台是沟通天人之际的国家重器,南宋人也念念不忘。幸运的是,还有苏颂撰写的《新仪象法要》留存,这是水运仪象台的说明书。南宋朝廷找来苏颂当年的助手袁惟几,没有成功。苏颂的儿子苏携,对着说明书废寝忘食地研究,也没有理出个头绪。后来秦桧主持重造,朱熹等人继续研制,都无疾而终。此后的能工巧匠也都复制失败。直到20世纪中后期,借助现代科学才得以复原成功。

建都二百多年的开封,始于乱世,终于杀戮。张邦昌之后,金人另立刘豫,建立伪齐,定都开封。金朝后期也迁都开封,终究难逃厄运。不只鲜血,开封也见证了宋朝的清明繁华,这是它最为耀眼的时刻,此后便成了一个普通地名。

北宋后期,开封光彩夺目,周邦彦在《汴都赋》中赞颂:"而此汴都,高显宏丽,百美所具,亿千万世。承学之臣,弗能究宣,无以为称。"开封那无法用言语表达的美,周邦彦有幸领略了。在他去世短短六年后，富丽繁华的东京城灰飞烟灭。

南宋的首都还是开封，临安称行在。当南宋的外交使臣，路经或重访这地处异国的本国首都时，看到的是破败，心中五味杂陈。宋孝宗乾道五年（1169）年底，宋贺金正旦使经过开封，楼钥为书记官，记录了所见。开封城外，古墓相连，皆遭发掘。此时金改开封为南京，原外城的新宋门（朝阳门）变成弘仁门。城墙依旧雄伟，城外人、物稀疏，比较冷清。城内一片凋敝，寺庙、道观毁坏严重。与南门相比，外城北门片区人口较多。

比楼钥略晚几月，乾道六年（1170）六月，范成大出使金朝。他看到当年四大名园之一的宜春苑（又名东御园）墙壁颓废，荒草丛生，了无生机。南门内外，一眼望去，多是荒凉的废墟，甚至有些地方被开垦成了农田。当年的繁华之地大相国寺，屋檐倾斜，屋脊两端鸱吻残缺不全。内城的市场，人流稀疏，商户都苟活而已。他以所见赋《市街》诗一首："梳行讹杂马行残，药市萧骚土市寒。惆怅软红佳丽地，黄沙如雨扑征鞍。"

金朝的南京，是不是确如宋人所说，那般不堪入目？字里行间充满酸楚，应该是实情。开封全盛时，人口超百万，繁华想藏都藏不住。靖康之难后，开封居民被抓的抓、逃的逃、死的死，人口骤减，如何能填满这浩大城池？

时光流逝到明初，明太祖五子周王朱橚就藩开封，搜罗了一批文人。其中一人,名叫刘醇,撰有《吹台春游序》。在这一访古游记中,他写道:"汴昔辇毂之地,名园胜境,甲于四方。每遇良辰佳节,往往为士大夫游观之所。自中原用武,兵燹之余,所存无几,而又河水淹没。若金明池、蔡太师湖之类,亦泯然无迹可睹。惟城东南仅三里,有荒台故基,巍然独存,挺出风烟之外,高广数丈,可登可眺,即古之吹台也。"北宋灭亡二百多年后,在黄河的侵袭之下,更是没什么遗迹可观,多沉睡在黄沙之下了。

第六章
建炎南渡

一、漏网之鱼：赵构续香火

令金人失望的是，康王赵构早已逃出城去，羽翼渐丰，怕是要延续赵宋香火。

康王一出城，命运骤然改变。靖康元年（1126）十一月十六日，他们走出开封城门。王云回首，叹息道："京城楼橹，天下第一。真定城墙也有这么高，金人让我在旁边观战，很快就破城而入。京城楼橹，也是无法阻挡的。"听完此语，康王没有说话，而是舒缓了一口气。十九日到了相州，知州汪伯彦禀告:"斡离不已于十四日由大名府魏县李固渡渡河,恐怕追不上了。请大王暂留此地,想想国家的未来。"又得知金军驻扎在卫县(今河南省浚县西南),康王拒绝,表示:"受命前去,不敢中途而止。"王云等人说道:"我们走快些,去渡河,或许还能赶上。"

魏县在相州以东,卫县在相州以南,康王一行却北到磁州(今河北磁县),这哪里还是去金营议和。康王说了北上理由:"离京时,皇帝说宗泽率一万五千人驻守磁州,让我到时去看看。"距磁州六七里,宗泽率部迎接,康王进城。

上次出使,王云从真定回开封时,途经磁、相二州,对州官说:"金人行军,逐粮而去。如果能坚壁清野,敌人就缺衣少粮,自然不能长久。"二州官员觉得有道理,让城郊百姓搬运粮食入城。百姓虽照办,却极不情愿。后来金军可能因为磁、相二州清野,就没有从此经过,改变了南下的道路。磁、相百姓憎恨王云,说道:"金人不从此路过,白白毁坏我房屋,收了我的粮,这王云是细作呀!"宗泽也曾上书指责王云是卖国贼,康王告诉了王云。来磁州后,王云当面羞辱宗泽。宗泽气愤,声称王云是细作,要骗康王到金国去。

话说康王进城时,州人举行了应王迎康王的仪式。应王即崔府君。那崔府君又是谁?据说是一位叫崔子玉的神灵,其真实原型有多种说法，梳理比较麻烦，也没必要多言。崔府君信仰原本流行于民间，宋太宗时因晋国公主祈祷有应，御赐庙额，正式纳入国家祭祀范围。此后的北宋皇帝也继续重视，不断派官祭祀。宋徽宗政和七年（1117），下诏加封崔府君为"护国显应昭惠王"，民间简称"应王"。

进城后，康王又到应王庙拜谒。当事人耿延禧后来回忆，康王拜应王时，抽了一枚吉签。之后应王显灵，派了一匹神马跟随康王。离开时，庙里的人为康王准备了一顶轿子，说："应王请大王乘此回馆舍。"康王定睛一看，只见轿内有金装座椅，杆头有螭首，还铺有红褥，俨然皇帝的规格。康王以为御制，斥责："亲王出使，怎能用此？"庙人不为所动，依然请康王登轿。耿延禧、高世则在旁边解围："大王想用宗泽的轿子，黑漆紫褥，郡守小官可以用，大王也不嫌弃。"于是，康王乘宗泽轿回。

康王乘轿离开时，王云还在庙里。王云亲信急忙跑来，告诉有人要来杀他，待在庙里不要出来。有些百姓、军人手持兵器站立两旁，在队列中找王云。耿延禧、高世则先出庙，恰好有部下称呼他们为"耿舍人，高观察"。那些人一看，不是王云。等王云出来，刚要上马，等候多时的人群一拥而上。很快他的衣服被扔到空中，再看时已粉身碎骨。杀了王云以后，这

223

群人又闯入州衙，将王云携带之物哄抢一空，还将伺候王云的一小吏打个半死。康王下令将作乱者一一斩杀，枭首庙前，局势才稳定。

磁州人大呼康王不可北上，是希望他留在磁州。巡警任永被金军游骑抓住，问康王藏身处。任永逃脱后，请康王赶紧离开磁州。汪伯彦也传来书信，说有五百多金兵沿路查访康王下落，请返回相州。王云被惨杀，年仅二十岁的赵构肯定受到惊吓。万一磁州人再对他不利，那就后悔也来不及了。他决定不再出使金营，而是南返相州，逃命为上。他赶紧命韩公裔寻访到相州的小道，趁夜离开磁州，二十二日天亮到相州。磁州人被蒙在鼓里，无人知晓。

王云事件之后，康王行程改变，犹如神灵护体，后福不小。从磁州到相州这段惊心动魄的亡命之旅，后来被演绎成"泥马渡康王"的传说，寓示康王乃真命天子。当事人耿延禧"看到"的"神马"，变成了"泥马"，但都说是崔府君显灵。宋元之际的《大宋宣和遗事》是这样描述的：

> 且说斡离不自遣康王归国后，心甚悔之。既闻康王再使，遣数骑倍道催行。王单骑躲避，行路困乏，因憩于崔府庙，不觉困倦，依阶砌假寐。少时，忽有人喝

第六章 建炎南渡

云:"速起上马,追兵将至矣!"康王曰:"无马,奈何?"其人曰:"已备马矣,幸大王疾速加鞭!"康王豁然环顾,果有匹马立于旁。将身一跳上马,一昼夜行七百余里,但见马僵立不进,下视之,则崔府君泥马也。

十一月二十四日,河北西路提点刑狱王起之、提举常平杨渊、提举常平茶盐公事秦百祥带兵到相州,加入了康王队伍。三人原先驻守浚州,见开封情势不对,转而投奔康王。

康王队伍逐渐庞大,但不能私自起兵。闻十一月中旬,耿南仲到相州,假借面奉钦宗圣旨,令康王起兵勤王。终于有了名目,公开大力招兵。

危急关头,开封城内以蜡丸四处求援,响应者少。倒是康王一呼百应,不请自来。闰十一月二十日,钦宗任命武学进士秦仔为忠翊郎、阁门祗候,职责是给康王送信。信外裹以蜡丸,缝在衣服夹层。信是钦宗亲笔,写在四寸见方的黄绢上,内容是:"知卿(指康王)起义勤王,可除卿兵马大元帅,陈亨伯元帅,宗泽、汪伯彦副元帅。应辟官行事,并从便宜。后空处家中安乐,无虑前日,赐钱五千缗。"

秦仔送到之时,已在开封外城陷落后。此后两三天,同样内容的信，又有七人相送。康王问为何会有八人来，秦仔答曰："金人围城甚急，天降大雪，皇帝在瑶津亭，派我等来请大王起兵入援。又考虑到派一人不够稳妥，万一没有送达，所以派了八人同来。我们缒城而下，冒着风雪前行。为躲避金人，分散开来，走的路不同。"

三十日，刘定再携蜡书到相州，还是督促康王救援。刘定出发时，外城还没有失陷，他急促地诉说开封城快要坚持不住了，请康王速速发兵。听了这些，康王帐下很多人不高兴。据记载，先到相州的秦仔，告诉康王众人，开封城非常坚固，不可能被攻破。现在刘定又说开封城危急，到底谁说得对？康王令先到的秦仔向众人宣说，用来安抚军中情绪。秦仔来相州的职责请康王发兵救援，怎么会觉得开封城不可能被攻破呢？况且秦仔先到，刘定后至，根据事态发展规律，后来者的叙述要更准确一点吧？然而，康王及其身边人都更认同秦仔所言，认为刘定之说则需再加探察。

钦宗亲笔信的目标很明确，就是盼望康王能够集合队伍，解救开封。虽然开封陷落数日，远在相州的康王没有得到确切消息，并不知晓。十二月初，兵马大元帅府正式成立，康王身着绯衣玉带。这绯衣玉带可不简单，是徽宗禅位时赐给钦宗，康王出使金国临行前钦宗赐给康王的。康王特意穿戴，史家着

第六章　建炎南渡

重书写，权力授受关系展露无遗。

元帅陈亨伯，副元帅宗泽、汪伯彦，为钦宗诏命，其他人等则由康王自行任命。耿延禧、高世则为参议官，河北都转运使张悫、京东转运副使黄潜善、大元帅府随军应副，知信德府梁杨祖为随军运使，杨渊、王起之、秦百祥任干办公事，蓝珪、康履、黎桼、杨公恕、韩公裔任主管机密文字。统军方面，陈淬任都统制，赵俊、刘浩、张琼、尚功绪、王孝思等人分为中军统制、前军统制、左军统制、右军统制、后军统制。在金军后方，一个完整的流亡政府班子粗具规模。

十二月四日，侯章又从京城送来蜡书，继续催促勤王。侯章什么时候出发的，有没有告知开封陷落一事，史无明言，不得而知。不过从秦仔出发、到达日期来看，侯章应该是在城陷之后出发的。据侯章言，这一批求援者共有十人，只有他安全到达。中书舍人耿延禧近在身边，侯章带来了一个钦宗的重要授权，康王可命其草拟诏书，尽发河北官兵入援。

钦宗求援心切，派了几拨儿人都没有回应，却赋予康王越来越多的权力。这样，至少河北地区的兵马，都要听命于康王。大元帅府给各地发檄书，说其要在十二月十四日启程到大名，要求各地守臣要在十二月二十日到正月三十日之间，到大名会合。然后听从指挥，协同进军。为让檄书能够抵达，康王对送信使者承诺，拿到回执者，给转一官资。使者欣喜，冒雪前行，除中山、庆源被围困以外，悉数送达。

既然要南下救援开封，为何要北上大名？有部下提议，相州防守严备，当留在相州自守，被康王斥责。在探讨入援开封的军事会议上，钦宗信使秦仔、刘定、侯章建议从浚州、滑州过河到开封。将领们都不同意，理由是：其一，河水没有结冰，渡口没船，过不了河。其二，滑州有金人大部队，长垣（今河南省长垣县）、韦城（今河南省滑县东南）金人也很多，岂能到那儿？争论之后，决定先北上大名。为稳妥起见，他们放出消息要南下汤阴去浚、滑，以麻痹敌人。

十二月十四日，大部队从相州出城，兵分两路，康王率领主力向大名进军，留两千人驻守内黄县（今河南省内黄县）、两千人驻守旧魏县，以防两地金军追袭。如同当年秘密离开磁州，此次行军计划也是机密的，除康王及身边人外，其他官兵和相州百姓一无所知。

十二月十六日，立春，河水结冰，康王等人有惊无险渡过黄河，到达大名。康王可能还不清楚开封已经陷落，但四方之兵不去开封，而是向大名开来。康王成了名副其实的大元帅，一呼而百应。

粘罕深知康王在外积蓄力量，是钦宗父子的希望，于是派

第六章 建炎南渡

使致书宋朝，要求召回康王。书中大意是，既往不咎，可派一人去召回。金人把守各大城门，宋官进出都要搜索蜡书。钦宗决定派曹辅去。蜡书肯定带不出去了，钦宗在曹辅衣襟上用明矾亲笔书写："京城失守，宗社倾危。赖金人讲和，只是割地而已。仰赖大元帅康王将天下勤王兵，进驻京城周围，不得轻动。四方将帅，也同详知。"用明矾水在宣纸、绢布等材料上写字，干后不显，再次浸入水中，字可再现。

曹辅十二月初出发，二十三日到兴仁府（今山东省曹县西北），见到知府曾懋。曹辅告诉曾懋，开封已经陷落，双方已讲和，金人暂占未取。曾懋诘问曹辅："虏人贪暴狡诈，怎么会攻而不取呢？公等家属必为所虏。是金人逼迫这么说的吧。"曹辅撕裂衣襟，让曾懋传递给康王。曹辅以不知康王所在，回京复命。康王所在，怎肯轻易泄露，就怕金人找上门来呀！更何况曹辅本就是奉金人之命，不可靠极了。

得知康王在相州，金兵于十二月二十五日兵围相州。康王听说金人到相州，庆幸不已。当初确定离开相州的日子，阴阳先生择在二十五日，耿南仲提议十四日出发，康王同意。康王对众人说："如果不是耿南仲择十四日离开相州，后果不堪设想。"耿南仲谄媚道："这是上天给臣的旨意，要将功业授予大王，臣何力之有？"康王没有胆识去救开封，也没有这个战斗

229

力。如果他坚决主张南援，有几人愿意追随？松散的战时联盟，瞬时间将分崩离析。

金人苦寻康王下落，他怎么还会发兵开封，躲还来不及呢！宗泽请康王发兵直趋开德府，再逐步前移，以解开封之围。汪伯彦反对道："数十万金人聚在京城之外，周围要害之地皆有兵把守。从开德之南四十里的卫南县（今河南省滑县东南）到京城之间，连珠扎寨，水泄不通。我军除五军保卫大王外，才有兵一万三千人，民兵又居其半。如何径直解围？必须量力而行。目前应当先为大王找一个安全去处，等河北、京东、陕西、江淮勤王师聚集，才有解围的能力。金人时常在河上巡查，开德、大名离黄河太近，很不安全，不能停留。可去东平府，以做后图。"

康王及部下都觉得可行，又往东平去了，正月三日抵达。同时命宗泽驻军开德府，扬言康王在宗泽军中，吸引金兵注意，以掩人耳目。此后，副元帅宗泽多次与金人交战，不在康王身边，也就顺势被排挤出大元帅府的决策层。

正月中旬，河北各地兵马开始向东平府集结。知冀州权邦彦带一千人来，康王令其到开德，听宗泽节制。接着，知河间府兼高阳关路安抚使黄潜善带兵一万三千，知霸州辛彦宗带兵五千，知安肃军王澈带兵二千，由高阳关路副总管杨惟忠为都统制，至东平府报到。康王的队伍愈发庞大了。

第六章 建炎南渡

人数增多,兵威自振,要不要去救父兄?康王阵营发生了争论。黄潜善向康王提议:"登城不下的诏书好多天了,金人没有退兵,与城中也断了联系。如今兵马已壮,何不致书二太子,说去年到金营结盟之事?而且两国本要和好,金人却以兵深入,不得不率兵出击,以援京师。若会合天下之兵,胜负难料。皇帝发来登城不下之诏,有一段时间了,暂不敢进。士大夫信大金重义,而战士愤恨大金不走,万一鼓噪而进,那可就麻烦了!"

耿南仲不同意写信给斡离不。他说:"金人恃强欺弱,没必要逞口舌之快。金人正在寻找大王,收信即得知大王在东平。金人就会胁迫上皇、皇帝手书(亲笔书写)迫切之言,要大王归京师。如果事情到这个份儿上,大王是回还是不回呢?回则有不测之祸,不回又违二皇帝之诏。且大王仁孝,得二皇帝手书,必定回京。队伍中有不少东京人,思念家乡,肯定要劝大王回归。这样一来,前途叵测,勤王之兵也将散乱不一。大王不如积蓄威望,使金人难测,这才是上策。"

黄潜善认同耿南仲所说的康王不能给斡离不写信的理由,但他还是坚持要写信刷一下康王人马的存在感。他建议耿南仲写信给金人:"北人喜寒而畏暖,南人喜温而恶寒,天气即将转暖,将对南兵有利,恐将不利于金国。"耿南仲还是不同意,说道:"这还是打口水仗。如果金人约战,我们这些兵马能扛得住吗?若不敢战,则自己屈服,战则胜负难知。还不如暗地积蓄力量,让金人摸不着头脑。"

耿南仲没说透,肯定觉得康王人马注定不是金军的对手。明说以后性质就变了,成了长别人志气、灭自己威风,谁都会不高兴。耿南仲言论虽然是消极的,但是事实。康王率领的多是地方散兵游勇,精兵很少,怎么能够与金人对抗?注定是以卵击石罢了。建议不被采纳,黄潜善怏怏离开,驻守曹州。

赵野、范讷、宗泽、权邦彦、翁彦国、向子諲等人所说,与黄潜善类似,都在跃跃欲试。向子諲真的派人送信给金人,内容与黄潜善所言相似。金人果然提出来日约战,出语不逊,无人敢回。康王赶紧命杨惟忠、辛彦宗为先锋,派兵五千支援兴仁府、两千支援郓州,以防金军来袭。

二月初,康王再次调整兵马,向西增兵,以做勤王态势。大元帅府直属五军驻守东平,共一万九千人,加上马军号称四万,继续由杨惟忠统制。开德府驻军一万九千人,加上马军号称三万八千,由陈淬统制,听宗泽节制。濮州驻军一万四千人,与开德近在咫尺,并听宗泽节制。兴仁府有军一万九千人,加上马军号称四万二千人,由张晓统制,听黄潜善节制。广济军(今山东省菏泽市定陶区北)人马有八千人,加上马军号称一万五千人，由丁顺统制，听黄潜善节制。单州（今山东省单县南）有六千人，加上马军号称一万二千人，听黄潜善节制。柏林镇（今山东省平邑县柏林镇）有军三千人，加上马军号称六千人，听黄潜善节制。

各军以勤王为名，在开封以东形成进取之势，也可遏制金军东进。除此之外，黄河以南的亳州、陈州、颍州、应天也有勤王军队。康王下令，诸路军马不得擅自行动，要听从指挥。

康王军队看似整齐划一，实则临时凑齐，有些是招安所得，军心并不稳固。靖康元年（1126）十二月，康王在相州时，林虑县（今河南省林州市）天平山一带，有兵匪杨青、常景盘踞于此，从者约一万四千人。正值用人之际，康王派人招安，二人归附。康王命杨青为先锋统制，拨到宗泽部下。康王离开大名时，命杨青到柏林镇。经过濮州时，杨青带二十几人欲进城索要粮食，与守城官员和士兵发生冲突，被杀。

康王命部将常谨取而代之，继续向柏林镇进发。常谨从朝城（今山东省莘县西）出发，到郓城（今山东省郓城县）后，停留十天不动。一日，常谨设酒席，邀请下属孔彦威等六人喝酒。席间，喝了几杯的常谨吐露心声："做官不自由，不快活，好想落草去快活，你们觉得如何？"听者无人应答。常谨只好作罢，说他日再商量。康王虽然让常谨领兵，肯定安插有亲信。

第二天，常谨派孔彦威到山口，准备从袭庆府（今山东省济宁市兖州区）回老巢。

孔彦威急行一日一夜，到元帅府告密。康王问："何以查验？"孔彦威说还有五人携带金银正在招兵。康王命秘密搜捕，又刺探常谨动静，果然如孔彦威所言。康王随即命孔彦威回去，伺机将常谨斩首。事成以后，常谨官职和所部兵马便授予孔彦威。常谨还在做草寇大梦，便被孔彦威拿下，再出康王命令抚定部下，将常谨斩首。康王信守诺言，将常谨官职授予孔彦威，令他带一万人马开赴开德，听宗泽指挥。

二月二十日，在汪伯彦等人的建议下，康王元帅府离开东平，向济州（今山东省济宁市）方向进发。途经任城县（今山东省济宁市北）时，差点发生兵变。康王所统领的军队，一部分来自黄河以北，一部分来自黄河以南。靠南的兵将思乡，想要南下；河北兵惧怕战斗，想要北归。听说元帅府要南下济州，北兵不情愿，于是约定五更时刻放火，试图扰乱军心。将领张俊提前得知，逮捕乱兵，挫败其谋。

二十三日，康王到济州。其余各路勤王兵马依旧布防在开封以东，分布黄河南北。对于下一步的军事行动，军中有些分歧。有人建议约定同日向开封进兵，与金人决一死战。当然，绝大多数人以开封情况不明为由，不敢前进。

第六章 建炎南渡

双方少不了有接触。宗泽曾与金人大小十三战,他劝康王以及动员诸将进攻时,遭到拒绝。三月十日,金人小股部队在兴仁府外五里处扎寨。次日进攻,黄潜善命统制官张映占据有利地形迎敌,派丁顺、孟世宁二将从两路设伏。金将中箭负伤,带兵撤退。

大约在同时,有少部分金军攻打濮州,被宋军打退。另有一股金军攻打开德府,宗泽命统制官孔彦威、知冀州权邦彦出击,打退金人。金人又来,权邦彦与敌交战,双方胜负相当。宗泽从南华县(今山东省菏泽市西北)派出两千援兵,金军奔向开德。权邦彦和孔彦威夹击金军,大败之。

还有一支到济州,康王令都统制杨惟忠严阵以待,又命中军统制张俊带兵张大旗帜,显示人数众多,充作疑兵。金军没有攻打,趁夜撤退。这些金军小股部队应该是在寻找康王所在,以为康王在开德,因而数量较多。

康王令诸将不得擅自出击,实则以守为主。宗泽见攻打开德府的金军不堪一击,和权邦彦率五百战车追击,约定深州守将姚鹏一同进击,解围开封。姚鹏没出兵,宗、权到卫南(今河南省滑县东),遇到金人伏兵。金军败,朝东奔走。宗泽追击,金人增兵,先锋王孝忠中箭坠马而死。局面不利,宗泽下令:"今日进退等死,不可不死中求生。"士卒知道必死,都跟随宗泽置之死地，无不奋勇杀敌，斩首数千。金军退却十余里，宋军获得韦城（今河南省滑县东南）。宗泽知道敌人势众，很快会反扑，趁夜色暗淡率兵离开。金人追来，只见空营。宗泽再派军渡过大沟河，袭击金军，败之。

康王一直在开封不远处，但不知城中确切消息。为了迷惑他，金人押送书籍、礼器等一千多车，打着宋朝皇帝的旗号，从阳武（今河南省原阳县东南）渡黄河，以试探康王。金军要裹挟金银细软，拖家带口，从开封北上，惧怕康王率领的勤王军队半路截击。金人又向各地通告，说徽、钦父子和家眷已经北迁，继续迷惑康王。

金人实在多虑了，此事传到康王耳朵，康王还是没有进一步行动，以守为主。宋朝军队就在远处观望，不敢前进一步。北上行进时，金军战战兢兢地前行，却不见宋军踪影。为避开宋军袭击，金人绕开大路走小路，比较艰难。宋军若能追击，大局无法更改，倒是可以挽回些损失，救出些人口。然而，宋人不知内情，没有那个胆量。

二、恐失其鹿：康王小烦恼

听说金人立张邦昌为帝，康王准备南下宿州，然后渡江。先锋部队携带辎重到山口镇（今山东省嘉祥县西），士兵看出此

第六章 建炎南渡

行不到京师,言论纷扰,康王只好作罢。宗室、知淮宁府(今河南省周口市淮阳区)赵子崧致信康王,应该渡河出击,迎回二帝,问罪张邦昌,不可渡江南下。

金人离开封北去,张邦昌闭门自守。盘踞在周边的宋朝将领,都在向京城方向移动。康王令诸路人马到城门外会合,听从指令,不得私自进入。

赵构是徽宗唯一逃出的儿子不假,但并不表明不存在内部威胁,他可以自然而然地接管赵家剩余的半壁江山。令赵构感到威胁的是流落在各地的宗室,特别是抗金队伍中的宗室。宗室以赵宋为旗帜,也可以招兵买马,成为一方诸侯。从结果向前追溯,这些威胁不足以撼动赵构的地位,但困境中的他肯定不作此想。毕竟康王名声在外,是金人追逐的主要目标。万一身遭不测,那可真要危如累卵了。

四月七日,宗室赵叔向领兵七千驻扎青城,号赵大王。他派人高举黄旗,入城招募救驾义兵。明摆着,这是不将康王命令放在眼里。军中有一将领名叫于涣,到南京告发赵叔向擅自起兵。康王命刘光世抓捕赵叔向,杀之。

前文那位劝进康王的赵子崧,也是两宋之际的活跃宗室。四月初,金人离去,知淮宁府的赵子崧带勤王兵北上,与同为领兵勤王的江淮荆浙等路制置发运使翁彦国相遇。滑稽的是,二人可能觉得正是天下大乱、众雄逐鹿之时，他们相约筑坛，杀牲，歃血同盟。既然同盟，那谁当盟主呢？

赵子崧是宋太祖次子赵德昭的五世孙，据说当他听到"太祖之后当再有天下"的传言之后，兴奋不已。他自诩宗室，要做盟主。翁彦国不同意，说道："我奉命勤王，你不过是个陈州（淮宁府原名陈州）守臣罢了。"二人争执不下。京西路安抚使何志同、都水使者荣嶷也带兵而来，几人筑坛同盟。何志同对争当盟主的二人说道："大元帅康王统兵在济州，我等应该领兵前往，听其节制，还至于争当盟主吗？"赵子崧坚持登坛，行歃血之礼，过了一把瘾。

听说赵子崧等人同盟勤王，康王授予他兵马大元帅府参议官的名号。后来，有人举报赵子崧，说他发过勤王檄书，上面有"艺祖（指宋太祖）造邦，千龄而符景运；皇天佑宋，六世而生渺躬"两句大逆不道的话。这两句的意思与"太祖之后当再有天下"相似，但具体到太祖的六世孙了，那不明说是赵子崧了吗？宋高宗震怒，下诏调查，将赵子崧贬到岭南，很快死去。

开封陷落后，主导"六甲神兵"的郭京自知没好果子吃，一路逃到襄阳。他率领三千多残兵败勇，下寨于海子头，居住在洞山寺。这家伙还不老实，计划寻找宗室册立为帝。五月初，

第六章　建炎南渡

驻守于此的宋朝将领张思政乘机率兵突击，将郭京抓获。在将郭京押解到南京的路上，被乱兵首领李孝忠偷袭，张思政随即在轿中将郭京刺杀。半路杀出的李孝忠，原是开封士兵，城陷后与众人从万胜门逃出。他一边逃亡，一边聚集乱兵，结拜了九个义兄弟，为首的即是李孝忠。

即使没有宗室，也可能找一冒牌的，可以聚集兵马。势力最大的抗金武装，当属河北庆源府五马山上的忠义军。马扩是北宋末年外交的重要见证者，本书第二章多次提及。金人南下时，他跑到真定府，被守将刘韐当作金人奸细抓了起来。出监牢后，开封陷落，他就加入了忠义军。马扩入伙后，迎来一位"信王"，作为号召队伍的旗帜。信王在忠义军中的消息不胫而走，吸引了大量追随者。信王是宋徽宗的第十八个儿子，名榛，此时正在北上燕京的队伍中。也就是说，忠义军中的赵榛其实是假冒的。后来马扩南下，向已即位的高宗求援，假信王不知所终。

不可否认的是，康王与徽宗、钦宗的血缘关系最近，又实力最强，是中兴的不二人选。从张邦昌投诚，到康王接纳，其间时日不长，但非一蹴而就。张邦昌和康王之间并非互相信任，自然也心存芥蒂。为给自己留好后路，张邦昌去除天子名分，派使找寻康王，但肯定为僭越下场担忧。康王阵营看到张邦昌如此，肯定欢喜异常，但少不了也有顾虑，万一张邦昌果真要当皇帝呢？张邦昌弟弟张邦基是庐州通判，张母以及邦昌妻、子也在庐州。康王派人严加看管，以防后患。

三、赵宋中兴：高宗续国祚

那么，康王和张邦昌是如何建立直接联系的呢？张邦昌多次找寻康王下落而不可得，派使致书康王部将，被斥为篡逆者，书沉于海，使者被留，有去无回。康王接到消息，但没有迅速回复。巧的是，京城巡逻的士兵抓获几名刺探情报的侦察兵，一问才知是从康王军中来。再问康王现在何处，答曰济州。张邦昌虽然做出了复辟宋朝的姿态，但没有表明支持康王。吕好问对他说："公宜遣使推戴康王，则为功臣。若被人捷足先登，则为叛臣。做功臣还是叛臣，需早决定。"张邦昌为难道："不是不着急，城外有兵，如何遣使？"吕好问又说："先派人告知城中，将来纵使有别人策立，亦可查验时间，则心迹自明。不然，不仅相公不能自保，我等家属也难保了。"于是，张邦昌派遣蒋师愈、程僎携书到济州，说他是如何被强迫、如何保全生灵的。

康王这次回了信，赞扬张邦昌犹如伊尹、周公，守护了宋朝。为表忠心，蒋师愈、程僎刚走，张邦昌再派外甥吴何以及康王舅父韦渊，致书康王称臣。两拨儿使者几乎是前后脚到济

第六章 建炎南渡

州。信中说，府库皆闭以待大王。又引用颜回"子在，回何敢死"的典故，谄媚康王道："邦昌所以不死，以君王在外也。"康王见张邦昌称其为君王，大喜。

兵部尚书吕好问、侍御史胡舜陟、监察御史马伸建议张邦昌正其名位。应该怎么做呢？那就是，元祐皇后垂帘听政于内，张邦昌以太宰身份治事于外，派遣大臣迎回康王。张邦昌听从了这一建议。

康王离荣登大宝的日子越来越近了。金兵北上三天，康王元帅府的耿南仲、汪伯彦、黄潜善、耿延禧、董耘、高世则、杨渊、王起之、秦百祥、杨惟忠、张俊等人劝进康王。他们进言："愿大王即皇帝位，以定天下。上以慰祖宗在天之灵，次以慰二圣南望之意。然后号令天下，回戈灭虏，以迎还二圣，为大宋中兴之主。"又说先下手为强，倘若张邦昌久据其位，效仿者就会多如猬毛。

进入京城的探子回报："金人四月一日离开京城，二帝六宫尽皆北去。张邦昌自称大楚皇帝，修缮京城守御，以捍勤王之师。"黄潜善建议集结人马，直指京城，张邦昌必定胆战，交出宝位。杨惟忠、张俊也说，应该先解决张邦昌，再迎还二圣。康王的忠实部下还由年号"靖康"，引申出了康王受命之符。他们附会道，京师之人在传靖王或康王有天命，但徽宗皇子中没有靖王的封号。等钦宗被掳北去，人们恍然大悟："靖字从立，从十二月，乃皇帝立有十二月，康王建帅。"意思是，钦宗做皇帝十二个月后，康王成了兵马大元帅。还有，河水本无冰，康王渡时骤然结冰；济州有红光之瑞，预示宋朝火德再兴。劝者一拨儿接连一拨儿，康王惺惺作态，泪流满面，一再推辞。

　　需强调的是，康王阵营的劝进，发生在张邦昌与康王尚未直接接触之前。四月九日，孟太后派侄子孟忠厚携书劝进，说："今中外近属，唯王一人，茕又忠勇英明，四方属望，入继大统，非王而谁？"约在同日，张邦昌派谢克家送来"大宋受命之宝"的篆文玉玺。谢克家双手捧玺，跪见康王。康王一开始谦虚退却，恸哭之后，跪着接受。有人说张邦昌是大楚皇帝，送大宋玉玺来，是因为无用。康王又听说张邦昌恭迎孟后，也是将信将疑。他命令京城外兵马就地安营扎寨，听候命令。金人想要消灭赵氏根基，然而举措粗枝大叶，弄一个张邦昌做傀儡，也没有全力追击康王，眼见其坐大。禁中宝物尽数掳掠，宋朝传位玉玺却得以留存，为康王锦上添花。

　　三月十日，张邦昌放弃帝号，以太宰身份退处内东门资善堂，结束了三十三天的大楚皇帝生涯。次日，孟太后到内东门小殿，正式垂帘听政。听政后，从未与康王谋面的孟后，下了一封诏令，赋予康王即位的合法性。其中有言："已徇群情之请，

第六章 建炎南渡

俾膺神器之归。繄康邸之旧藩，嗣我朝之大统。"

此后，一封又一封的劝进书向康王袭来。到底应该在哪儿举行即位典礼呢？难道是如许多人预想的那样，要在开封吗？其实不是。开封距济州不远，但那个伤心地实在令人缺乏安全感。早在四月九日前后，耿南仲等人劝进之后，张邦昌送来传国玉玺，康王幕府官员即商议在何处即位的问题。康王正在济州，有些将领和官员主张就地举办。有人则提出："南京是太祖兴王之地，应当在南京即位，以绍隆先祖。"宋太祖曾任宋州节度使，宋朝之"宋"即源自宋州。作为龙兴之地，宋州升为陪都，宋真宗时改称南京应天府。

宗室赵仲琮则不主张直接称帝，他说："昔晋安帝蒙尘西土，大将军武陵王遵在制行事。今二帝北迁，大王不当即位，只用晋武陵王故事，称制行事，不改元。"这个赵仲琮不知打的什么主意，居然不主张康王称帝，自然引发众人围攻。耿延禧甚至说道："你是宗室，岂不避嫌？"直接否定了他的议事资格。既然有人质疑，就需要再从法理上解决。就在这个节骨眼儿上，有人从金人押送的北上人群中逃出，传来太上皇口谕："康王可便即皇帝位。"来人还拿出蜡丸，里面还有徽宗亲笔"即真"二字。他们最后决定，四月二十一日在南京应天府举行登极大礼。散会后告知康王，"王慨叹可之"。

四月二十一日，典礼尚未进行，康王大部队离开济州。虽然父兄被劫，但康王没有率兵北上阻截，而是南下准备做皇帝。他固然认同属下所说即位要紧，然后再行救援。不过，金人后来讽刺康王这一举动，说他："衔命出和，已作潜身之计；提兵入卫，反为护己之资。忍视父兄，甘为俘虏。事务难济，人岂无情？方在殷忧，乐于僭号，心之幸祸，于此可知。"

离开济州，快要做皇帝的康王兴致很好。行走一段时间，天色渐暗，就地留宿。康王问所处地名，答曰"新兴店"。真是个吉利的名字。汪伯彦奉承道："太平兴国时，北敌南侵，太宗到大名亲征。渡河时，有人拜谒，问姓名，曰'宋捷'。太宗喜不自胜，此后果然有捷报传来。现今大王治兵讨贼，行绍大统，而初宿新兴，天意若曰宋室中兴。其命维新，将克继前人之美。"听罢，康王称妙。

二十三日，康王抵达南京应天府。从济州到南京，这一路上有几支队伍来投奔，康王直属军队更加庞大了。在济州时，鄜延路兵马铃辖副刘光世率兵从陕州抄小路到达济州，康王见之大喜，令他统领元帅府五军。途经虞城县时，西道总管王襄、副总管孙昭远带兵加入。需要知晓的是，北宋灭亡，天下大乱，流民、兵匪盘踞地方，一步步坐大，成为康王掌控全局的绊脚石。

第六章 建炎南渡

康王要在南京即位,开封城里也紧锣密鼓地操持着。二十五日,张邦昌、王时雍率领一众官员出城,次日到南京。孟后下令将开封的车驾、法仗等皇帝御用器具带到南京。国子祭酒董逌率太学生代表也到南京,上劝进表。

受孟后所托,内侍邵成章、王兖押运舆服、御辇、仪仗抵达南京,进奉康王。这些御用物品中,有一顶道冠,众人觉得诧异,不知何用。邵成章转达孟后之语:"自祖宗以来,凡退朝、宴间不戴头巾,只戴此冠。后来神宗皇帝易以头巾,循袭至哲宗皇帝、道君皇帝,非祖宗制也。愿殿下即位后,退朝宴间戴此冠,便是祖宗太平气象。"孟氏被封元祐皇后,受新党排挤,成为反新法和元祐时代的政治象征。她这是话里有话,可不是只有一顶帽子那么简单。其意在于,神宗变更祖宗法度,其子哲宗、徽宗继承,宋朝走向末路。康王不可步其祖、父后尘,戴上此冠,恢复祖宗之法,才可迎来天下太平。

康王是聪明人,当然明白,但这是将来的事,现在还顾不上这些。能不能保住性命、延续宋朝,还很难说呢!金人指不定什么时候就杀过来。当前紧要的任务是顺利即位、昭告天下。

面对一浪接一浪的劝进风潮,康王在众人面前流下了热泪。他泣涕连连地说道:"我受上天眷命、群臣爱戴,幕属将佐五六次上书劝进,屡次推辞,踌躇不已。又奉太上皇帝'即真'之诏，太母（指孟后）乘舆服御之意，迫不得已，敢不钦承？"自古做皇帝的，没一个不是迫不得已。然后，主管择日的克择官选定五月一日行礼。

即位礼之前，在南京谯门左营设坛，命朱胜非撰祭天文，滕康撰大赦文。五月一日，康王登坛，受天命。耿南仲为即位的礼仪使，其子耿延禧宣读告天祭文。随后，康王在应天府正衙即位，接受群臣贺礼。此时，康王的称呼发生改变，成了宋高宗。当然，"高宗"是他死后的庙号，后人以此称他而已。

新皇帝就要有新年号。按照惯例，新皇登极次年才改元，两宋之际，情况特殊。改元，可以告知天下，宋朝起死回生，诞生了新的领袖。新年号也有几个备选，比如"炎兴"。耿南仲等人议论之后，确定"建炎"。有什么寓意呢？耿南仲做了如下解读：东汉光武帝中兴汉室，改元建武。应当仿效光武中兴故事，用年号寓意新纪元。恰好宋高宗和宋太祖都是丁亥年所生，丁亥五行属火。据五德终始理论，宋朝自定为火德。太祖立国建元建隆，高宗应该重建火德，故当以建炎为年号。

宋高宗建立的政权，也称大宋。只是偏安黄淮以南，史称南宋，之前称北宋。

代表正统的赵宋王朝恢复了，那位短命皇帝张邦昌的命运如何呢？宋高宗会如何处置？

第六章　建炎南渡

虽然做了皇帝，张邦昌始终守护不可僭越的法度。他不改元，且下令说："因大国（指金国）逼迫，为救斯民于水火，各位横加阻挠，不容自裁。我忍死处理国事，并非出自真心。之前有司以圣旨出令，实在不可。孔子都不称'圣'，我岂敢造次？今后，内外官司面承得旨事称面旨，内降及批出文字称中旨，遣官传谕所司称宣旨，手诏称手书。"即在文书制度上，与王言的圣旨、诏书相区别。

在行动上，张邦昌也与皇帝起居有所不同。他不御殿，不受朝，在延康殿廊屋接见官员。见大臣时，都坐着议事，说话时自称姓名。饮食、起居不用天子礼仪，遇到金人则会快速换上皇袍。

四月二十六日，张邦昌以太宰身份拜见康王，一入门即恸哭叩首请死。康王命人扶起，张邦昌哭着诉说开封围城期间的种种不幸，康王也随之落泪。

五月三日，如何处置张邦昌提到日程。高宗问黄潜善、汪伯彦："如何处置张邦昌？"黄潜善说："邦昌僭称名号，罪不可赦。但他为金人所逼，不得已而从。金人退后，专门派人上奏疏，送来玉玺，又迎回太后，自己退位。如何处分，请陛下睿断。"很明显，这是在替张邦昌说情。高宗说："朕曾与邦昌同使金军，他小心谨慎。不幸遭此祸变，虽不能以死守节，但

247

灵活应变，宗庙、社稷得以保存，一城生灵得以存活。金人稍退，即致书来报，归玺来朝。朕先赦其罪，授予王爵。可让邦昌致信金人：'举国之人不忘赵氏，天下勤王之兵很快就归顺宋朝。'如此，不用问罪，使他受制于朕，也使金人得知天人归宋。"黄潜善、汪伯彦表示认同。于是，以太傅、同安郡王授予张邦昌，参决政事。

五月五日，当年领导开封保卫战的李纲成为南宋宰相，六月一日抵达南京。李纲的到来，敲响了张邦昌的丧钟。

到南京的第二天，李纲在上疏中提出处理僭逆、出任伪官的建议，主要针对张邦昌。他说："张邦昌身为大臣，不能以死报国，却凭借金人势力，称帝建国。其后迫不得已，才行奉迎。朝廷崇之为三公王爵，参与大政，不合大体。应该明正典刑，垂戒万世。"在高宗即位之事上，张邦昌有功，看到李纲奏疏，高宗没有应答。

见高宗没有反应，李纲再奏应当处分张邦昌以及在伪楚政府任职的官员。宋高宗只好召集大臣商议。在李纲的唇枪舌剑下，为张邦昌说情者处于下风。结果，张邦昌被贬到潭州，很快被赐死。

据李纲《建炎进退录》记载，张邦昌之死，当与一事有莫大关联。张邦昌做大楚皇帝时，金人赐华国靖恭夫人李氏给他做皇后，另送有宫女十多人。李氏伴随张邦昌左右，时常给他送果盘之类。一天夜里，张邦昌喝了酒，李氏对他说："大家，事已至此，还有什么可说的？"说着将赭色皇袍披在张邦昌身上，拉入福宁殿，然后让她养女陈氏侍寝。福宁殿原为皇帝寝宫，张邦昌原本是不敢在此居住的，没想到还是出了格。

日后，李氏因言论不敬被抓，棍棒之下抖出这件事。宋高宗震怒，说道："邦昌竟敢居住宫禁寝殿，与宫人通奸，可见其坏！"李纲在旁边劝说："张邦昌罪在篡位，这些都是小枝节。"不过，与张邦昌做皇帝一事相比，宋高宗更为计较张邦昌寝宫一事。因此，《金史·张邦昌传》说宋高宗"罪以隐事杀之"。

当初开封围城中，招摇过市的吴开、莫俦，以及王时雍、徐秉哲都遭贬黜而死。那个维持开封秩序的武将范琼，让百姓恨得牙痒，先是被高宗升职，派去镇压南方变乱。后来南宋发生苗刘之变，范琼与苗傅勾结，事发被杀。

金人得知宋朝再兴，磨刀霍霍意欲斩草除根，宋高宗即将开始逃亡的生涯。另一方面，在金人的驱赶下，宋高宗的父母、兄弟、姐妹、妻妾、子侄以及万千大宋臣民，开始了艰辛的北迁噩梦。

第七章
魂归北国

从离开故土到身死他乡，徽宗、钦宗父子又经历了几年的囚徒时光。其中的屈辱故事，多为宋朝官方所隐讳。幸运的是，有一批私史、笔记、日记，依靠时人亲身经历或口述资料，为后世留下点滴，使我们得以窥视这些宋朝俘虏的人生体验。这些史料的名字是：《北狩见闻录》《北狩行录》《南征录》《青宫译语》《呻吟语》《宋俘记》《燕云录》，等等。徽宗、钦宗的北国旅途，主要分为五个阶段：一、从开封到燕京；二、从燕京到中京；三、从中京到上京；四、从上京到韩州；五、从韩州到五国城。

第七章　魂归北国

一、背井离乡：向燕京进发

靖康二年（1127）三月二十七日，粘罕召见徽宗。徽宗身着紫色道袍，头戴逍遥巾，乘轿到粘罕帐中。两个人所交谈的，应该是宋室向北迁徙的计划。许久之后，徽宗起身求告粘罕："老夫得罪，合当北迁。没有出嫁的帝姬，敢请留下，希望给予恩赐。"粘罕没有理他。过一会儿，郑皇后进入粘罕帐中，说道："臣妾有罪，自当从上皇北迁。但臣妾家属没有参与朝政，乞请留下。"粘罕点头称许。第二天，金使送郑后家属入城。之所以同意郑后所求，是因为粘罕觉得郑后善于言辞，进退有度，举止优雅。这是粘罕第二次准许郑后所请。

金军到底掳掠了多少宋人？又有多少人北上？《宋俘记》中有一个大致的数字。被押送到城外的总人数，《宋俘记》载："既平赵宋，俘其妻孥三千余人，宗室男、妇四千余人，贵戚男、妇五千余人，诸色目三千余人，教坊三千余人。"在这些人中，死亡、逃亡的有两千人，放归的有两千人，北上的有大约一万四千人。这一万多人，主要以宋朝宗室为主。据说还有十多万百姓也被掳掠北上，只是相关记载绝少，留下一个模糊的数字。

宋俘共分七支队伍北上。三月二十七日，最早一支从青城出发，由都统阇母（多昂木）率兵两万押送。其中有宗室贵戚男丁二千二百余人，妇女三千四百余人，濮王以及晋康、平原、和义、永宁四郡王在其中。

第二支于二十八日清晨从刘家寺出发，由真珠大王设也马、盖天大王赛里、千户国禄、千户阿替纪押解。被押者有康王母韦氏、相国公、建安郡王、富金帝姬、柔福帝姬以及郓、康二王的妻妾、女儿，共三十五人。有一名叫李浩的人，与相国公赵梃相像，被误抓到青城。钦宗打算让赵梃逃走，让李浩取代。建安郡王赵模二月去世，秘而不宣，以相国公赵梃替代。后文的相国公其实是李浩，建安郡王其实是赵梃。跟随设也马的，有金朝翻译官王成棣，将所见所闻记录在案，即存留至今的《青宫译语》。

第三支是四月一日从青城出发，被押者主要是钦宗妻妾、惠福帝姬、柔嘉公主三十七人，由粘罕次子、宝山大王斜保押解。

徽宗、郑后在第四支，其成员还有燕、越、郓、肃、景、济、益、莘、徐、沂、和、信十二王和安康、广平二郡王，以及瀛、嘉、温、英、仪、昌、润、韩八国公，还有皇孙、驸马以及徽宗妻妾、奴婢，共一千九百四十余人，由万户额鲁观、左司萧庆、孛堇葛思美押解，于三月二十九日从刘家寺出发。

第五支由斡离不亲自押解，也是在三月二十九日出发。被押对象有帝姬、王妃等一百零三人，侍女一百四十二人。

第七章　魂归北国

第六支人数较多，有贡女三千一百八十人，工匠、艺人等三千四百十二人，由右监军固新、左监军挞懒押解，四月一日从青城出发。所谓贡女，顾名思义，就是宋向金进贡的女子。

钦宗在最后一支，包括太子、祁王、顺德帝姬以及十二名官员，再加侍女一百四十四人，由粘罕、右司高庆裔、都统余睹押解。

宋俘数量很多，徽宗在内的绝大部分人，从开封出发，经河北，先到燕京，再到金朝上京会宁府及再北。钦宗在内的最后一支随粘罕军，从开封出发，经河东，先到西京，再到燕京，然后到会宁及更北。

那么，上述活生生的个体，在起点到终点的漫漫长路上，发生了什么？很遗憾，路途遭遇，以徽宗一路资料较多，可知其中的不少细节。设也马押解一路，有王成棣随从记录，也透露一些内容。关于钦宗一行，也有寥寥数笔。其他几支的资料少之又少。

确定人员分组时，钦宗请肃王赵枢与他一路。因为在第一次开封围城时，肃王作为人质被扣留金营，了解一些金人内情。被皇帝哥哥坑过一次，肃王坚决不肯同去，也有他的道理。他对钦宗说："去年奉旨出使，很久不在父母膝下。虽然得以生还，却家破国亡，离死不远。希望能留在父母身边。"边说边哭，才得以如愿。肃王不去，祁王被派到钦宗身边。

三月二十七日晚，徽宗等人从青城走到刘家寺，准备出发。

二十八日，徽宗率郑后、诸王等家眷朝开封城的方向跪拜，与宗庙里的列祖列宗告别，哭声震天。徽宗趴在地上，胸闷气短，无法自行站立，景王将他扶起。景王赵杞时年二十三岁，到青城后照顾徽宗日常，临行时须发皆白。这天夜里，钦宗和朱皇后、太子拜见徽宗，父子伤离别，宛若此生不再相见。

次日一早，斡离不约徽宗用早餐，郑后、妃嫔、诸王、帝姬也都席地而坐。斡离不派王汭翻译他的话："自古贤圣之君，无过尧舜，犹有揖逊，归于有德。历代革运之事，想上皇心知肚明。本国消灭契丹，所得嫔妃男女，尽作赏赐分配。念上皇昔有海上之德甚厚，今尽令儿女相随，服色、官职一概如故。"

再劝徽宗进酒，继续宽慰道："事有远近，但且放心，必有快活时。"徽宗说："当初为兄弟，今日为阶下囚，岂非运数？赖太子保佑，全活千口。求放过嗣子，我替他朝拜大国，希望为我做主。"斡离不说："正在等候圣旨。"徽宗再说："两国联盟，罪责在我，非将相之错。我罪在天，故请以己身答谢天谴，不愿连累他人。"斡离不说："此心意甚好。待到燕京，可能会有圣旨来。"饭毕，随之启程。

徽宗这一支，用车八百六十辆，以牛车为主。徽宗乘坐的是宫人日常所用牛车。五头牛并行驾车，由两名不晓汉语的金人士兵牵引，这是极少数人才有的礼遇。不少金银绢帛等战利品也要

第七章 魂归北国

转运,马车、牛车都用上也不够。燕王、越王共坐一辆牛车。无车可坐的就骑马。有些妃嫔、帝姬等女性骑马上路,不会驾驭,跌落数次。康王邢妃、郓王朱妃以及两位不知封号的帝姬,出发时已有身孕,坠马后流产,无法继续骑行。更惨者无车可乘、无马可骑,只得在金人马鞭驱使下靠两腿挪步。

虽然分了七支队伍,因出发日期相近,路上常常两支或三支同行,比如斡离不与徽宗不在一支,却一路同行。到黄河边昨城时,探知黄河以北可能有宋军、土匪出没,不敢前进。先出发者停顿于此,后出发者也跟了上来,都在河边等候。经历兵火的黄河两岸,房屋焚毁几尽,腐朽的尸骸曝露在野,皑皑白骨散落于地。经过丰乐村时,只见房屋尽数倒塌,不见活人出没。在一户人家的院子里,有二十多具男女尸体,尚未全部腐烂,惨不忍睹。

停留之际,金朝翻译王成棣向宦官打听宋朝宫闱秘事。有人告诉他:"道君五七日必御一处女,得御一次即给名号,续幸一次进一阶。退位后,出宫女六千人,难怪会亡国。少帝(指钦宗)贤,好读书,不沉迷声色。即位半年,没有增加服侍之人。一妃、十夫人,得幸者只有三人。其他俭朴之处更多,不胜枚举。郓王性情怯懦,体质柔弱,不肯北行。康王目光如炬,好色如父,侍婢多有死者。"宫闱八卦人皆乐听,说者当是绘声绘色,如同说书。既已亡国,无人管束,口无遮拦、夸大其词也不打紧。

255

过了两天，前方警报解除，他们开始渡河。渡河之后，又分次前进。眼见韦贤妃、相国公、柔福帝姬乘马先走，徽宗不禁老泪纵横。经过浚州时，百姓要上前一观，遭到金人拦阻，只有卖食物的少数人得以到近前。他们知道车上是徽宗，就将炊饼、藕菜之类送去，银、钱一概不收。

刚出发没几天，金军将领就对赵宋皇室女性起了歹心。到胙城途中，朱妃离队上厕所时，被千户国禄盯上，意图不轨。好色的国禄又盯上朱皇后，乘机上朱后车时，被斜保发现，用鞭子抽打一顿。渡河不久，这个国禄竟然与柔福帝姬赵嬛嬛同乘一匹马。盖天大王赛里发现后，杀掉国禄，弃尸于河。赛里可不是什么好心，而是想要霸占赵嬛嬛。设也马对他说："皇上命我们押赴北上，要听命才对，急什么。"赛里才作罢。

四月五日到汤阴时，赛里又去逼迫邢妃，后者差点自尽。七日，徽宗也到汤阴。后宫曹氏遭金人葛思美奸污。徽宗让肃王传话后宫："不要私自离队，自取其辱。"固新押送的贡女，乘坐牛车前进。到相州时，连日阴雨。到了晚上，车篷漏雨，有些女孩子就到金人帐中避雨。结果羊入虎口，后果可想而知。

十一日，设也马一行到真定。千户韶合设宴，招待真珠、盖天二王。席间，令朱妃、钦宗朱慎妃唱新歌助兴。两人不同意，强迫再三，不唱也不行。朱妃不唱，而是念词道："昔居天上兮，

第七章 魂归北国

珠宫玉阙,今居草莽兮,青衫泪湿。屈身辱志兮,恨难雪,归泉下兮,愁绝。"朱慎妃也没唱,和朱妃词道:"幼富贵兮绮罗裳,长入宫兮侍当阳。今委顿兮异乡,命不辰兮志不强。"

从月初到中旬,雨水不断。为避开宋军和民兵的袭击,金军避开大路,所行小路,甚至不是路。遇到荆棘满地,步兵在前先砍伐一番,骑兵再从长短不齐的枝梢丛中越过。遇到浅水之地,填土以行;路经深水,则垫高以过。因行路偏僻,有时行走十天或一个月都见不到房屋。到了夜晚,就在荆棘地或桑树园里休息,非常艰苦。金人砍伐树木围成一圈,派兵把守,徽宗等宋俘在内,严加防范。虽大雨连日,泥水深埋小腿,也得赶路。拉车的牛连续死去,受伤的也不医治,正好用来吃肉。

一开始,每到休息地方,可能没水、没柴,需临时凿井、打柴,再做饭。碰到有水的地方,却不是休息的时候。他们经常因缺水开不了灶,大半天吃不上饭。慢慢地,有了心得。遇到有水的地方,就让人下车取水,然后存储。柴火也少不了,经常背负行走。这样,就可以按时做饭了。在饭食供给上,是定量供给。徽宗、郑后得到优待,两个人可以吃一份羊肉、一斗粟或米。诸王、帝姬、嫔妃次之,四人或六人共食一份羊肉,每人每天给米二升。

过洺州(今河北省邯郸市永年区)时,斡离不邀请徽宗看围猎节目。饭后,派马和紫伞来迎接,同到田野中,看骑兵打猎。

收获很多，只见马背满载猎杀的兔子、狐狸等猎物。忽然马队停住，有二人站在队伍之前。斡离不手指二人对徽宗说："这是上皇旧臣郭药师、张令徽。"二人对徽宗叩拜。郭药师跪在徽宗马前，说道："臣昔日与上皇为君臣，当初在燕京死战数回，力不能胜，不得已归金国，有负上皇恩德。"说完泪下。徽宗对他说："天时人事，理合如此，但当日欠一死节。"郭、张二人离去后，斡离不对徽宗说："药师对宋朝很忠心哪！"徽宗说："药师得赏甚多，而未尝立功。一味纵容，终成大祸。"斡离不说："此人不忠于北朝，则必不忠于南朝。"徽宗连连称是。

到邢州时，大风大雨，车坏马倒，死者愈多。为俘虏准备的口粮肯定很少，若马、牛死去，饿极了的人就上去争食。被俘者饥肠辘辘，以泪洗面。金军将领左拥右抱，纵情声色，好不快活。

四月十六日，斡离不、徽宗一行到了一个叫都城店的地方，徽宗弟、燕王赵俣饿死。尸体用马槽装殓，双脚露在外面。燕王夫人、儿子同在，请返回发丧，斡离不令就地焚化，可携带骨灰上路。徽宗建议他们将骨灰就地埋葬，说道："此地尚且是中原，以免成为异乡鬼。"燕王夫人坚持携带。燕王其他妃妾，虽在另外一支队伍，但近在咫尺，金人禁止她们哭丧。

经过尧山县（今河北省隆尧县西南）时，徽宗正在吃早饭。有百余燕人站在徽宗车舆前，对徽宗随行官员曹勋说道："太上

第七章 魂归北国

皇曾经救活十多万燕京百姓,我等老幼感恩至深,愿睹天颜。"曹勋奏报徽宗,揭开车帘见之。燕人都跪拜车下,说道:"皇帝救活燕民十余万,积下甚多阴德。有上天佑护,很快就能回去,无须担忧。"徽宗对他们说道:"知道当初为了救你们,我费了多大的劲吗?还有很多人诽谤我,如今身处困厄,还不如你们没饭吃的时候呢。这难道不是天意吗?"听了徽宗这可怜的话语,燕人连连叹息,再拜而去。

去往真定的路上,徽宗口渴异常,就摘路边桑葚食用。吃着吃着,又感伤起来。他告诉曹勋:"我年少时,乳母曾吃桑葚。我拿来几个尝了尝,感觉真是美味,但很快被乳母夺去。如今再吃,却是遭此祸难之时,难道这桑葚与我相始终?"

二十三日,斡离不、徽宗一行到了真定,从东门进城,住在净渊庄。徽宗队列前有一面引路旗,上书"太上皇帝"四字。街上观瞻的百姓,有人落泪,有人大哭。正午时分,斡离不邀请徽宗、郑后观看打球,之后宴会。刘彦宗跪传斡离不的话:"久闻上皇圣学甚高,想听一首打球诗。"徽宗自谦道:"自退位以来,未尝用笔墨,勉强作一首,以表谢意。"说完,作诗于纸上:"锦袍骏马晓棚分,一点星驰百骑奔。夺得头筹须正过,无令绰拨入斜门。""绰拨""斜门",是打球专业术语,毕竟徽宗也是蹴鞠专业人才。刘彦宗边诵读边称赞,转头给斡离不解释其中的含义。

斡离不先让诵读几遍，又起身致谢，徽宗也起身致敬。

他们在真定停留三天，以修车换牛。从开封到真定的路上，不仅人挨饿，牛也时时吃不上草，比人还憔悴，死者有十之四五。

二十八日，斡离不与徽宗到中山城外。冬去春来，金来金往，犹如英雄城的中山，没有被金军攻破，尚在安抚使陈遘的守卫之下。金人派徽宗到城下，让他劝说守城者投降。徽宗喊道："我是道君皇帝呀！"陈遘恸哭道："陛下怎么会沦落到此？"陈遘部将沙振大喊："这里怎么会有道君皇帝？必是金人的诡计。"然后往城下放箭，并鼓动将士喧闹，将陈遘杀害。于是，沙振自己守城，在金人强逼之下投降。

攻取中山后，又回到真定。五月一日离真定，向北五百三十里，十七日到燕京。次日，斡离不将徽宗、郑后等九百多人安置在延寿寺，帝姬等人则在斡离不府中。一路风尘仆仆，吃了上顿没下顿，加上天气炎热，患病之人将近一半。徽宗几乎拿出所有衣物，命随从李宗吉换成药物分发下去，大部分人得到救治。

在燕京期间，徽宗曾对杨师道等人叹息道："看到随行官吏等人穷困无比，真是令我伤心。当初离开青城，仓皇无措，没有携带什么生活必需品。你们都是远离父母、妻子，历尽风霜，追随于我。现在看到你们这样，却无力救济，如之奈何？"说完，眼睛湿润，听者感动。之后徽宗向金朝申请赐些衣物。

第七章　魂归北国

虽然物资极度紧缺，徽宗仍旧不忘前日心怀，还想着继续神宗未竟的事业。遇到有卖王安石《日录》的，他很高兴，拿出珍贵的十匹绢去交换。

在他们之前，朱后等三十多人四月十八日先到，居住在城东的悯忠祠。祠中石刻显示，该祠建于唐贞观年间（627—649）。唐太宗李世民征辽东、高丽回返时，路经幽州，感念于牺牲的忠臣孝子，于此地建祠祈福。祠之东西方位有两座砖塔，高十丈，传说是安禄山、史思明所建。

宋朝俘虏要来的消息，早已在燕京传播开来。朱后一行到燕京时，上至身份高贵的女真诸王家属，下到普通男女百姓都出门，好像看什么珍奇异宝。有人上前与后妃行抱见礼，以示敬意。宋朝女性哪懂这个习俗，被抱后窘迫万分，不知当如何是好。

韦贤妃、邢妃、相国公、建安郡王等二十多人同日抵达。他们在燕京停留六天，二十四日被押赴上京会宁府。六月十日，斜保押送惠福帝姬、建安王妃这支向北进发。行前，她们与朱后、朱慎妃等在延寿寺泪别。钦宗后妃则继续留在燕京，待钦宗到来。

宗室妇女三千四百多人，四月二十七日到燕京。由于长途鞍马劳顿，风雨饥寒，减员严重。不能骑马的宗室女，沿途丢弃。到燕京时，只剩下一千四百多人，她们居住在甘露寺。

五月十九日，三千贡女、各类手艺人三千家和战利品二千余车抵达燕京。查验之后,一半人押送上京,剩余一半充作赏赐。宦官、宫女都归女真将领。工匠、艺人之类,听任自由谋生。许多女性被卖作娼妓。

六月二日,斡离不和斜保邀请徽宗、郑后及其他眷属观看打球。球赛完毕,照例举行打球宴。斡离不跪着敬徽宗、郑后酒,执以婿礼。为何要执婿礼?因为斡离不强占了徽宗的女儿茂德帝姬,又名福金。蔡京第五子蔡鞗原是茂德帝姬的驸马,城破之后陷入金营。

七月九日,钦宗一行到燕京。四月一日出发时,粘罕勒令钦宗头戴青毡笠,身着青衣,骑黑马行进。队伍从新郑门往北走,每过一城角,钦宗就哭一番,随即被金人痛骂。别人走的是河北,他要走的是河东,既难舍故土,又远离家人。斡离不认徽宗为岳丈,在路上还是比较礼遇他的。与父亲相比,钦宗的遭遇就悲惨多了。金人令钦宗一路骑马,不给乘车。路上马死,就让他步行,稍有迟疑即马鞭上身。不管是走路还是中途休息,都有金人在旁边监视。粘罕大帐可容纳百人,晚上睡觉时,将钦宗、太子及祈王等人的手捆绑在一起。他们四月四日先到郑州,停留两日。十日从巩县(今河南省巩义市)渡过黄河。

与钦宗一起的还有十二名宋朝官员。车夫告知张叔夜即将过界河。出发时,张叔夜就以绝食抗争,每天只喝汤水。听说要出

第七章　魂归北国

宋界，张叔夜突然起身，仰天大呼。第二天，有人发现张叔夜自缢身亡。

五月十四日，钦宗到代州。靖康元年（1126）二月，钦宗派路允迪、滕茂实为正、副使，出使粘罕军，谈判割让三镇之事，被扣留西京。后路允迪随金军南下，归留开封。滕茂实兄滕祹本为代州通判，投降金朝。金人比较看重滕茂实，将他迁到代州。再从开封找到他弟弟滕华实，送到代州，让兄弟三人团聚。

听说钦宗过境代州，滕茂实想去拜见，自知必死无疑。行前，他自撰悼文，书写"宋工部侍郎滕茂实墓"九字，交给好友。并嘱咐，他死后，用先前出使时的宋朝黄色旗帜裹尸埋葬，以示效忠宋朝。钦宗到代州郊外，滕茂实穿着宋朝官服、头戴宋朝官帽，跪地迎接。君臣可能没说上几句话，都在恸哭。金人对滕茂实说道："宋朝国破，皇帝北迁，所以留公，将来重用。"强迫改穿金朝衣装，被他强力拒绝。他提出要追随钦宗北上，粘罕不许，忧愤成疾，很快去世。

不知钦宗看到张叔夜、滕茂实这样的忠义臣子，当作何感想。

雁门关处于宋辽边界，在代州境内。雁门关地区有太和岭，穿过即是西京地界。过太和岭时，为防止宋俘逃跑，钦宗等人被绑在马背上。六月二日，他们到达西京。休息三天再上路，七月九日到燕京，安身悯忠祠。

在设也马的押解下，韦贤妃等人六月九日抵达上京，相国公"赵梃"（李浩）、建安王"赵楧"（赵梃）被赐燕京居住，其他人等暂留上京。他们又从上京返回，七月七日到燕京。伴随他们回程的，还有新娶的耶律氏、陈氏。耶律氏是契丹公主。陈氏则是宫廷女官，先赐设也马，再归建安王。他们回来后，居住在悯忠祠。

行路之上，李浩与设也马较为投合，能聊得来。经李浩提议，设也马为赵氏家族举办了家庭聚会。当然，金人也有出席者，但人数很少，只有设也马、斜保。宴会在昊天寺举行，参加者有洵德、惠福帝姬、相国公、建安王、相国公、邠王二妃，上述耶律氏、陈氏、钦宗、朱后、朱慎妃、太子、祁王，以及徽宗、郑后和其他诸王。三月底开封一别，许多人生死不明，没能相见。虽已是宋朝遗民，但好歹大难未死，大家都很开心。此次聚会，从早延续到晚，千言万语，不忍离别。

徽宗深知自身困境，却念念不忘老赵家的江山社稷。北上之初，过黄河之后，对康王能否中兴宋朝忧心忡忡。曹勋一直陪伴在徽宗身边，撰有《北狩闻见录》，记录了从开封到燕京之间的见闻。一天，徽宗对曹勋说："我梦见天上有四个太阳，是中原逐鹿之象。不知中原百姓，愿不愿意推戴康王？"曹勋宽慰他道："本朝于百姓有诸多恩泽，他们自会深念。如今虽然异姓暂时称王，人心终将思念我宋，不肯归心邦昌。您就放心吧。"徽

第七章 魂归北国

宗再说:"我的梦应当有所根据,记下此事。"

第二天,徽宗对曹勋说:"我身边之人,只有你比较年轻,身手敏捷。你又知道我不少事情,可携带我信寻找康王,让他知道父母甚为挂念以及路途上的艰难。"曹勋没有拒绝,对徽宗说:"承蒙天威保佑,我可以趁机逃跑,希望不辱使命,得以传达圣意。"

这天夜里,徽宗拿出自己的一件衣服,拆开衣领,写字其中:"可便即真,来救父母"。连上签名"佶",共计九字。然后缝好如初,交给曹勋。又去找邢妃要其所戴双飞小蝴蝶金耳环一只,这是宋高宗当年所制。为确保信物万无一失,再拿出郑皇后的一件东西,说是以后见到康王,将这些东西交给他。徽宗又特意哭着叮咛:"千万不要忘了告诉我的奔波之苦!"哭完,将擦泪的白纱手帕交给曹勋,继续嘱托:"见到康王,一定要传达我的血泪之痛。父子相见遥遥无期,唯一希望能早日一统中原,速速来救父母。除此之外,气哽在颈,我实在说不上来了。等到燕京,你就走。"邢妃将耳环交给曹勋,交代说:"到时传话给大王,愿早得此环,如同相见。若见到我父亲,就说我很好。"

此后,徽宗又嘱咐曹勋几件事:一是"康王若有统一中原的谋划,尽力践行,不要顾忌我。重要的是守护赵家江山,洗刷耻辱,报仇雪恨"。二是"艺祖(指宋太祖)有一纸约定,藏于太庙。誓不诛大臣、用宦官,违者不祥。故七帝相袭,未尝辄易。

265

每念靖康诛罚为甚，今日之祸，虽不止此，要知而戒焉"。"靖康诛罚"是指宋钦宗对以蔡京、童贯等"六贼"为首的"奸臣"、权宦的惩治。这些人都为徽宗重用，因而他耿耿于怀。三是"宋德依旧在，被人推戴时，应该速从，守护住我们家的天下。若人心不从，可学习东汉光武帝"。众所周知，光武帝正是从逆境突围，一步步登上皇帝宝座，实现汉朝中兴的。

为了让儿子相信曹勋，徽宗告诉曹勋只有他们父子知道的两件事。其一，徽宗曾经秘密赐给康王上马价珠、犀合子等物件。其二，康王曾建议父亲，可决黄河大堤，以阻要渡河的金人。

临走前，郑后让曹勋传话："大王第二次出使金营出门时，二后（指郑后和朱后）和宫人送别。有一名叫招儿的幼女，自言看到四金甲人，状貌雄伟，各执弓箭拥卫大王。她指给众人看，无人能见，但都肃然起敬。后来才醒悟，是我在四圣观进香火时非常虔诚，因而神灵有所阴助。如今身陷虏中，敬神越发虔诚。每天夜深之时，必拜四十才罢。大王可严加崇奉，以答天助。"

郑后还用象戏局（可能是象棋）预测康王是否能继续宋祚。用黄纱裹住"将"字，写"康王"二字于上。然后焚香祷告："今将三十二子都投掷到局中，若康王进入九宫格，必当得天位。"一投，写有"康王"二字的棋子果然进入九宫，其他棋子则距离较远。郑后很是高兴，身边人纷纷祝贺。徽宗得知，兴奋地说道："这是个好兆头，我放心了，你们可以祝贺我了。"

徽宗派曹勋逃跑，一方面是授予康王继承正统的合法性，另一方面指望宋高宗能够救他于水火。曹勋确实逃出，一路辗转，秋天抵达南京应天府。此时赵构已然即位，曹勋上徽宗之书，传达徽宗的话。但对已经即位的高宗来说，已经没那么重要了。曹勋还不知高宗心思，天真地建议招募敢死之士，渡海北上营救徽宗。此后，高宗逃命要紧，哪还顾得上他那父亲。如此一来，曹勋被冷落九年，绍兴和议后才得以起用。这是后话。

传说在燕京某寺院的墙壁上有徽宗的题诗："九叶鸿基一旦休，猖狂不听直臣谋。甘心万里为降虏，故国悲凉玉殿秋。"虽然气氛较合，但怕不符合徽宗的秉性，过于颓丧。

赶路北上的某天夜里，暗淡的灯光下，徽宗不由得思念逐渐远去的家乡。他在住所的墙壁上题诗一首："彻夜西风撼破扉，萧条孤馆一灯微。家山回首三千里，目断天南无雁飞。"

其实，从开封到燕京的这段路，徽宗受的苦还算不了什么，日后从燕京到中京，再到上京、韩州，最后到五国城的艰险和耻辱，还在远方翘首以待呢。

二、漫长北路：残喘到上京

宋俘再到上京，分为两拨儿人。与开封到燕京相比，从燕京到上京的路程更为艰辛。

王成棣依旧跟随设也马，押解韦贤妃、朱妃、邢妃、柔福帝姬、富金帝姬、相国公、建安郡王等到上京。前面说及，他们四月二十四日出发，赛里没去，换了阿替纪。这段去东北的路，与宋使当年出使上京的交通路线相似。至于行程，王成棣在《青宫译语》中有较为详细的记载。

离燕后，他们行进很快，平均每天百里，王成棣自觉疲于奔命。锦衣玉食的嫔妃、帝姬和皇子的处境也可想而知。二十四日夜到三河县（今河北省三河市），二十五日到玉田县（今河北省玉田县），二十六日到滦州（今河北省滦州市），二十七日到榆关，二十八日出长城，抵达迁州（今河北省秦皇岛市东北）地界。到了关外，顿时"沙漠万里、路绝人烟"，一派荒凉气象。

二十九日至来州（今辽宁省绥中县），东行八十里，走傍海道，到海云寺，停留三天。进入寺庙后，金人和宋人都洗手焚香，拜佛。有妃嫔、帝姬请求王成棣写发愿文，希望回到故乡。设也马嗤之以鼻，听之任之。寺庙僧人置办了饭菜，有酒、熏肉和烤肉。与众人一样，僧人也吃肉喝酒。作为酬劳，设也马给了僧人十锭白金，宋俘也略有表示。

海云寺旁有两池温泉，设也马让众人到温泉洗浴。五月三日一早出发，东行一百里，抵达盐场。继续行走九十里，四日到锦

第七章　魂归北国

州（今辽宁省锦州市）。六日过显州（今辽宁省北镇市），行九十里，七日到兔儿涡（今属辽宁省黑山县），八日渡梁鱼涡（今辽宁省黑山县）。这两地处于辽河流域，地势低洼，沼泽、河水交错，遍地蒿草，是北上最为难行的路段。王成棣感叹道："地狱之苦，不过如此。"这两天好比是走在水中，妃嫔、帝姬坐在兜轿中，也难免湿了衣服。

九日，终于到了孛堇铺。在此地停留两天，暴晒湿透的衣物。十一日，经过沈州（今辽宁省沈阳市），继续北上，十二日抵达咸州（今辽宁省开原市）。十三日停留咸州，行人非病即困。北行九十里，十四日中午到同州略作休息。十五日到蒲里寨，十六日到黄龙府（今吉林省农安市）。北行六十里，十七日到吐撒寨。十八日到漫漆里，十九日到乌舍。乌舍在混同江（指松花江）畔，风光秀丽。二十日渡过混同江，夜宿报打孛堇寨。二十一日渡来流河（今拉林河），宿于阿萨铺。二十二日，到会宁头铺，距上京三十里。终于快到了，众人忻然。

二十三日，抵达上京，依然住在毡帐。二十四日，设也马觐见金太宗，告知宋俘的身份，并且透露相国公、建安王并非本人。重要的是，设也马还惦记着他押解的富金帝姬，请金太宗赐婚。

六月七日，金太宗召见宋朝俘虏。乾元殿上，太宗坐正位，后妃坐侧位，朝臣分列于下。韦贤妃等人胡跪（跪右膝，蹲左

269

膝），两叩首，金朝后妃扶起，赐座于旁。退朝之后，在殿中举行宴会。女性在殿左，金后妃六人陪宴；男性在殿右，女真贵族作陪。宴会完毕，宋俘跪拜谢恩。

既而金人宣诏，对宋俘的去向做了安排。将富金帝姬、王妃徐圣英、宫嫔杨调儿、陈文婉赐予设也马为妾；郡国夫人陈桃花、杨春莺、邢佛迷、曹大姑为婢女；韦贤妃，郓王妃朱凤英，康王妃邢秉懿、姜醉媚，柔福帝姬赵嬛嬛，王女肃大姬、肃四姬，康二姬，宫嫔朱淑媛、田芸芳、许春云、周男儿、何红梅、方芳香、叶寿星、华正仪、吕吉祥、骆蝶儿到浣衣院居住。相国公李浩、建安王赵楧居住燕京。路上离世的，有康王妃田春罗、王女肃二姬、肃三姬、康大姬、宫嫔徐金玉、沈知礼、褚月奴等九人，妥善埋葬。据此，方可知晓韦贤妃一路人的大致姓名。王女肃大姬应是肃王长女，康二姬当为康王二女。韦贤妃是康王生母，邢妃等是康王妃，都被发配到浣衣院这个屈辱的场所。

再看徽宗、钦宗北上的经历。

获悉康王即位，金人秣马厉兵，几乎倾巢出动。金人以康王势力壮大，驱使徽宗、钦宗继续北上。在燕京期间，金帅斡离不去世，徽宗王贵妃去世，朱慎妃为钦宗生一子（名谨）。宗室濮王赵仲理等一千八百余人留在城南仙露寺，每人每天供米一升、半月给盐一升，王公与士卒相同。行前，金人送绢一万匹作为路

第七章 魂归北国

费，徽宗拿出一百五十匹留给宗室做衣服。

九月十三日，徽、钦二帝从燕京东门出，有百姓从南而来，泣涕涟涟，跪送出门。这一行人的上京之路，与韦贤妃有所不同，记载也更为简略。他们先到中京大定府（今内蒙古自治区宁城县西），暂居数月之久，再北上上京。可能对于宋俘的安置，金人原先并没有一个计划，所以轮番换地儿，一再北迁。

燕京距中京有九百五十里。他们经过石门，到景州（今河北省遵化市）。然后翻过卢龙岭，渡过滦撒河、泽河，穿过一片沙漠，抵达中京。

徽宗家眷上千口，钦宗家眷上百口，都到中京，住在辽朝遗留的相国院。金朝将领住在中院，徽宗住在东院，钦宗住在西院。中京远在塞外，与燕京相比，极其荒凉。金军和一千三百多口的宋俘日常用度，中京也不能满足，需每两月从燕京搬运。

靖康二年（1127）十月十八日抵达中京，次年七月二十二日离开，停留九个月。徽宗三女安德帝姬死于阁母帐中，新出生一女二子，均夭折。钦宗新出生一女一子，儿子夭折。

每每想起被抛在身后的大宋江山，徽宗经常茶饭不思、难以入眠。一天对驸马蔡鞗说："帝位丢失，播迁到此。回头看看过往的失国厄运，古今未有。蒙上天庇佑，建炎中兴，亿万人归心，据有江左之地。虽身不由己，想着为中兴做些事情。现在草拟书信一封，想通过本路都统（指中京的主管金朝将领），交给粘罕。你与秦桧商量，润色一下。"据说此信交到粘罕手中，大意是说历史上诸多君主有英雄度量。

金天会六年（宋建炎二年，1128）八月二十一日，徽、钦父子及其家眷抵达上京。二十二日，金人令韦妃、邢妃先到之人与徽、钦会合。从中京出发时，有些宗室亲戚被送到通塞州（位于今吉林省四平市）。跟随徽、钦主要亲近的家眷，有皇子等三十人，妃嫔、帝姬等一千三百人。

二十四日，金太宗押解宋俘祭告祖庙。黎明时分，数千金兵赶着宋俘到祖庙门外，除二帝、二后脱去袍服外，其余人等皆令肉袒（脱去上衣，裸露上身）。所有人披上羊裘及腰，拴毡条于手，如同待牵之羊。徽宗、钦宗走在队伍的前列，进入殿中，其他人跟从，完成牵羊礼。殿内陈设了上百桌宝器，不少应该是从南边运来的战利品。仪式上，有乐队演奏。金太宗和后妃、官员跪拜祖先，宋俘也跟着跪拜。有此功劳，金太宗兴致很高，亲手宰杀两只羊作为牺牲，敬献祖先。

仪式完毕，金兵赶着宋俘走到皇宫。金太宗正坐乾元殿，后妃侧坐，贵族、官员站于两侧，宋俘跪于殿中。金人宣诏，当是赦免宋俘死罪之类。后妃等人赐沐浴于宫中。郑后、朱后先行放归，其余一千名宋室妇女改换女真服饰，依旧肉袒。韦妃、邢妃

第七章 魂归北国

等三百人送到浣衣院。朱后回去后，自缢，被救，再投水而死。

当初，徽、钦到燕京时，女真贵族怂恿金太宗按照契丹牵羊礼习俗，然后分赏。枢密使刘彦宗坚决反对，也可能是金太宗不在燕京，所以没有举行。等他们一到上京，终于按捺不住，举行献俘礼。为了告慰自己祖先，只得羞辱宋人及其十八代祖宗了。当然了，没有必要为徽宗祖先抱不平，成王败寇，古今一理。

二十五日，金太宗下诏，封徽宗为昏德公，钦宗为重昏侯。为什么要给两个封号呢？册封昏德公诏中，说徽宗如何背信弃义，实在是自作孽不可活，其罪当诛，特与封爵恩典。册封重昏侯诏中，说钦宗没有更革其父弊政，却重蹈覆辙，犯下欺天大罪，特与封爵，自我反省。说白了，在金人眼中，这对父子是活生生的一对昏君。

同时，封郑后、朱后为夫人。高宗母亲韦氏、妻邢氏贬为奴婢。其他嫔妃、帝姬等放还。第二天，从当放还的人当中挑出九十四人，派二十名医官为她们检查身体，有身孕者强制堕胎、有病者调治，以备金朝皇帝和贵族拣选。入选者五十四人，四十人发还。韦氏、邢氏以及其他嫔妃、帝姬、王夫人、宗女等二百六十八人，继续发配到浣衣院。还有四百人留居元帅府女乐院。浣衣院、女乐院实际上成为金上京皇帝和贵族的准后宫。

三、只言片语：韩州的点滴

在上京停留一个月后，十月二十六日，徽宗、钦宗以及诸王、驸马、内侍、女眷等再次南返，目的地是韩州（今辽宁省昌图县北）。

经过一年多的颠沛流离，留在燕京的宗室先到韩州。一千八百多人只剩下九百零四人，濮王赵仲理也去世了。金人给田四十五顷，自耕自足。徽宗让赵孝骞、赵仲晷管理宗室事务。有人聚集的地方就会有矛盾，曾经锦衣玉食的赵氏宗室，为了生存，早已没了往日的体面。听说宗室中人，有的挟私报复，有的怀恨诉讼，纷争不已。

身为俘虏，漂泊在外，徽宗父子已是落架的凤凰。自从北上以来，他们父子留下的印迹是截然不同的。不管是在旅途还是暂居之地，在宋俘生活圈，徽宗才是当家人，钦宗实际上没什么威信可言。针对乱象，大家长徽宗传令本家："近来有宗子不遵守家法，长幼之序尽丧，各怀私愤成为仇敌，诉讼不止。难道你们不知我等客居他乡，寄人篱下，能再相会，是多么的幸运？那么，我就用礼义之言奉劝尔等无知之徒。所谓六顺，说的是君义臣忠、父慈子孝、兄爱弟恭。如今则不然，你们夫贱妨贵、少陵长、远间亲、新间旧、小加大、淫破义，这是六逆。宗室当体会此意，吸取教训。以后若再有以韩州以前事上诉者，罪加一等，定不食言，一定要记住！"

离开韩州之前，六月二十六日，徽宗最喜爱的郓王赵楷去世。

在韩州的日子里，徽宗应该有不少诗作，抒发亡国君主的悲凉心境，现存四首。其一："国破山河在，人非殿宇空。中兴何日是，搔首赋车攻。"其二："国破山河在，宫廷荆棘春。衣冠今左衽，忍作北朝臣。"其三："投袂汧城北，西风又是秋。中原心耿耿，南泪思悠悠。尝胆思贤佐，颛情忆旧游。故宫禾黍遍，行役闵宗周。"其四："杳杳神京路八千，宗祊隔越几经年。衰残病渴那能久，茹苦穷荒敢怨天。"

当儿子们给父亲请安时，父子之间经常作对联娱乐。徽宗出上联："方当月白风清夜。"郓王赵楷对曰："正是霜高木落时。"徽宗再出："落花满地春光晚。"莘王赵植对曰："芳草连云暮色深。"

四、穷途末路：五国城岁月

金天会八年（宋建炎四年，1130）七月，金太宗再将徽宗、钦宗人等北迁到胡里改路五国城（今黑龙江省依兰县）。全部宋俘从韩州出发，先走陆路到嗢热国（今吉林省农安县），后登船沿混同江顺流而下，向五国城驶去。到江东段时，船队暂停，押解官习古奉金太宗命，要求减员，不得全数到五国城。徽宗恳求与众人同行，不准。他悲伤地对将分别之人说道："你们冒着风雪，历尽艰辛，与我相随而来，理当同忧同乐。但命令如此，别人说了算，实在没有办法。"看他这样，金人起了怜悯之心，让他选择几位亲近的。徽宗说："这些都是同甘共苦的人，哪有爱憎之分。君臣之间，彼此不能守其责，只好如此。"说完，眼泪夺眶而出。

被减人等又分作两批，随从宗室仲堤等五百人南下临潢府，内侍黎安国等三百人南下咸州。经过徽宗争取，与他们父子同行的宗室只有十多人，再加上他家人、内侍、官员，总共有一百多人。经过四十六天的舟车劳顿，徽宗他们到了新的陌生之地——五国城。到天会十三年（绍兴五年，1135）二月，韦贤妃、邢妃、朱妃等七人出浣衣院，来到五国城。

五国城又称五国头城，坐落于松花江畔，人迹罕至。与故乡开封相比，五国城夏季风光旖旎、清爽宜人，冬季白雪茫茫、寒刀杀人。如果不是囚徒，宋徽宗怕是死也不会想来。这个边远僻静之地，无论如何也想不到，宋徽宗父子的到来，为它增添了浓烈的人文色彩。宋徽宗、宋钦宗在此度完最后的惨淡人生，浩瀚荒原埋葬昏昏野骨。后人的脚步或思绪，一次又一次地踏上这片土地，寻找当年的一星点记忆，抒发心中的无限感慨。

在五国城徽宗的小天地中，有徽宗后妃十七人、儿子二十三

第七章 魂归北国

人、儿媳十四人、顺德帝姬一人，钦宗后妃三人、子女四人，宗室十二人，随行宋朝官员十三人，另有厨师几名、内侍几十名。外围少不了金兵的监视。

天会八年（1130）六月，徽宗的六个女儿为女真贵族生了儿子，抬高其身份为次妇，估计是侧室的地位。韦氏、邢氏等在浣衣院的十九人，废除奴婢身份，提升为良家子。此时徽宗、钦宗他们已离开韩州，来到五国城。

金太宗赐给他们缣绢十端，以示荣宠。同时下诏，解释了为什么要让他们去五国城的原因，以及让徽宗安度晚年。诏书中说："有不安分的奸民诬告你，所以让你们远途跋涉，以免被牵连。已令有关部门，给予优厚待遇。如要来朝，一定欢迎。你受儿女之恩，当安度晚年，保持晚节。"

金朝皇帝送来奖赏和诏书，徽宗、钦宗一定要上谢表谢恩。在谢表中，徽宗不忘表达自身的悲惨之状。他说："离家万里，已迁徙四次。牙齿、头发都已衰老，每每担忧糊口之难。"钦宗在感谢的同时，也说："方念无衣之卒岁，遽欣挟纩之如春。"意思是，正为衣服短缺而发愁，皇帝雪中送炭，及时送来绢布。

关于徽宗及其家属、随员最后几年的生活状态，有板有眼的戏说很多，切合实际的记载很少。虽然已是亡国之君，随行官员蔡鞗、王若冲在《北狩行录》中依然不吝啬其溢美之词，记录的主要是徽宗读书、作诗文之事。事实也显而易见，在这个地方过着囚徒生活，还能干什么呢？

可能是做皇帝时太忙，读书时间少。出发以来，每天度日如年，需要看书打发时间，书却少得可怜。徽宗经常向身边人抱怨："北行以来，无书可读。"有时碰见卖书的，徽宗就拿衣服之类去交换。

自宋神宗变法以来，《春秋》经就不再是科举考试的必修教材了。徽宗曾对蔡鞗说："《春秋》上记载的都是弑君、弑父之类的事情，为人臣子怎么能看呢？"科举不考，说明国家不重视《春秋》经的教学，养在深宫的徽宗自然也不在意。也就是说，徽宗并没有认真读过《春秋》三传，才说出如此业余的话来。

然而，是个儒生都知道《春秋》微言大义，是讲大道理的。蔡鞗对徽宗说："《春秋》是鲁国的《史记》，周朝德运衰减，君臣之间的差距越来越小。孔子是为了惩恶劝善，以正褒贬，使后世人知道畏惧。凡君子有疑惑不能决定时，读《春秋》可指明路。所以司马迁说：'《春秋》，礼仪之大宗也。'为人君不知《春秋》，则不明谗臣、贼臣；为臣子不知《春秋》，固守经文而不知变通。希望陛下读读试试。"

这样的言论，好比是谏言潜台词。若进一步挖掘，皇帝如果早日明白《春秋》的道理，辨别忠奸，哪还用受这个罪呀！徽宗

第七章 魂归北国

读后,觉得相见恨晚,感叹道:"读了《春秋》,才知孔圣人深意,恨见此书之晚。"反正没了自由,百无聊赖,他就刻苦钻研《春秋》。经传中的理乱兴废的规律,贤君忠臣的言行,都归类总结出来。有时给家人训话时,徽宗也用上了《春秋》的典故,自觉很光荣。

读经之外也读史。经史本是一家,都是为后人提供经验的。徽宗从中反思自我,寄予希望。翻阅《唐书》,读到《李泌传》,被其深深触动,以至于看了好几遍。安史之乱时,唐肃宗在灵武即位,李泌前去为他出谋划策。后来位至宰相,却数为权幸所嫉。徽宗让随行张玮抄写《李泌传》,送给宋高宗的母亲。徽宗的用意很明显,将希望寄托在遥远的南国。

在五国城,徽宗一贯谨慎行事。但是,有些平日不够节制的族人惹是生非。人在屋檐下,不得不低头,岂敢造次?这些闲言传到徽宗耳朵里,他要出面干预。他令人传话说:"我们正处于艰难之际,务必要以俭朴、谨慎为先。如果出入不约束自己,言语轻浮,或喝酒闹事,令人取笑,有失事体。古人说:'言行者,君子之枢机。枢机之发,荣辱之主系焉。'自今以后,戒之慎之,应当杜门省事。骨肉亲人之间的交往,要行之以礼。若产生矛盾,自己心生怨恨,也为亲人带来忧虑,当如何自处?"

在与下人相处时,徽宗也是小心谨慎,小事上尽量不予责罚。厨子刘定宰羊时，没有按照特定方法，以致羊肉的口感上出现了问题。厨子薛安做饭时，克扣斤两，以致众人吃不饱。有人将此汇报，徽宗觉得都是小事，不值得处罚，以免引人注意。他语重心长地说道："身在异国，不想以口腹之欲惩罚人。只需加以告诫勉励，也顺便警示众人。"五国城金朝官员八曷打派下属庆哥来调查。徽宗说："没有此事，恐怕是误传。"金人得知实情，对徽宗产生好感。

徽宗待人十分和善。身边的官员不论曾经官职大小，都不直呼其名。每有差事，和颜悦色吩咐。有一嫔妃住的房屋着火，有人提议重新修盖，徽宗没有同意，说正逢农时，不能耽误。然后，让主管修盖的官员以后再办。

徽宗见到有人捕获禽兽，就买下放归自然。并劝捕猎者："飞鸟走兽都喜生怕死，与人有什么区别？如今你们都在牢笼之内，好好反思吧。"

金朝贵戚有时致信徽宗，威逼利诱，索要内侍。

先是五太子斡乌欢派人送信来，说："需要两名明晓事理、能干、性格豪爽的内侍。收到信后，请立即办理。"徽宗见信，很不高兴，对身边人说："如果真要派，该谁去呢？如果不派，五太子也惹不起。"于是派王佃、陈思正前往。跟随徽宗北上的宦官数量肯定数以千计，绝大部分落入金朝皇宫或贵戚府中，多

第七章 魂归北国

数默默无闻,生死不明。少数人见诸文人笔墨,得以留名,也算是不幸中的小幸运。徽宗给斡鸟欢回信中说:"我处本缺人手,不得不再送两人前去。他们都是跟随我从汴京而来,受了万般的艰辛,很是贫穷。希望加以优待,不胜万幸。"

有时徽宗也会拒绝。可能是看到有人从五国城占了便宜,有一位谙班勃极烈夫人致信徽宗,送来药物,希望换回内侍。徽宗回信拒绝,并将药物退还。他说:"本处只有一二人,难以满足。送来药物,虽是厚礼,却无人应命,不敢存留。"

当年骄傲、高调的宋徽宗,虎落平阳,卧薪尝胆,为的就是让金人对他放心,可以有朝一日能返回家园。虽老实本分,也有暗箭射来,更何况来自他的至亲之人。前面提到,在北上的不归路中,宗室内部矛盾较为突出,争权夺利总归不免。天会十年(绍兴二年,1132)六月,内部矛盾激化,徽宗遇到北迁以来的最大危险。不知何故,徽宗第十五子沂王赵㮙与驸马都尉、显德帝姬之夫刘文彦向金人报告徽宗谋反。

从莘王赵植、驸马都尉宋邦光处听到这一爆炸性的消息,蔡鞗急忙与徐中立向徽宗汇报。得知父子、翁婿反目的消息,徽宗一时惊慌,又不以为然。不知是真的稳如泰山,还是故作镇定,抑或是记录者的曲意奉承。徽宗派蔡鞗渡过松花江,去打听虚实。渡江之后,看到八曷打带兵在江边,赵㮙、刘文彦已经进入

281

金人帐中。蔡絛偷听他们的对话,知道大意后,匆忙返回。

徽宗急忙召集所有宗族和官员开会,商议下一步的计划。除徐王赵棣因病缺席,其他人都到会。虽已有所耳闻,但大祸将至,众人不免悚栗。见大家惊慌,蔡絛开始发言:"我等之前没有死于国难,二帝播迁,已经愧对前人。万万没想到我们至亲当中居然出了逆徒。捐躯效命,正在今日。我冲锋在前,大家尽力在后,以赴急难!"蔡絛言论慷慨激昂,听者为之触动,潸然泪下,无不振奋,准备向前。

虽然听了赵樗、刘文彦煞有介事的说辞,但事关重大,五国城驻军没有行动,而是上报,等待命令。七月中旬,金朝派两个使臣来到五国城,进行访问调查。徽宗派莘王赵植和蔡絛渡江说明情况。使臣要求徽宗亲自渡江答话,徽宗不愿,再派赵棣、宋邦光渡江。使臣坚决要徽宗亲自前来,徽宗依然不去,又派钦宗、赵棣、宋邦光、向子扆、王若冲、蔡絛同往。经再三力争,金朝使臣终于不再坚持,而是约定第二天到徽宗房间之侧、蔡絛居处了解情况。三天之内,使臣来回多次审问,在众宗亲和官员的压力之下,那赵樗、刘文彦方才承认是污蔑之词。使臣将此上报,金朝廷派使来,要徽宗自己处置。徽宗对使者说:"二子悖逆,虽系诬告,天伦之属,岂忍为之?"意思是,他不忍心严厉处罚。金使说:"既然如此,那就听我们的。"随后将二人处死。

第七章　魂归北国

经此一劫，五国城的宋人像倒吸了一口凉气，如同上天庇佑，真是令人后怕。

虽为亡国之君，帝号也被撤销，成了公、侯，但宋人依旧以皇帝之礼视之。皇帝所到之处，称行在。在五国城，虽然条件简陋，就那几间破屋，徽宗、钦宗的居所也被称为行宫。平时，官员与徽宗之间的沟通，也如同当年，用上疏、诏命的文书形式上传下达。根据宋人的这一记载，远在五国城的赵家院子，好比是小朝廷，每天过家家一般，也算是惬意。问题在于，这是记载者运用尊君的《春秋》笔法，还是记录真实的生活日常，无从得知。

事后，蔡鞗上疏，其中说道："乞求深自悔祸，以畏天戒。"意思是天在上面看着，我们都要好好反省。徽宗认同此说，回复道："老夫自从听说儿子楃等有诬告之事，深深自觉是众叛亲离，再三反省，不知所措。若非洗心革面，怎么能全身而退？有些小过失，想着大家本为一体，为害轻微。如果连累众人，那还有什么颜面自存于世？卿之上疏，谋略高明，议论正直，他人不及。而今而后，凡所见闻，哪怕是小事，都要告我。如隐而不言，言而不从，高天厚土，神之听之。况且古人曾说'以国士遇我者，当以国士报之'。绝不食言，千万毋隐。"

徽宗将蔡鞗奏疏给李康看，说道："我平时以国士对待蔡鞗，他今日报我，无愧于德。"在赵楃、刘文彦诬告事件中，从现有记载来看，蔡儵确实发挥了关键作用。徽宗所言，当非仅指蔡儵的奏疏，更指他的行为，所以赞誉为"国士"。李康读完，对徽宗说："君使臣以礼，臣事君以忠，君臣之间，各尽其道。今陛下蒙尘之际，遭遇诬告，不怪罪他人，却反省自己。而且能虚怀纳诲，犹如商汤不吝改过、大禹闻善言而拜。"徽宗谦虚地说："我不德，怎么可以比得上禹汤？"混到这个份儿上，君臣间的对话这一幕，却好比穿越到《贞观政要》，真是酸到骨子里，习性难改。

李康继续说道："舜是什么人？有为者也可以如此。陛下上畏天戒，下恤人民，完全能媲美禹汤。臣听老人们说，熙宁时富弼为宰相，有人对神宗说灾异都是天数，与政事无关。富弼听说后，深深叹息道：'人君所畏惟天。若不畏天，何事不可为？'于是上疏神宗：'愿益畏天，远谗佞，近忠良。'神宗亲笔回复：'如果不是真心为君主、皇室着想，怎么会有此说？敢不置之枕席，铭记肺腑之言，终身是戒。'"徽宗稽首再言："神考竟能如此纳谏。"李康再说："陛下天性至孝，每到忌日，撤膳思念。希望陛下不忘绍述之意。"徽宗说："这是我的志向，不敢忘。"就是说，要沿着神宗开辟的道路继续前进。这完全是刻意歪曲富弼的意思。作为反变法派，富弼的目的是停罢新法，神宗当然没有听从。怎么变成神宗善于纳谏？好不讽刺。

读书之外，少不了诗词。人生不如意时好抒情，也能写出好

第七章 魂归北国

的作品。遭此亡国变故，一路所见，自然更易触景生情。自离开京城到五国城，徽宗作诗一千多首，都精心保存。直到诬告事件发生，徽宗害怕被金人从中抓住把柄，付之一炬，仅残余几十篇。

现存宋元文献收录数首宋徽宗北上以来的诗词，上文已有征引，真假难辨，姑且一读。

某年清明，他思念汴京的春色，作诗曰："茸母初生忍禁烟，无家对景倍悽然。帝城春色谁为主，遥指乡关涕泪涟。"

他无时无刻不思念家乡。《眼儿媚》一词道出了故都的繁华与胡地的萧瑟："玉京曾忆昔繁华。万里帝王家。琼林玉殿，朝喧弦管，暮列笙琶。　花城人去今萧索，春梦绕胡沙。家山何处，忍听羌笛，吹彻梅花。"

金人也明白徽宗书法的价值。据说在韩州和五国城时，凡是有凶吉丧祭的节日，不管大小，金人必定有所赐予，每次都要谢表。拿到谢表多了以后，金人就集成册，然后再刊刻，拿到市场上交易。

建炎三年（1129），宋高宗派洪皓出使金国，被扣留十五年之久。根据《宋史·洪皓传》，在西京时，听说徽、钦二帝在五国城，洪皓秘密托人带去桃、梨、粟、面。徽宗收到后，知晓了其中的含义，明白宋高宗已经即位。被囚禁的两人，相距数千里，如何传递消息，不得而知。

徽宗当然也十分挂念故国的中兴大业，没有一刻不想回家。天会九年（1131）四月，因赵家女儿再为女真添丁，金太宗赐给徽、钦父子白金两锭、衣服各两套。徽宗在谢表中表达了想与南宋通信的意思："去家万里，未达尺书。"

徽宗经常派身边人张玮、张尧臣去打听南边的情况，有点好消息，他就喜形于色。南宋送给金朝的金银器、药材等物品，金人转交一部分给五国城，徽宗睹物思人，老泪纵横，且喜且悲。他说："荷天眷命，未忘赵氏，中兴之主继焉。今日信至，可谓幸会。老夫晚年再睹盛世，若让我回家待上一天，死也瞑目了。"大家向徽宗道贺。徽宗将药材留下备用，其他物件分给众人。有个叫梁举善的人，送来抄录的绍兴和南宋宰相的书本，徽宗大悦。

五、身死他乡：徽宗身后事

在五国城生活不到五年，天会十三年（绍兴五年，1135）四月二十一日，徽宗在五国城去世，终年五十四岁。徽宗的列祖列宗驾崩前后，是最高权力交接的紧张时刻，阶下囚自然没有那样的烦恼。徽宗去世前后，是一幅什么样的画面，没有确切的记载，我们无从得知。倒是有很多野史戏说大肆渲染徽宗、钦宗在五国城的惨状。托名辛弃疾的《南渡录》（又名《南烬余闻》《徽钦北

第七章　魂归北国

徙录》），约产生于宋元之际，对徽宗之死有段惨不忍睹的描写：

> 或日早，少帝自土坑出视太上，则殭踞死矣。少帝神魂俱失，号咷大恸，几不欲生。阿计替再三劝勉，且曰："可就此中掩埋，然后具奏申闻。"土人云："此间无葬埋事，凡死者必火烧其尸，及半，即弃之州北石坑中。由是水可以作灯而点照也。"语未毕，即有数人入室中，以木棒共架太上之尸而出。少帝从之。比至石坑，架尸于上，乃以茶郁木焚之，焦烂将半，复以水灭之，用大木贯其残骨，曳弃坑中，尸堕入坑底，沉没不见矣。少帝止之不得，乃呼嚎痛哭，亦欲跳入坑中，土人拉之曰："昔年曾有活人跳入，此水顿清，不可作油。"争共阻之。

著名的宋元话本小说《大宋宣和遗事》，当是受此书影响，所写别无二致。当历史的细节缺乏，野史小说正好可以自行脑补，真真假假，虚虚实实，为读者、听众所喜爱。亡国之君的人生要大起大落，故事要跌宕起伏，下场要惨上加惨，观者才能深深慨叹，深陷其中。与正史相比，野史、小说远没有那么正经，描写更为生动，容易满足读者的八卦心态，引发共鸣。因此，千百年来，人们印象中北宋亡国的这段往事，大部分来自野史、小说所构筑的悲惨世界。

如今，五国城遗址所在的依兰，流传着道君皇帝在五国城时唱过的道家五更：

一更里泪悲啼，想起婴儿和姹女，临时嘱咐怎么讲，为何一去不归西，叫婴儿找寻师，脱俗超凡入圣基。

二更里泪汪汪，想起儿童哭一场，看看三灾八难降，损坏好贤良，叫婴儿找寻娘，莫待临危失主张。

三更里泪纷纷，想起儿童泪满襟，丈六金身实难得，自己性命莫看轻，求师指点佛心印，好念弥陀观世音。

四更里泪珠流，婴儿姹女早回头，叫婴儿及早修，咽喉气断葬荒丘。

五更里泪满腮，婴儿姹女早归来，世间万物都有坏，唯有灵光不怕灾，叫婴儿我的乖，但等九月菊花开。

不过徽宗确实留有遗言，梦想葬回故土。四个月前，金太宗吴乞买（完颜晟）刚刚去世，金熙宗完颜亶即位。金熙宗受教于汉人韩昉，喜好儒家文化，能写诗作文，女真贵族称之为"汉儿"。毕竟黄河以北都归入金国，金熙宗准备如了徽宗的愿，但

第七章　魂归北国

大臣们纷纷反对，只好作罢。

金朝权力交接之际，靖康之难始作俑者的人生也走向末路。二太子斡离不（完颜宗望），人称"菩萨太子"，对徽宗夫妇还算友好，有过继续立赵氏为帝、放归徽钦的想法。早在到燕京时（1127年六月），斡离不就已去世。

金太宗吴乞买是靖康之难的幕后总指挥，死于天会十三年（1135）正月初。金熙宗完颜亶即位后，首先剥夺了征宋大将粘罕、兀室（完颜希尹）的军权。

与斡离不相比，粘罕既聪明又毒辣，是靖康之难的主要导演者。在天会八年（1130）年，粘罕驱赶被抓宋人到西夏，十人换一匹马。又将很多人卖到高丽、蒙古为奴隶，每人值金二两。天会十五年（1137）六月，金太宗长子蒲鲁虎（完颜宗磐）为打击粘罕势力，以贪污的罪名，将其主要幕僚高庆裔、刘思斩首。御林牙兵叛乱，金熙宗令粘罕讨伐，交战三昼夜，胜负不分。粘罕军粮草已尽，人马冻僵，此时副将外家得却率领数千骑兵自乱阵脚，导致溃败。

七月，金熙宗抓捕粘罕，派人秘密缢杀。金熙宗在诏书中痛责粘罕，说他依恃兵权、阴怀异议，奏对狂悖，人人皆曰可杀，应当施以割肉离骨、斩断四肢的磔刑。愤恨之情，跃然纸上。天眷二年（1139）八月，在兀室的协助下，金熙宗又以谋反罪名，诛杀蒲鲁虎、挞懒（完颜昌）等人。天眷三年（1140）九月，兀室、萧庆等人也被金熙宗铲除。在金朝的政治斗争中，征宋功臣被杀殆尽。

徽宗去世两年后，消息才传到南宋，宋高宗为其父上谥号圣文仁德显孝皇帝，庙号徽宗。皇统元年（绍兴十一年，1141）二月，金熙宗改封徽宗为天水郡王、钦宗为天水郡公，"加官晋爵"的同时，也去除了"昏"的侮辱性字眼，加上赵姓郡望"天水"二字，以示尊重。这是金朝和南宋议和的前奏。十一月，金宋绍兴和议达成。

根据协议，南宋向金称臣，金熙宗册封赵构为宋国皇帝。诏书云："康王赵构，你国败盟在先，上天因此降罪，故而你国倾覆。你身处江南，我国兴师讨伐，至今有十八年了。百姓何罪之有？朕于心不忍。今天你能悔过，屡表忠心，愿意成为大金藩属。现派光禄大夫、左宣徽使刘筈等持节，册命你为皇帝，国号宋。你们要世代臣服，永为大金屏翰。"显然，这封仇家所颁、有辱大宋中兴的诏书是不能公布于众的。

天会八年（1130）九月，刚到五国城时，郑太后已经去世。宋高宗即位时，邢妃被遥封为皇后，后死于天眷二年（绍兴九年，1139）六月，终年三十四岁。绍兴和议时，宋徽宗已经去世，生母韦氏、钦宗尚在人世。宋高宗请求金朝归还徽宗、郑后、邢

第七章 魂归北国

妃灵柩和尚在人世的生母,没有钦宗。

皇统二年(1142)三月,当年押送宋俘北上的盖天大王赛里(完颜宗贤),迎接韦太后和徽宗、郑后、邢后梓宫先到上京。四月,赛里、刘裪护送梓宫,高居安护送韦太后,一行到临安。据说金朝流行火葬,没有棺椁一说。徽宗夫妇之丧,用生绢裹住直接入土。南迁时,尸首融于泥土,只好裹了一些泥土,放到一个像柜子一样的棺中。钦宗死去的后妃,南宋不问。邢后死时有棺,传言没有发掘,而是另外假造一棺送到南宋。

有宋人笔记和野史说,韦太后从五国城出发时,钦宗拉住车轮,悲伤地说道:"等等,我也想回去。只要封我个太乙宫主就行了,对九哥(高宗是徽宗第九子)真是没有别的期望啊。"韦太后无法拒绝,发了毒誓:"我先归,如果以后不来接你,那就让我瞎了眼。"于是登车而去。韦太后回到临安,向高宗和秦桧转达钦宗渴望归来的意愿,而这对君臣无动于衷。此后南宋没有迎接钦宗,韦太后果然失明。

同在五国城的还有乔贵妃,当初与韦氏共同侍候郑皇后,有可能两人是好姐妹。当韦太后要离开五国城时,乔贵妃拿出五十两金送给高居安,说道:"此薄物不足为礼,愿好生护送姊姊还江南。"又举酒杯对韦氏说:"姊姊千万珍重,回去即为皇太后;妹妹回家无期,是要死在这儿了!"两人恸哭告别。

南宋朝廷虽一心一意为议和,却对钦宗视若无睹,好像五国城不存在这个人一样。让钦宗回来,如何安置?高宗还位给他肯定不行,让他在身边,又觉得尴尬,还没有安全感。为何要这样?古今之人心知肚明。宋高宗的小心思,金人也明白,没有主动放归钦宗。

秦桧也坚决反对迎回钦宗。张邵曾出使金朝,被囚禁多年,绍兴和议后放归。绍兴十三年(1143),张邵致书秦桧,说金人有归还钦宗及宗室的意思,劝他派使迎接。秦桧接信大怒,此事不了了之。同一年,金使来南宋,索要赵彬等入金官员的家属三十余人。洪皓提出:"等他们放回渊圣(指钦宗)和皇族之后,再交出那三十人。"秦桧再次大怒,不听其言。

绍兴十二年(1142)四月,韦太后一行先到燕京,然后到东平。再乘船经楚州(今江苏省淮安市),渡过淮河到临平(今浙江省杭州市东)。宋高宗亲自在此迎接,宰执大臣、军事将领都相从。八月,进临安城,入居慈宁宫。宋高宗在临安为韦太后举办了场面盛大的欢迎仪式。和议带来的中兴荣耀,臻于极点。接着,宋高宗和秦桧沆瀣一气,鼓吹盛世降临,天人协和。虽然这份光彩源自金熙宗的恩赐,当它不存在就好。在当时,流传着韦太后的丑闻。据宋人的说法,韩世忠在黄天荡大战中击退兀术(完颜宗弼)后,粘罕仇恨南宋,就编排了很多关于高宗生母

第七章 魂归北国

韦氏、妻邢氏和妹妹柔福帝姬的污秽故事。其中说到韦氏到上京后，改嫁盖天大王赛里（就是护送她的那位），还生有孩子。为此，南宋费力解释，斥责为无稽之谈。他们的理由是，韦氏北上时已年近五十，年少帝姬、嫔妃那么多，女真贵族怎么会看上五旬老妇？那韦氏北上时到底多少岁？其实，南宋为了抨击传言，刻意将韦氏的年龄夸大十岁。据本书第五章，在开封府的名单上，明确写着韦贤妃三十八岁。因此，她是完全可以嫁人、再生育的。

建炎四年（1130），有一女子自称柔福帝姬，跑到宋高宗面前，说是从北方逃回来的。虽然刚三年不见，徽宗子女众多，高宗估计是不太认识这位妹妹，就找来老宫女和老太监查验。他们觉得与柔福帝姬很像，但不敢确定。继续问一些宫里的旧闻，她能答个八九不离十。有人表示怀疑，说这人怎么是一双大脚，而且跑了那么远的路，居然丝毫无损。宋高宗封她为福国长公主。结果到绍兴十二年（1142），韦太后回到南宋，说柔福帝姬一年前已经去世。那么这个活蹦乱跳的柔福帝姬是谁？据说是开封尼姑静善冒充的，很快被杀。

当然还有一些野史传言。说韦太后和柔福共侍一夫（赛里），后者知道前者的这一糗事，所以要杀人灭口。很多人宁可信其有，因为它实在戏剧化，可满足人们的好奇心。据现有宋、金文献记载，绍兴和议时，柔福帝姬确实去世不久。而且，柔福帝姬是在天会十三年（1135）二月，出浣衣院后才跟随赛里，假柔福帝姬是在五年前到的南宋。时间上无法一致，漏洞百出。宋人编造起国朝的宫闱八卦来，娱乐至上，司空见惯。这一真假柔福帝姬案，轰动南宋一时，却令后人多次咀嚼，乐此不疲。

至于皇后邢氏，宋高宗一直不知道她已去世，直到要接回时才发现。得知邢皇后去世，宋高宗几天都郁郁寡欢，为之辍朝，谥号懿节皇后。从即位到绍兴十二年（1142）的十六年间，邢氏一直是宋高宗的正宫皇后，之后才立吴皇后。

让我们将视线从临安回到五国城，那儿还有一群被宋朝抛弃的生命。与其父处处惹人眼球相比，钦宗实在显得无聊，黯然失色，囚徒事迹很少。皇统元年（1141），钦宗上疏金熙宗，请求根据现有官品给予相应俸禄。金熙宗下令，让相关部门周济。

绍兴和议后，徽宗梓宫归来，岳飞被杀，武将失权，"迎回二圣"的口号式微。迎回渊圣（钦宗）的呼喊声明显低沉了。向子諲在一首《秦楼月》的词里想起过他："芳菲歇，故园目断伤心切。伤心切，无边烟水，无穷山色。　可堪更近乾龙节，眼中泪尽空啼血。空啼血，子规声外，晓风残月。"乾龙节是宋钦宗的生日。身在南国，心系故土，想起那故土无穷山水风光，想起那故国君主正在遥远的北国历经磨难，杳无音信，生死不明。

第七章　魂归北国

皇统九年（1149）十二月，完颜亮发动政变，杀金熙宗，称帝，改元天德。天德三年（绍兴二十一年，1151）二月，宋高宗派巫伋、郑藻为祈请正、副使，出使金朝，请归钦宗、皇族、增加帝号等事。几个月后，完颜亮接见了巫伋，问道："为何事而来？"巫伋先说乞修宋朝皇陵，完颜亮答有人看护。巫伋又说："乞迎靖康帝归国。"完颜亮觉得这是南宋故作姿态，鄙夷地说道："不知道靖康帝回去后，你们怎么安置呢？"宋使无话可说。

徽宗的死，尚有较为确切的时间和地点记载。钦宗的死，只留下一些模糊的记载，有一说金正隆元年（绍兴二十六年，1156）六月十日，宋钦宗去世，好像是死于中风，终年五十七岁。宋钦宗死在什么地方，没有准确答案。一般认为他的人生终点是在五国城。还有一种说法，金熙宗在上京赐给钦宗一所宅院，可能也是在那儿离世的。

有好奇的人可能会发问：野史是如何编剧的呢？是不是很精彩呢？《南烬余闻》说完颜亮将宋钦宗押赴燕京，受尽侮辱而死，比其父有过之而无不及。它写道：

正隆六年，宋绍兴三十年庚辰春，金主亮开宴，燕诸王及海滨侯耶律延禧，昏德侯赵桓，完颜亶之次子佑。酒酣，乃诈以较射击球，首射杀延禧，次及佑并少帝，一时并死于非命，鞠场乱箭马足之下，弃诸尸于野水中。先是帝将到燕京时，遇古寺胡僧，语之云："祸在马足之下。"至此时正验矣。帝年六十岁，殁于乱箭之下，哀哉！次日，亮早朝，语于左右曰："我临位以来，耻祖宗之基业，不能混一区宇；所忌者，先帝二子及两降主。今四害已除，夏人归命，所未得者，江南一隅之地，取之易如反掌矣。"是岁，遂命起大兵南向。嗟乎，南北纷争，从今不能息矣！

《大宋宣和遗事》所构与之相似：

正隆五年，命契丹海滨延禧并天水赵某皆往骑马，令习击鞠。时帝手足颤掉，不能击鞠，令左右督责习之。正隆六年春，亮宴诸王及大将亲王等于讲武殿场，大阅兵马，令海滨侯延禧、天水侯赵某各领一队为击鞠。左右兵马先以羸马易其壮马，使人乘之。既合击，有胡骑数百自场隅而来，直犯帝马，褐衣者以箭射延禧贯心，而死于马下。帝顾见之，失气堕马。紫衣者，以箭中帝，帝崩，不收尸，以马蹂之土中。褐衣、紫衣皆亮先示之意也。帝是岁年六十，终马足之祸也。是岁，

第七章　魂归北国

亮刷兵马南征矣。

辽、宋亡国之君都死于非命，真是一段画面感强烈的描述。这一亡国之君应有的悲剧下场，也反映后世宋人刻骨的仇恨。这个故事，说书人应该演了近千年。它为人津津乐道，既令人扼腕叹息，又令人怒发冲冠。

绍兴三十一年（1161）五月十九日，完颜亮大举南侵前夕，金人贺生辰（指宋高宗生辰）使高景山、王全向宋通告了钦宗去世的消息。

按照惯例，宋高宗听说后，为表悲痛之情，辍朝，不问政事。金使向高宗辞行时，高宗与宰执都穿上丧服，掩面哭泣。宰相与百官三次上表，请宋高宗还政，这才答应。六月初，高宗下诏，说去世的兄长人品是如何好，又是如何倒霉，兄弟之间三十多年没见了，忽然传来噩耗，真是老天不长眼。宋高宗这个皇帝也是挺不容易的，人生如戏，是个好演员。他的内心应该是复杂的，兄长的去世，总算是消除了来自远方的皇位隐忧。七月，宋高宗为故去的长兄上谥号恭文顺德仁孝皇帝，庙号钦宗。

据说岳飞的死对头兀术曾经建议，可将宋钦宗放归开封，作为傀儡皇帝，让赵家两兄弟南北对峙。历史表明，这一计划没有实施，张邦昌就是前车之鉴，万一两兄弟握手言和呢？众所周知，金人立原宋朝济南知府刘豫为傀儡皇帝，建立了大齐，改元阜昌，史称伪齐。刘豫为了体现自身价值，也挺卖力的，与南宋刀兵不断。苟存七年两个月后，金熙宗觉得伪齐实在鸡肋，略施小计，兵不血刃，予以废除。

就双方性情和实力来讲，宋钦宗怕不是宋高宗的对手，只是正统观念充斥下的名义上的政敌。那么，钦宗去世，表面上的威胁也已消失，是不是可以像徽宗那样落叶归根了？现实情况是，就在南宋全民哀悼之际，金人铁蹄声纷至沓来。双方肯定无法交涉钦宗梓宫回归的议题，高宗也没有这个打算。因为战后宋金议和时，南宋也没有提出这个问题。

宋高宗很快禅位，宋孝宗乾道六年（1170）年，范成大出使金朝，请求归还北宋皇陵之地。金人好心，提出归还钦宗灵柩。兹事体大，范成大也不敢做主，只得汇报。宋孝宗慌了，派赵雄再使金朝，明确拒绝。宋孝宗以孝著称，即使有此想法，也是不敢越那个雷池，往太上皇心口插刀的。更何况宋高宗身康体健，在德寿宫养老，注视着这个养子皇帝。

还有一个非常关键的问题，宋高宗自认为接续的是父亲宋徽宗的衣钵，是子承父业，而非兄终弟及。宋钦宗虽然被赋予皇帝称号，有皇帝名分，但是它不是南宋皇帝的皇权合法性来源。如此一来，宋钦宗到死，都是一个尴尬性的存在。宋徽宗无论如何都要接回来,这样皇权的传承体系就完整了。至于钦宗,无所谓了。后来的皇帝继承了祖宗的意志,亡国之君宋钦宗就成了飘在北国上空想要回家的野鬼。

诚然,与北宋的其他皇帝相比,钦宗是孤独的。但他的家人也多命丧北国,有野魂相伴,因而也不算孤独。

不知是在北上路途,还是燕京、韩州或五国城,宋钦宗留下三首词,满纸辛酸泪。

其一《西江月》:

历代恢文偃武,四方晏粲无虞。奸臣招致北匈奴。边境年年侵侮。

一旦金汤失守,万邦不救銮舆。我今父子在穹庐。壮士忠臣何处。

其二《西江月》:

塞雁嗷嗷南去,高飞难寄音书。只应宗社已丘墟。愿有真人为主。

岭外云藏晓日,眼前路忆平芜。寒沙风紧泪盈裾。难望燕山归路。

其三《眼儿媚》：

宸传三百旧京华。仁孝自名家。一旦奸邪，倾天拆地，忍听琵琶。

如今在外多萧索，迤逦近胡沙。家邦万里，伶仃父子，向晓霜花。

宋朝灭亡后，后人津津乐道的五国城具体在什么地方，明清以来已不明不白。据清昭梿《啸亭杂录》记载，乾隆朝中期，副都统绰克托筑城时，发掘出宋徽宗所画鹰轴。放在紫檀匣中，六百多年过去，墨迹如新。又获得古瓷器数千件。其中有块碑碣，记录了徽宗晚年的日常。其中说于天会十三年（1135）寄迹于此，停留数载。据之大概确定，金朝所谓五国城，即是此地。

结束语

北宋为什么会灭亡？这是一个令人沉思数百年的老话题。

了解北宋的亡国故事，离不开宋朝史家徐梦莘的《三朝北盟会编》。徐氏在自序中说，北方民族铁蹄南下，一般是在中原王朝的初创时期，国力较弱，才会被蹂躏。与之不同的是，在北宋极盛之际，竟然发生了如此惨烈的靖康之难。撰述《三朝北盟会编》，不单是记录历史，更重要的是借之反思国难。他认为靖康之难的发生，概括来讲有两点，一是奸臣误国，二是文官望风而逃。前者是宋人的基本观点。

"奸臣误国"四字，非常笼统，却包罗万象。从史实层面而言，宋人为我们建构了一套亡国逻辑。奸臣倡导的海上之盟，是一切悲剧的起点。此后,在对金关系中,大宋一直处于下风。辽朝灭亡后,宋朝引狼入室,幻想着与狼共舞。狼来了,宋朝虽然真的惧怕,但是还做着与虎谋皮的美梦。辽朝燕云核心地区,令宋朝垂涎许久,是一个伟大复兴的梦。然而,残辽势力一遇女真即溃,大宋雄兵一见金军残余即垮,好不讽刺。即使这样,宋朝君臣也不嫌丢人,大言不惭地继续鼓吹盛世。海上之盟是不是一着不慎,满盘皆输的臭棋?不见得。这一战略构想本身没问题,是后人根据结果而全面否定它。宋徽宗哪里想得到,那骁勇善战的西北军,竟是如此不堪一击?

此后,一步错,步步错。燕京为金军攻取,徽宗君臣低三下四,非要求和。然而,却依仗郭药师的常胜军去守。招纳张觉,却又捕杀,令常胜军、义胜军寒心。金军来攻,河北常胜军投降,河北义胜军迎降。军事措置,用人失当,蠢之又蠢。

东路斡离不军在开封城下攻城不利,钦宗却和战不定,终究不自信,倒向和议。城下之盟既签,当前威胁消散,又翻脸不认账。正所谓兵不厌诈,除了有些低级,没什么大不了。问题是,在宋人看来,这个城下之盟本不该签。

接下是援救太原,几十万大军倾巢出动,一再败北,损失惨重。太原应不应救?毫无疑问,非救不可。宋钦宗君臣明白,斡离不的离开,很大程度上在于太原牵绊了西路军,使两路金军不能合围开封。否则,两路金军完成战略合围,开封怕是保不住了。因此,宋朝竭力救援太原,但由于宋军战力不强、将领指挥无方等原因,战果令人绝望。战局失利,李纲背锅,臣子无能。

金军两路奔向开封,朝廷依旧战逃不定,争论个没完。宋人好议论,贻误战机,遭后人鄙夷。关键是,第二次开封保卫战,宋朝兵力处于弱势,又缺乏主心骨,更没有抗敌的坚定意志。攻防之间,时时处于被动,难以长久。局势岌岌可危,出动六甲神兵,金军终于破门而入。战略失误,战术荒谬,是宋人对开封陷落的总结。强敌当前,君主能固守都城,当然是理想状态。如若不能,趁早离开,俗语说"留得青山在,不怕没柴烧"。但做出后一抉择是艰难的,尽管实力悬殊,若不战而逃,是能被书生们的口水淹死的。第一次开封保卫战不当求和,第二次应当速速离去,这是后人典型的"事后诸葛亮"。当局者迷,后来者清,实为无聊之清。

宋高宗即位之初,发布过一封斥责士大夫不能尽忠的诏令。其言:"祖宗涵养士类,垂二百年,教以礼乐,风以《诗》《书》,班爵以贵之,制禄以富之,于士无负。而士之所以图报国家者,不能无愧于古人。日者二圣播迁,宗社几至于颠覆,而仗节死难者罕有所闻,其故何哉?"他的意思,简单来说是:我们老赵家待你们读书人不薄哇!你们怎么就不思报国恩呢?真是一群白眼狼啊！

　　南宋人觉得北宋中央集权过甚，地方权力微乎其微，无法阻挡金兵铁蹄。陈亮在给宋孝宗上疏中说："五代之际，兵财之柄倒持于下，艺祖皇帝束之于上，以定祸乱。后世不原其意，束之不已，故郡县空虚，而本末俱弱。"南宋将亡国，文天祥无力回天，叹息道："宋惩五季之乱，削藩镇，建郡邑，一时虽足以矫尾大之弊，然国亦浸弱。故至一州则破一州，至一县则破一县。"

　　更有古往今来的学者指出，宋朝积贫积弱，重文轻武，武力不振，是亡国之大因。

　　跳出具体史实，两宋之际形成这样一套宏观的亡国逻辑：徽宗朝最大奸臣是蔡京，需负主要责任，而蔡京效仿的是王安石。这样一来，王安石变法就成为北宋灭亡的起点。这一史观流传近千年。

　　正所谓"天地君亲师"，"君"是中国古代政治、文化的核心，是最高统帅。宋人是如何看待徽宗的呢？南宋士大夫经常抨击徽宗朝的亡国之政，却不明言徽宗是昏君。尽管心中不免抱怨徽宗，但他们认为，皇帝犯错误，都是被奸臣左右，没有例外。热门日剧《半泽直树》有句经典台词："下属的功劳被上司占为己有，上司的过错却是下属的责任。"同理，在帝制时代，伟大属于君主，错误归咎臣子，是亘古不变的道理。南宋理学家延续士大夫帝师的思想传统，在政治上竭力呐喊正君心，与将靖康之难归结于奸臣坏君有极大关联。在他们的脑海中，天可崩，地可裂，皇帝万不可无。

正如本书前言所说，比较传统的看法是，昏君奸臣要为北宋灭亡负责，而且他们付出了沉重的代价。宋朝灭亡，元明清的读书人用不着顾忌，宋徽宗亡国之君的形象被钉在历史的耻辱柱上，数百年不得翻身。客观地讲，宋徽宗算是一位有能力的皇帝。从南宋开始，有人将他与李后主（南唐李煜）相提并论。无论是治国理政的能力还是文艺修为，那个李后主恐怕都难望徽宗项背。话又说回来，北宋灭亡，宋徽宗是罪魁祸首。

或许有人用王朝周期律来套用，诸如宋初励精图治、中期矛盾丛生、后期骄奢淫逸以致灭亡。这个"历史规律"的宿命论屡试不爽，帝制时代的所有王朝难逃这一循环。不过这样的解读，真是无聊透顶，与废话无异。对于北宋灭亡，宋人笔下的宿命论占据了不小篇幅，以下试举几例，多是无稽之谈，博君一笑。

有说祖坟风水不好的。早在乾兴元年（1022），宋真宗去世，宰相丁谓将皇陵定在牛头山后地，风水师徐仁旺反对说："坤水长流，灾在丙午年内；丁风直射，祸当丁未年终；莫不州州火起，郡郡盗兴。"最后丁谓说了算。"坤水""丁风"都是风水用语，意为风水不好。靖康以后，有好事的宋人以徐说为谶言：靖

305

康元年（1126）是丙午年，开封陷落；次年是丁未年，北方州县陷于战火，盗贼、流民遍地。

有说年号不吉利的。宋徽宗最后一个年号是宣和，"宣"字拆开，即是一家有二日。还有人拆"宣和"，作"一旦宋亡"。

有说上天曾经有所预言。据说宣和末年的时候，开封上清宫瑶仙殿曾经有几行字："家内木蛀尽，南方火不明；吉人归塞漠，亘木又摧倾。"如何解释呢？"家内木"就是"宋"，"蛀尽"就是将要消亡。与北方民族相比，宋为"南方"，按五德终始说为火德，"火不明"就是将要熄灭。"吉人"为"佶"，"归塞漠"就是要到塞北的荒漠。"亘木"为"桓"，"又摧倾"即也要崩溃。

有用宋徽宗附会亡国之君李后主的。徽宗父亲宋神宗视察秘书省时，看到李后主画像，见其人庄重异常，惊叹再三。徽宗出生时，神宗梦见李后主来访，因此文采超越后主百倍。靖康之难后，宋徽宗拜谒金太宗，用的即是当年李后主觐见宋太祖的章程。

好事者从徽宗诗词中也找出几处亡国谶。宣和元年（1119），道德院有金芝祥瑞。宋徽亲临观瞻，作诗曰："道德方今喜迭兴，万邦从化本天成。定知金帝来为主，不待春风便发生。"最后一句明显为谶。金人初冬南下，为中原主。

宣和六年（1124）中秋节，徽宗作联云："日射晚霞金世界，月临天宇玉乾坤。"徽宗甚为得意,以为工整、高雅,他人难及。第二年,金人北来,那"金世界"竟是先兆。

宋徽宗在追悼安妃(死于宣和三年,谥明节皇后)的词中写道:"无言哽咽,看灯记得年时节。行行指月行行说。愿月常圆,休要暂时缺。　　今年华市灯罗列,好灯争奈人心别。人前不敢分明说。不忍抬头,羞见旧时月。"徽宗北行时,有人说最后一句是今日之谶。

有说钦宗诞辰名不祥的。宋钦宗即位,按照惯例,将生日四月十三日定为乾龙节。诏书传到四方,有些地方读为干(乾)湿之"干"者。"乾"字两音不同义,干湿之"干"与龙相连,蛟龙失水,有人觉得太不吉祥了。

此类附会之词,难以一一枚举。由是可见,有关徽、钦父子的亡国谶语,多归徽宗,钦宗绝少。虽为无稽之谈,自有研究价值所在。

三十年河东,三十年河西,自古哪有永不消失的王朝。北宋和金朝的灭亡故事,居然有历史的巧合。

天德五年(1153),完颜亮改燕京为中京,迁都于此,为南侵做准备。贞祐二年(1214),在成吉思汗率领的蒙古大军强压之下,金宣宗将首都迁到南京开封,史称"贞祐南迁"。天兴二年(1233),金哀宗逃往蔡州。蒙古将领速不台攻打首都开封,驻兵青城,即是当年粘罕的营寨位置。守将崔立不战而降,城中宗室男女数百人及数千官员、百姓被掳至青城。

金末文坛领袖元好问,也在这被俘的人群中。作有《癸巳四月二十九日出京》一诗,其中有两句唏嘘道:"兴亡谁识天公意,留着青城阅古今。"癸巳年,即天兴二年(1233)。

蒙古宪宗四年(1254)春至次年秋,元初名儒郝经游历河南,写下《青城行》:

> 坏山压城杀气黑,一夜京城忽流血。
> 弓刀合沓满掖庭,妃主喧呼总狼藉。
> 驱出宫门不敢哭,血泪满面无人色。
> 戴楼门外是青城,匍匐赴死谁敢停?
> 百年涵育尽涂地,死雾不散昏青冥。
> 英府亲贤端可怜,白首随例亦就刑。
> 最苦爱王家两族,二十余年不曾出。
> 朝朝点数到堂前,每向官司求米肉。
> 男哥女妹自夫妇,腼面相看冤更酷。
> 一旦开门见天日,推入行间便诛戮。
> 当时筑城为郊祀,却与皇家作东市。
> 天兴初年靖康末,国破家亡酷相似。

结束语

君取他人既如此，今朝亦是寻常事。

君不见二百万家族尽赤，八十里城皆瓦砾。

白骨更比青城多，遗民独向王孙泣。

祸本骨肉相残贼，大臣蔽君尤壅塞。

至今行人不叹承天门，行人但嗟濠利宅。

城荒国灭犹有十仞墙，墙头密匝生铁棘。

历史这般有趣，一声叹息，一跃百年。

后 记

　　承蒙耿元骊老师不弃，约我参与"宋朝往事"丛书的撰稿。几年前，撰写博士论文时，涉及到北宋末年，深感史实模糊不清，让我挂念于心。因此，在诸多议题中，我选择了"靖康之难"这一题目。这本小书的写作，是我学习的好机会。然而，书小难度大。在多以宋朝为立场的古代与当下，淡定讲述靖康之变，是一件不容易的事。这段历史，现存史料有几方面的问题：一是时间线错乱，经常前后颠倒。二是抵牾之处甚多，史料互相冲突。三是传言颇多，真假难辨。这些问题，需要专门的文献梳理和研究。本书尽量择其可信者，但坑多眼拙，难免失足，望读者明鉴。另，近来有人提出《呻吟语》等为清末人伪造，当详

后　记

考。因正文仅为重印，特此说明。

本书写作过程中，吸收诸多前贤的研究成果，限于体例，无法引用，谨致谢忱。

最后，必须感谢主编耿老师的督促、审阅、修改等诸般辛劳。作为一名拖延症患者，耿师设定的截稿日期好比军令状，是我得以完稿的第一生产力。当然，主编虽辛劳，文责须自负。

张吉寅

2024 年 6 月 21 日改于太原陋室